HEYNE BÜCHER

LE SHILFE

D1925432

Dorothy Sarnoff

Noch besser werden!

Wie man sich und seine Vorstellungen wirkungsvoll präsentiert und durchsetzt

Wilhelm Heyne Verlag
München

HEYNE LEBENSHILFE
Band 17/62

Aus dem Amerikanischen übersetzt
von Dagmar Hartmann

Titel der Originalausgabe:
MAKE THE MOST OF YOUR BEST

Copyright © 1970, 1981 by Dorothy Sarnoff
Copyright © 1991 der deutschen Ausgabe by
Wilhelm Heyne Verlag GmbH & Co. KG, München
Printed in Germany 1991
Umschlagillustration: The Image Bank / Julius Ciss, München
Umschlaggestaltung: Christian Diener, München
Satz: Kort Satz GmbH, München
Druck und Bindung: Ebner Ulm

ISBN 3-453-05082-7

Inhalt

Danksagung

Ich möchte meinen Freunden und Kunden danken, die mir mit ihren Anregungen eine unschätzbare Hilfe für dieses Buch waren. Und allen Mitgliedern der weltweiten Familie von Ogilvy & Mather. Carol Rinzler, Karen van Westering, Claire Smith und Leslie Porte, die sich mit mir zusammen den Kopf über dieses Buch zerbrochen haben. Dem Außenministerium der Vereinigten Staaten und all den Menschen dort, die mich durch mehrere Regierungsperioden hindurch, unter republikanischen und demokratischen Präsidenten, an ihren Erfahrungen Anteil nehmen ließen. Und nicht zuletzt den Senatoren, Premierministern und den vielen Vorsitzenden, Präsidenten, Managern und Fernsehleuten, die mir ihr Vertrauen schenkten.

Dorothy Sarnoff

Für Milton

Man muß es wagen,
sich selbst als ein Potential zu sehen,
und alles daransetzen,
das Beste aus sich zu machen.

Harry Emerson Fosdick

Einleitung

Proben mit einem Präsidenten

Es war im Frühsommer 1979.

»Hier spricht Gerry Rafshoon«, sagte eine angenehme Stimme am Telefon. »Ich möchte Sie fragen, ob Sie Lust hätten, mit dem Präsidenten zu arbeiten.«

»Was braucht er denn Ihrer Meinung nach?« erkundigte ich mich.

»Alles«, antwortete Mr. Rafshoon. »Wieviel Zeit werden Sie benötigen?«

»Nun, es wäre mir lieber, nicht nur oberflächlich zu arbeiten und ihn für eine Rede zu präparieren. Ich fange lieber mit dem Grundlegenden an.«

»Das ist sehr vernünftig. Klingt gut.«

Ich erklärte Mr. Rafshoon, daß ich mindestens vier Stunden benötigen würde, vorzugsweise zwei zusammenhängende Stunden an zwei aufeinanderfolgenden Tagen, und daß ich außerdem gern die Menschen sprechen würde, die die Reden des Präsidenten verfaßten und überhaupt alle, die damit zu tun hatten.

»Er wird Ihnen gefallen«, sagte er. »Er ist schnell von Begriff. Er ist brillant. Und noch eines – er verschwendet nicht gern seine Zeit. Er erwartet, daß sich die Zeit mit Ihnen bezahlt macht. Herumgerede wird er nicht hinnehmen.«

Ich lachte. »Ich sage nicht einmal ›Guten Tag‹ zu meinen Kunden. Wir machen uns direkt an die Arbeit.«

»Das wird ihm gefallen«, meinte Gerry Rafshoon.

Ich flog an einem Freitag nach Washington, an dem Wochenende, bevor der Präsident eine wichtige Ansprache im Fernsehen halten sollte – nur wußte ich das damals noch nicht. Im Kartenraum des Weißen Hauses überprüfte ich die Video-Ausrüstung, die ich angefordert hatte. Es schien alles perfekt für den nächsten Tag vorbereitet zu sein.

Samstag vormittag traf ich mit zwei Männern zusammen, die die Reden des Präsidenten abfaßten, sowie mit Susan Clough, der tüchtigen und abschirmenden Sekretärin. Sie wirkte überarbeitet und skeptisch. »Was hat er für gewöhnlich auf dem Rednerpult, wenn er eine Rede hält?« fragte ich sie.

»Ich hab' ihm beigebracht, es hiermit zu machen«, antwortete Mrs. Clough und zog die Kopie einer Rede hervor, in der jedes zweite Wort unterstrichen war. »Das zeigt ihm, wo er betonen muß«, erklärte sie stolz. »Ich kenne den Präsidenten und weiß, was ihm gefällt.«

»Oh, Sie haben schon mit meiner Technik angefangen«, erklärte ich diplomatisch. »Wie fänden Sie es, wenn wir noch einen Schritt weitergingen?« Mit diesen Worten überreichte ich Mrs. Clough eine Kopie einer der früheren Reden des Präsidenten, die ich entsprechend der Betonung gekennzeichnet hatte.

Sie drehte sich auf ihrem Stuhl um und las. Ich musterte das Zimmer. Ich sah Bilder von zwei Teenagern, die ihr Bruder und ihre Schwester hätten sein können, einen Rock mit Nadel und Faden, ein paar Bücher über östliche Religionen. Klassische Musik nahm dem Ganzen ein wenig die Spannung.

Ich zeigte Mrs. Clough, wie sie die Rede in separaten Sätzen abschreiben mußte, damit sie bis zu meinem Treffen mit Mr. Carter fertig war. »Jetzt müssen wir das ins Notizbuch des Präsidenten legen«, erklärte sie.

Ich betrachtete den schwarzen Schnellhefter. »Stört ihn denn nicht das Rascheln, wenn er umblättert?« wollte ich wissen.

»Nun«, erwiderte sie spröde. »Er mag es so.« Sie machte eine Pause. »O Gott«, rief sie dann. »Ich habe die Titelseite vergessen.«

»Das ist doch nur eine Übung«, fing ich an.

»Nein, nein. Da muß stehen ›Der Präsident der Vereinigten Staaten‹, und darunter das Datum. Er ist es so gewohnt.«

Ich traf Mr. Carter im Kartenzimmer. Er betrat es mit Gerry Rafshoon und einem seiner Adjutanten. Er strahlte.

»Okay«, sagte ich, »wir sind bereit. Auf Wiedersehen, alle zusammen.«

»Ja«, stimmte der Präsident zu, »hinaus mit allen.«

»Was würden Sie gerne schaffen in der Zeit, in der ich hier bin?« fragte ich ihn, als wir allein waren.

Er lehnte sich in seinem Stuhl zurück und lächelte.

»Nun«, meinte er gedehnt, »alle erzählen mir, ich wäre ziemlich gut.«

»Dann kann ich ja umdrehen und heimfahren, oder?« scherzte ich.

»Wissen Sie, ich habe so etwas nie gelernt«, fuhr Mr. Carter fort.

Ich reichte ihm eine unmarkierte Kopie der Rede in dem schwarzen, ledernen Notizbuch. Mr. Carter las sie abgehackt vor. Da waren keine blumigen Sätze, auch das berühmte Lächeln fehlte.

»Ich glaube, ich habe da etwas, was Ihnen gefallen wird«, sagte ich und zeigte ihm dieselbe Rede in separaten Sätzen. »Das wäre die erste Regel«, sagte ich. »Hören Sie nicht auf zu atmen, bis Sie den richtigen Punkt erreicht haben. Beenden Sie den Satz, beenden Sie den Satz, beenden Sie den Satz.«

Fast eine Stunde lang arbeiteten wir an der Rede.

»Das ist ja toll«, sagte er.

»Sie müssen versuchen, eines loszuwerden«, ermahnte ich ihn. »Und zwar, daß Sie immer von einem Fuß auf den anderen wechseln, wenn ein neuer Satz beginnt.« Ich schlug ihm vor, das Gewicht gleichmäßig auf die beiden Fußballen zu verlagern, aufrecht und fest zu stehen.

»Das hat mir noch nie jemand gesagt.«

»Und versuchen Sie, am Ende eines Satzes und immer, wenn Sie etwas hervorheben wollen, mit der Stimme nach unten zu gehen.«

»Mir hat man gesagt, ich solle nach oben gehen«, widersprach Präsident Carter.

»Ich weiß zwar nicht, wer ›man‹ ist«, erklärte ich und schaltete für den nächsten Durchlauf den Videorecorder ein, »aber mit der Stimme nach unten, das funktioniert viel besser.«

Wir sahen uns das Playback seiner Rede an. Ich wies ihn darauf hin, daß die Kamera sein warmes Lächeln zu einem Grinsen verzerrte, und daß es – Grinsen oder Lächeln – häufig unangemessen erschien.

»Eines Tages würde ich gern eine Rede halten, in der es um etwas geht, über das ich lachen kann«, meinte er traurig.

Am folgenden Tag erschreckte mich der unmenschlich hektische Tagesablauf des Präsidenten, der von einer Besprechung zur anderen gehetzt wurde. Wann hatte er, oder irgendein anderer Präsident, eigentlich Zeit, um über die Dinge nachzugrübeln?

Wir arbeiteten fast zwei Stunden lang. Ein großer Teil dieser Zeit war der Durchsicht einer neuen Rede gewidmet. Sie beschäftigte sich mit der Kuba-Krise, und Mr. Carter beabsichtigte, die Rede Montag abend zu halten. Ich zeigte dem Präsidenten, wie er zu lange Sätze kürzen mußte, und warum es keine wörtliche Rede geben durfte. »Könnten Sie bitte morgen nach Camp David kommen, damit wir noch ein wenig daran arbeiten können?«

»Natürlich«, versprach ich.

Am nächsten Morgen wurde ich nach Camp David gebracht. Der andere Passagier war Susan Clough. Sie hatte einen riesigen Teppich dabei, an dem sie unterwegs arbeitete. »Meine Therapie«, erklärte sie lachend, als sie ihren Knüpfhaken in die Hand nahm.

Als wir das Haupthaus erreichten, wurde ich ins Eßzimmer geführt. Am Ende des langen Tisches hantierten die Sekretärinnen des Präsidenten mit ihren Terminkalendern. Ich unterhielt mich mit einem anderen Mann am Tisch, dem Hubschrauberpiloten des Präsidenten. Er bestellte zum Dessert einen Bananen-Split, was in der Gesellschaft all dieser Jogger und Hungerkünstler erstaunlich war. »Ich kann nichts trinken, wenn ich fliege«, erklärte er es mir. »Das hier ist mein Drink.«

Ich traf Präsident Carter im Büro. Er reichte mir die neue Fassung seiner Rede über Kuba. Er hatte die ganze Nacht über daran gearbeitet. Sie war viel besser, aber auch ganz anders. Wir gingen sie zusammen durch.

»Wir brauchen noch einen Abschluß«, sagte ich. »Das läuft einfach so aus. Übrigens sollten Sie eine Sammlung von Zitaten und Anekdoten parat haben, auf die Sie zurückgreifen können, wenn Not am Mann ist.«

»Das sollten wir wirklich«, stimmte der Präsident dankbar zu.

»Und dann das Wort ›wichtig‹. Es wird in dieser Rede mindestens sechsmal verwendet. Haben Sie hier in Camp David einen Thesaurus (Nachschlagewerk mit Synonymen, Anm. d. Ü.)?«

»Susan«, rief er, »ruf' Rosalynn an und besorg' den Thesaurus.« Als das Buch gebracht wurde, las er mir daraus vor. »›Wesentlich‹? ›Kritisch‹«? er war ein eifriger Schüler mit großer Bereitschaft an sich zu arbeiten.

Es wurde schon spät. Ich erzählte Präsident Carter, daß mein Mann mich in Washington zurückerwartete. Es würde in meinem Leben noch mehrere Präsidenten geben, erzählte ich ihm leichthin, aber ich wollte mit einem einzigen Ehemann auskommen. Präsident Carter trug Susan auf, Milton ans Telefon zu holen. »Milton«, sagte er, als sich mein Mann meldete, »hier spricht Jimmy Carter. Haben Sie etwas dagegen, wenn ich Ihre Frau noch ein wenig länger behalte?«

»Ich hab' sie schon zweiundzwanzig Jahre lang gehabt«, antwortete Milton mit dem für ihn typischen trockenen Humor. »Ich denke, da kann ich sie noch ein, zwei weitere Stunden entbehren.«

Montag nachmittag war ich wieder im Weißen Haus. Ich arbeitete mit den Leuten, die den Teleprompter (optisches Souffliergerät, Anm. d. Ü.) bedienten. Das Schwierige dabei ist, den Teleprompter mit den Notizen synchron laufen zu lassen, die der Sprecher vor sich liegen hat. Wir hatten das hübsch unter Kontrolle, als der Präsident hereinkam – mit einer völlig neuen Rede! Es war eine bessere Rede, aber trotzdem wurde es eine andere Rede, nachdem ein Mitarbeiter des Präsidenten nach dem anderen seine Änderungen vornahm.

Ich mußte an Charles Lindberghs Bemerkung denken, als er in Le Bourget nach seiner Atlantiküberquerung von Bord ging: »Es war einfach, ich habe es allein gemacht.«

Uns blieb kaum Zeit genug für zwei Probeläufe. Die Fernsehleute mußten hetzen, um ein neues Teleprompter-Skript anzufertigen, während ich mit dem Präsidenten zu proben anfing. Als das Skript schließlich eintraf, stimmte es nicht mit dem des Präsidenten überein.

Trotz all des Durcheinanders arbeitete der Präsident wie ein Wilder und verlor nie die gute Laune, seine Herzlichkeit oder seinen Sinn für Humor.

An diesem Abend wurde die Rede des Präsidenten aus dem Oval Office übertragen, und er setzte viele der Dinge, an denen wir gearbeitet hatten, in die Praxis um. Präsident Carter wurde zwar nie zu einem Franklin Delano Roosevelt oder einem Winston Churchill, aber der Redner, der 1980 den Bericht zur Lage der Nation verlas, hatte viel dazugelernt, seit er 1976 als Redner in Erscheinung getreten war.

Die Sprech- und Kommunikationsfähigkeit sollten ausgebildet werden, ehe Sie in dem großen Ledersessel Platz nehmen, hinter dem riesigen Schreibtisch, in dem enormen Büro. Sind Sie erst einmal dort angelangt, fordert die Öffentlichkeit soviel, daß kaum Zeit bleibt, um diese wichtigen Eigenschaften auszubauen.

Die Geschichte zeigt uns, daß die Menschen schon immer bereitwilliger jemanden in einer Führungsrolle akzeptierten, wenn dieser überzeugend reden konnte. Schon jetzt, am Anfang von Präsident Reagans Amtszeit, können wir erkennen, daß seine ausgezeichnete Redekunst, die er in den Jahren vor Amtsantritt ausgefeilt hat, eine enorme Auswirkung auf die Nation hat.

Kapitel 1

Finden Sie das Beste an sich heraus

Präsenz ist Macht
Selbstwahrnehmung versus Selbsttäuschung

Selbst wenn das, was Sie mitzuteilen haben, nicht von so weltbewegender Bedeutung ist wie die Verkündigungen des Präsidenten, so ist Ihre Fähigkeit, effektiv zu kommunizieren und sich selbst und Ihre Ideen anderen bestmöglich darzustellen, für Sie doch von ebensolcher Wichtigkeit. Seien Sie dankbar dafür, nicht das Opfer ständiger Angriffe durch alltägliche Ereignisse, Krisen, Kampagnen und Verpflichtungen zu sein, die das Schicksal eines Präsidenten ausmachen. Gleichgültig, wie überlastet Sie auch sein mögen, verglichen mit einem Präsidenten machen Sie ein Picknick. Wo ein Wille ist, findet sich auch die nötige Zeit. Und wenn Sie sich die Zeit nehmen, können auch Sie Ihre Kommunikationsfähigkeit verbessern.

In Leonard Bernsteins *Messe* gibt es eine Passage, die alles umfaßt, was so viele Menschen, denen es an Zutrauen, Kraft und Präsenz mangelte, dazu gebracht hat, mit mir und meiner Videokamera zu arbeiten. Die Passage beginnt mit einer Solostimme, die aufweint, und wird allmählich zu einem verzweifelten Lamentieren des ganzen Chores ausgebaut:

Was ich sage, fühl' ich nicht
Was ich fühle, sag' ich nicht
Ich weiß nicht, wo anfangen
Wie weit ich gehen kann.
Was ich zeige, ist nicht echt
Ich weiß nicht, ich weiß nicht.
Was ich habe, will ich nicht
Was ich will, hab' ich nicht,
Was ich meine, sag' ich nicht.

Mehr als siebzehn Jahre habe ich als ›Image-‹ und Kommunikationsberaterin gearbeitet, habe den Menschen gezeigt, wie sie durch geringfügige Änderungen in ihrem Verhalten ihren Wert für sich selbst und andere vergrößern konnten. Dadurch änderte sich ihr Leben. Die Menschen, mit denen ich gearbeitet habe, haben nicht nur gelernt zu kommunizieren, sondern herzlich zu kommunizieren. Sie änderten ihre Haltung sich selbst und anderen gegenüber, und sie veränderten auch die Haltung anderer ihnen gegenüber. Den meisten gelang dieser Schritt in weniger als sechs Stunden. Viele schafften es in vier Stunden. Sie sehen also, es kann nicht allzu schwierig sein.

Zu meinen Klienten gehörten Aufsichtsratsmitglieder, die eindrucksvoller wirken wollten, aber auch schüchterne Sekretärinnen, die lispelten. Ein Verkaufsmanager rief, als er sich selbst auf dem Videoband sah, aus: »Wenn ich das vor zehn Jahren gemacht hätte, hätte ich nicht vor fünf Jahren den Anonymen Alkoholikern beitreten müssen.« Eine Witwe, die von den Anwälten ihres verstorbenen Mannes ausgenommen wurde, lernte mehr, als sich nur gegen ihre Gegner zu verteidigen; bald entzückte sie ihre Zuhörer durch ihre Vorlesekunst.

Es gibt eine alte, reizende Geschichte über ein kleines Mädchen, das eines Tages einen Bildhauer besucht, als er gerade mit der Arbeit an einem neuen Marmorblock beginnt. Ein paar Wochen später besucht das Kind den Bildhauer erneut. Unter seinen Händen nimmt der Stein die Gestalt eines Löwen an. Erstaunt legt das kleine Mädchen den Kopf auf die Seite und fragte: »Hast du die ganze Zeit über gewußt, daß da ein Löwe drin versteckt war?«

Ich habe oft gedacht, daß meine Kamera für meine Arbeit das ist, was der Meißel für den Marmor bedeutet. Ich habe erst kürzlich eine Autorin für eine Reihe von Fernsehauftritten vorbereitet. Sie staunte über die sofortige Veränderung ihrer eigenen Erscheinung und der anderer Autoren, die ich aufgenommen hatte. Sie konnte nicht glauben, daß die ›Vorher‹ und ›Nachher‹-Spots dieselben Leute zeigten, daß nur ein Tag dazwischen lag. Ich erzählte ihr, daß mein Vater plastischer Chirurg gewesen ist, und daß sich das Verhalten der Menschen geändert hätte, wenn er ihre Erscheinung verändert hatte. Ich ändere das Verhalten der Menschen, und ihre Erscheinung verändert sich.

Ich fange mit einer einzigen Prämisse an: In jedem von uns steckt ein besseres Ich. Die Frage ist nur, wie man es findet. Sie sind einzigartig, aber vielleicht steckt eine Vielzahl von ›Sies‹ in Ihnen. Dieses Buch wird Ihnen helfen, die besten daraus auszuwählen, Ihr Verhalten neu zu gestalten und mit einem besseren Ich abzuschließen.

Wenn es ein Geheimnis zu meinem Erfolg gibt, Menschen dabei zu helfen, ihr Leben zu verbessern, dann ist das die Tatsache, daß ich niemanden annehme, der nicht stark motiviert ist. Die Fähigkeit, sich selbst und seine Ideen gut zu präsentieren, wirkt sich auf Ihre Talente und Ihre Persönlichkeit genauso aus, wie Sonne auf eine farbige Butzenscheibe. Das optimistische Versprechen dieses Buches lautet, daß Sie, wenn Sie bereit sind, sich ein wenig zu bemühen, am Ende des Buches, wenn Sie die letzte Seite gelesen haben, mehr von dem sagen, was Sie meinen, und mehr von dem haben, was Sie sich wünschen.

Präsenz ist Macht

»Man kann nicht alles verändern, dem man sich stellt, aber nichts kann verändert werden, wenn man sich ihm nicht stellt«, hat Franklin Delano Roosevelt einmal gesagt. Das Umformen Ihres Selbsts beginnt damit, daß Sie Ihre Wahrnehmungen schärfen – von anderen und von sich selbst. Versuchen Sie einmal, Ihr inneres Auge in die zwei Hälften eines Bildschirms aufzuteilen. Auf der einen Seite stellen Sie sich nun die Personen des öffentlichen Lebens und aus Ihrem Bekanntenkreis vor, die Sie fesselten, während sie sprachen, auf der anderen Seite sehen Sie die Menschen, die Sie langweilen, die in Ihnen den Wunsch hervorriefen, einzuschlafen oder davonzulaufen.

Höchstwahrscheinlich befinden sich Helmut Schmidt, Anne Armstrong, John F. Kennedy und Barbara Jordan auf der positiven Seite; Bobby Kennedy und Richard Nixon könnten unter den Personen auf der negativen Seite sein. Denken Sie über die Unterschiede zwischen den beiden Gruppen nach. Stellen Sie zum Beispiel Richard Nixon John F. Kennedy gegenüber.

Fangen wir mit den Augen der beiden Männer an. John F.

Kennedy hatte »sprechende Augen«. Wenn er Sie ansah, selbst durch eine Fernsehkamera, schien er direkt Sie anzusehen; seine Augen funkelten, drückten Herzenswärme, Ernst, Glaubwürdigkeit aus. (Ob Präsident Kennedy tatsächlich Wärme oder Ernst verspürte oder nur den Anschein erweckte, ist hier nicht von Bedeutung. Ich habe mit genug Politikern gearbeitet, um zu wissen, daß der Anschein zählt.) Nixons Augen waren ganz anders. Direkt vor meiner ersten Zusammenarbeit mit dem State Departement rief ich dort an und erzählte ihnen: »Ich denke, Sie sollten besser erfahren, daß im *Esquire* ein Artikel über meine Arbeit erscheint. Darin erkläre ich, daß Präsident Nixons Augen so dumpf sind wie zwei Murmeln. Soll ich immer noch kommen?« »Beeilen Sie sich«, war ihre Antwort.

Versuchen Sie, sich Präsident Kennedys Gesicht in Erinnerung zu rufen, wenn er eine Rede gehalten hat. Wie bei den meisten, die unsere Aufmerksamkeit fesseln, war sein Gesicht lebendig und animiert. Robert Kennedy hatte denselben New England-Akzent wie sein Bruder, drückte sich fast genauso aus, aber er war ein Schnellredner und ging am Ende eines Satzes unweigerlich mit der Stimme nach oben. Der Ausdruck seines Gesichts änderte sich kaum einmal. Robert Kennedy verfügte nur über ein Gesicht, einen Ton, ein Tempo.

Wenn Sie die Eigenschaften von Rednern, die Ihre Aufmerksamkeit gefesselt haben, in Worte fassen, werden Sie eine Liste wie die folgende erhalten:

Zutrauen und Wohlgefühl	Enthusiasmus
Autorität	Vitalität
Überzeugungskraft	Intensität
Glaubwürdigkeit	Betroffenheit
Ernsthaftigkeit	Nachdruck
Wärme	Blickkontakt
Lebhaftigkeit	Konversationston
Eine Vielzahl von Tönen, Tempi und Satzformen	

All diese Eigenschaften lassen sich in einem einzigen Wort zusammenfassen – Präsenz. Wer über Präsenz verfügt, der fesselt unsere Aufmerksamkeit; er weiß, wie er sich am besten herausstellen kann. Solche Menschen üben einen starken Einfluß auf andere aus. Ein Zimmer leuchtet, weil sie darin sind.

Selbstwahrnehmung versus Selbsttäuschung

Haben Sie erst einmal die positiven Eigenschaften in anderen erkannt, wird es Zeit, sich selbst in Augenschein zu nehmen. Unterteilen Sie ein Blatt Papier in drei Spalten. In der ersten Spalte führen sie Ihre positiven Eigenschaften auf. Wenn Sie so wie die meisten meiner Kunden sind, dann fällt Ihnen nach fünf oder sechs Punkten nichts mehr ein. Selbst Menschen, die ausgesprochen viel erreicht haben, verhalten sich so, wenn sie erst einmal einige wenige Eigenschaften aufgezählt haben. (Wenn ich Sie bitten würde, mit der Auflistung Ihrer Fehler anzufangen, hätten Sie keine derartigen Schwierigkeiten.) Um einen Anfang zu machen, schauen Sie sich die folgenden Adjektive an. Notieren Sie diejenigen, die zu Ihnen passen. Wahrscheinlich ist das Ergebnis dann eine Liste von zwanzig oder dreißig Eigenschaften.

Anmachende Eigenschaften

abwechslungsreich
akkurat
aktiv
analytisch
angenehm
angepaßt
anmutig
anpassungsfähig
anschaulich
anständig
anziehend
aufmerksam
aufnahmefähig
aufopfernd
aufrecht
aufrichtig
ausdauernd
ausdrucksvoll
ausgeglichen

barmherzig
bedeutend
begabt
begehrenswert
begeistert
belesen
beliebt
bemerkenswert
bereitwillig
bescheiden
bewundernd
brillant

charakteristisch
charmant
chic

dankbar
deutlich
dickköpfig
diplomatisch
diskret
durchdringend
dynamisch

ehrenhaft
ehrwürdig
elegant
eifrig
eindrucksvoll
einfallsreich
einfühlend
einsichtsvoll
empfindsam
entgegenkommend
entschlossen
entspannt
entzückend
erfinderisch
erfolgreich
erfrischend
ernsthaft
extravagant
extrovertiert

fähig
faszinierend
fesselnd
fest
fit
fleißig
flexibel
folgsam
freudig
freundlich
fröhlich

galant
gastfreundlich
gebildet
geduldig
gefällig
gelassen
gelehrt
gemäßigt
gemütlich
genial
genußreich
gepflegt
gerecht
geschäftsmäßig
geschickt
geschmackvoll
gesellig
gesund
geübt
gewandt
gewissenhaft
glaubwürdig
glücklich
großzügig
gründlich
gutaussehend
gütig
mit Grundsätzen

habgierig
hartnäckig
heftig
heiter
heldenhaft
herzlich
hilfsbereit
hingebungsvoll
höflich
hoffnungsvoll
human
humorvoll

idealistisch
individualistisch
informiert
intelligent
interessant
intuitiv

jugendlich

klaglos
klug
kompliziert
konzentriert
kooperativ
kräftig
kreativ
kühn
kultiviert
künstlerisch

launenhaft
lebhaft
lehrreich
leidenschaftlich
lernbegierig
liebenswert
liebenswürdig
liebevoll
loyal
lustig

meisterhaft
mitfühlend
moralisch
motiviert
mürrisch
munter
musikalisch
mutig

nachdenklich

nachsichtig
natürlich
nervös
nett
nicht unterzukriegen
neuerungssüchtig
neugierig
nonchalant
nonkonformistisch
nüchtern
nützlich

objektiv
offen
optimistisch
ordentlich
originell

patriotisch
phantasievoll
planmäßig
positiv
präzis
produktiv
professionell

rätselhaft
rational
realistisch
redegewandt
robust
ruhig

sanft
sarkastisch
scharfsinnig
schlagfertig
schlau
schlicht
schneidig
schön
selbstbeherrscht
selbstbewußt
selbstvertrauend
sensibel
sentimental
sinnvoll
smart
sorglos
sparsam
spontan
strahlend

taktvoll
tapfer
tatkräftig
das Tempo bestimmend
tolerant
treu
tröstend
tüchtig
tugendhaft

überschwenglich
überzeugend
umgänglich
unbefangen
unerbittlich
unerschütterlich
ungewöhnlich
unterhaltend
unternehmungslustig
unvoreingenommen

verantwortungsbewußt
vernünftig
verständnisvoll
vertrauensvoll
vertrauenswürdig
verzeihend
vital
vorsichtig
vorurteilsfrei

wachsam
wagemutig
wahr
wahrheitsliebend
weltgewandt
weltlich
wertvoll
wichtig
witzig
wohlerzogen

zärtlich
zitierbar
zurückhaltend
zuverlässig
zweifelhaft

Die meisten von uns wissen kaum, wie sie auf andere wirken. Uns auf dem Videoband zu sehen und zu hören ist die schnellste und einfachste Art, uns so zu sehen, wie andere uns sehen. Der

Vizepräsident einer großen Konservenfabrik kam zu mir, weil ihm seine Ehefrau, nachdem sie jahrelang beobachtet hatte, wie er seine Zuhörer zum Einschlafen brachte, den Kursus zu Weihnachten geschenkt hatte. Martins Reaktion, als er sich selbst auf dem Bildschirm sah war: »Großer Gott, ich sehe ja aus wie der Direktor eines Bestattungsinstitutes. Ich sollte Särge verkaufen, keine Bierdosen.« In nur drei Doppelstunden verwandelten wir Martin von einem langweiligen, düsteren und nichtssagenden Menschen in einen überzeugenden, mitreißenden und charismatischen Mann.

Aber auch ohne Videokamera können Sie anfangen, sich selbst zu analysieren. Haben Sie erst einmal Ihre positiven Eigenschaften eingesehen, notieren Sie in der zweiten Spalte das, was Sie für Ihre Fehler halten – Eigenschaften an sich selbst, die Sie gerne ablegen oder ändern würden. Rufen Sie sich die Reaktion anderer auf sich ins Gedächtnis oder fragen Sie jemanden, dessen Meinung Sie vertrauen. Versuchen Sie zugleich, objektiv und subjektiv zu sein. In der dritten Spalte führen Sie dann auf, was Ihnen Ihrer Meinung nach fehlt und was Sie gerne noch annehmen würden.

Jetzt, wo Ihre Listen fertig sind, können Sie anfangen. Im nächsten Kapitel werden Sie alles über die Komponenten lernen, die die Präsenz ausmachen. Als nächstes werden Sie Schritt für Schritt mit dem Schreiben, Vorbereiten und Vortragen einer Ansprache oder Präsentation vertraut gemacht. Sie lernen nicht nur, eine Rede besser vorzutragen, als Sie es je für möglich gehalten hätten; Sie lernen darüberhinaus auch noch, wie Sie einzelne Teile einsetzen können, um Ihre Nervosität unter Kontrolle zu bringen. Dadurch erhalten Sie Selbstvertrauen in jeder streßreichen Situation. Im letzten Teil des Buches lernen Sie dann, wie Sie in jedem Aspekt Ihres täglichen Lebens Präsenz übermitteln und so in jeder Minute Ihr Bestes optimal umsetzen können.

Kapitel 2

Stellen Sie das Beste an sich heraus

Mit der Stimme sprechen
Mit den Augen sprechen
Mit dem Gesicht sprechen
Mit dem Körper sprechen
Mit Erscheinung und Kleidung sprechen

Coopers & Lybrand, die drittgrößte Wirtschaftsberatungsfirma der Nation, hat zwei neue Kategorien in ihren ›Vertraulichen Leistungsbericht‹ aufgenommen:

DIE PRÄSENZ DES MANAGERS

Der erste Eindruck (Selbstbewußtsein, Haltung, Takt, Reife, Auftreten)

Der bleibende Eindruck (gewinnt den Respekt und das Vertrauen der anderen)

Allgemeine Geschäftskenntnisse

KOMMUNIKATION

Sprache (Klarheit, Leichtigkeit, Prägnanz)
Schreiben (Klarheit, Prägnanz, Organisation)
Zuhören (Aufmerksamkeit, Empfänglichkeit)

Soviel ich weiß, ist Coopers & Lybrand die erste Firma, die diese Eigenschaften schwarz auf weiß festhält (und ihre Angestellten danach von *hervorragend* bis *nicht zufriedenstellend* einstuft), aber jede Firma – und jeder Mensch, dem Sie begegnen – trifft derartige Werturteile.

Wie werden Sie beurteilt? Alles an Ihnen spricht – nicht nur die Worte, die Sie wählen, um Ihre Gedanken auszudrücken. Sie haben fünf Wege, um sich mitzuteilen: Ihre Stimme, Ihre Augen, Ihr Gesicht, Ihre Haltung, Ihre Kleidung.

Unabhängig voneinander aber auch zusammen sollten diese Dinge Unbefangenheit, Interesse, Autorität und Zuversicht ausstrahlen – also die Eigenschaften, die die Präsenz ausmachen und Ihre Selbstdarstellung positiv beeinflussen.

Mit der Stimme sprechen

The Wall Street Journal veröffentlichte kürzlich eine Geschichte über einen Sprachexperten, der behauptete, die Stimme eines Menschen in nur sechs Monaten verbessern zu können. Mit Hilfe unserer Technik läßt sich eine Stimme in nur sechs Stunden verbessern. Die Ehefrau eines berühmten Sängers flog von Kalifornien hierher – sie hatte ein Problem: ihre Stimme reizte ihren Mann. Sein empfindliches Ohr fand ihren schrillen Klang abstoßend. Zwei Doppelstunden später flog sie an die Küste zurück – mit einer Stimme, die so sanft war wie ein Cello.

Beim schnellen Durchblättern dieses Kapitels werden Sie feststellen, daß der Stimme etwa so viele Seiten gewidmet sind wie allen anderen Möglichkeiten, sich mitzuteilen, zusammen. Das liegt daran, daß es so viele verschiedene Wege gibt, den Klang Ihrer Stimme zu verbessern – und damit Ihr gesamtes Erscheinungsbild.

Der Ton allein kann eine Botschaft sein. Das wird Ihnen klar, wenn Sie jemals gehört haben, wie Richard Burton das Telefonbuch vorliest. Denken Sie nur einmal an die unterschiedliche Bedeutung, die eine veränderte Betonung mit sich bringen kann. Sagen Sie »Bitte, komm her« erst bittend, dann wütend. Die Worte ändern sich nicht, aber die Botschaft. Ich bekam die besten Kritiken in meiner Bühnenkarriere für eine Rolle, die den schlechtesten Text hatte. Als ich mich bei meiner Agentin über den schrecklichen Text beklagte, erinnerte sie mich daran, daß ich den Charakter einer Rolle zum großen Teil mit dem Ton, nicht mit Worten zu übermitteln hätte, wenn ich eine Oper in einer fremden Sprache sänge. Sie schlug vor, ich sollte mit dem lächerlichen Dialog ebenso verfahren und allein durch den Ton Bedeutung hineinlegen. Das Publikum schluchzte; Brooks Atkinson sprach von einem ›brillanten‹ Auftritt.

Der Ton beeinflußt uns deshalb so stark, weil unsere Körper dafür empfänglich sind. Eine schrille Stimme ruft dieselbe unwillkürliche Muskelverkrampfung und ein Zusammenziehen der Blutgefäße hervor wie das Kreischen von Kreide auf einer Tafel. Eine grelle, schneidende Stimme macht uns zornig, so daß wir uns wünschen, der Quelle dieses Geräusches zu entfliehen. Eine dünne, flüsternde Stimme ist ermüdend, weil man sich anstrengen muß, um sie zu hören. Ein flexionsloses Murmeln wirkt wie eine Schlaftablette. Der Klang kann Gefühle auslösen; der Ton einer Stimme allein kann einen Zuhörer zum Kauf oder zur Ablehnung veranlassen, kann ihn zum Gläubigen oder zum Ungläubigen machen.

Ich unterteile Zuhörer in drei Typen. Die ersten sind die, die nur auf den Inhalt achten; sie reagieren stark auf einen Adlai Stevenson, sind fasziniert von den vielsilbigen Ausbrüchen eines William F. Buckley. Die zweite Gruppe reagiert fast ausschließlich auf den Ton – auf die Kadenz, den Impuls, den Rhythmus eines Sprechers wie Martin Luther King oder Billy Graham. Aber die bei weitem größte Gruppe von Menschen wird sowohl vom Inhalt als auch vom Vortrag beeinflußt. Von allen Rednern, an die wir uns noch erinnern können, hatten Winston Churchill und Franklin Roosevelt die beste Kombination.

Sehr oft ist, wie Marshall McLuhan es ausgedrückt hat, das Medium die Botschaft; Ihr Medium ist Ihre Selbstdarstellung, und Ihre Stimme ist ein wichtiger Bestandteil dieser Selbstdarstellung. Lassen Sie nicht zu, daß sie zum negativen Faktor wird. Um das herauszufinden, benötigen Sie wirklich ein Tonband. Ein Spiegel kann Ihnen einiges über Ihr Aussehen verraten – ob Sie zum Beispiel Ihre Hände zu viel benutzen oder reden, ohne die Lippen und die Augen zu bewegen. Aber der beste Spiegel für die Stimme ist ein Tonbandgerät. Da sich ein verlegener Ton in Ihrer Stimme einschleichen könnte, wenn Sie die Aufnahme nur zur Selbsteinschätzung machen, sollten Sie das Tonband neben Ihr Telefon stellen und Ihre Stimme gelegentlich während eines Anrufs mitschneiden. Wenn Sie dann verschiedene Gespräche aufgenommen haben, hören Sie es sich an.

Wenn Ihnen Ihre Stimme nicht gefällt, z. B. weil sie zu schrill ist oder weil Sie lispeln, verweise ich Sie hiermit auf den Anhang zum Thema Übungen zur besseren Aussprache. In diesem Kapitel wollen wir Ihnen zeigen, wie Sie den Klang Ihrer Stimme verbessern und Ihre Botschaft farbiger machen können, und zwar durch: Vortrag, Sprachmelodie, Phrasierung und Tempo.

Vortrag

Sie können Ihre Stimme, sagen wir, ›lebhaft‹ klingen lassen, wenn Sie müde sind, ›jung‹, wenn Sie über siebzig sind. Achten Sie darauf, ob Ihre Stimme sagt ›müde‹, wenn Sie sich frisch fühlen, ›schwach‹, wenn Sie stark sind, ›frustriert‹, wenn Sie sich erfüllt fühlen. Wenn es Ihrer Stimme an Vitalität, Lebhaftigkeit, Enthusiasmus, Intensität fehlt, dann liegt das daran, daß Sie sich nicht fördern, daß Sie Ihre Stimme nicht mit dem Druck Ihres Atems unterstützen.

Was das heißt? Stellen Sie sich einen Ping-Pong-Ball vor, der auf einer Wasserfontäne hüpft. Er bleibt dort oben, weil der Druck des Wassers aufrecht erhalten wird. Stellen Sie sich nun vor, der Ball wäre Ihre Stimme und die Fontäne die Kraft Ihres Atems. Wenn der Wasserdruck konstant bleibt, bleibt der Ping-Pong-Ball oben. Aber wenn der Druck nachläßt, fällt der Ball herunter.

Es gehört nicht viel Energie dazu, die Stimme zu tragen. Der Atem, der benötigt wird, um ein Wort auszusprechen, beträgt weniger als das Fünfzigstel eines Millionstels einer Pferdestärke. Wenn alle Menschen der Welt zur selben Zeit denselben Satz sagen würden (›Nirgends ist es einfach‹ wäre eine Möglichkeit), dann wäre die durch ihren kollektiven Atem entstandene Energie zu gering, um einen Wagen über eine Kreuzung zu bewegen. Bei der Atemkontrolle geht es nicht darum, wieviel Luft Sie einatmen können, sondern darum, wie Sie ihr auf dem Weg nach außen Druck verleihen. Sie brauchen nur sehr wenig Luft einatmen, um einen langen Satz sprechen zu können.

Der erste Schritt auf dem Weg zu einem lebhaften Ton ist die Haltung – Brust heraus, Bauch herein. Der zweite Schritt besteht darin zu lernen, wie man die Muskeln benutzt, die Ihre Stimme tragen, damit sie Autorität und Energie ausstrahlt. Ist

Ihnen jemals aufgefallen, daß die Muskeln in Ihrem Brustkasten härter arbeiten, wenn Sie beim Sprechen emotional aufgewühlt sind – also wütend, trotzig, befehlend? Dann ziehen sich die Muskeln zusammen.

Setzen Sie sich auf die Kante eines geradlehnigen Stuhls, Brust heraus, Kopf hoch erhoben. Jetzt lassen Sie beide Hände in der Mitte Ihrer Brust nach unten gleiten, bis Sie Muskeln fühlen. Nun fahren Sie mit den Fingern beider Hände über die Seiten Ihres Brustkorbs, so, wie sich Rippen ausbreiten. Das sind die Seiten des Vitalen Dreiecks, wie ich es nenne; die Basis ist die gerade Linie an der breitesten Stelle Ihrer Rippen; sie befinden sich etwa sieben Zentimeter oberhalb Ihrer Taille oder Gürtellinie. Folgen Sie den Umrissen dieses Dreiecks, um damit vertraut zu werden.

Es gibt zwei Möglichkeiten zu fühlen, wie Ihre Muskeln arbeiten sollten, wenn Sie sprechen. Setzen Sie sich aufrecht auf einen Stuhl und legen Sie die Handfläche über das Dreieck. Stehen Sie auf und setzen Sie sich schnell wieder hin, vier- bis fünfmal. (Tun Sie das nicht, wenn Sie Probleme mit dem Herzen haben!) Sie werden beobachten, daß sich die Muskeln zusammenziehen, wenn Sie aufstehen, dann weichen sie zurück und festigen sich am Rückgrat. Wenn Sie sich hinsetzen, lösen sie sich wieder.

Jetzt stellen Sie sich hin, mit dem Gesicht zu einer Wand, nicht ganz auf Armeslänge entfernt. Stellen Sie einen Fuß vor den anderen, in Sprungposition. Jetzt stützen Sie beide Hände in Schulterhöhe an die Wand und versuchen Sie, die Wand nach unten zu drücken, wobei Sie langsam bis vier zählen. Sie sollten fühlen, wie sich Ihre Muskeln im Vitalen Dreieck spannen und rückwärts, Richtung Rückgrat, zusammenziehen.

Selbst wenn Sie leise sprechen, sollten sich die Muskeln Ihres vitalen Dreiecks auf diese Weise zusammenziehen. Ein großer Teil der heutigen Stimmbandbeanspruchung kommt daher, daß wir versuchen, die betäubenden Disco-Dezibel zu übertönen. Aber selbst in einem überfüllten, lauten Raum können Sie Ihre Stimme mühelos über den Lärm erheben, wenn Sie diese Dreiecks-Muskeln ständig zusammenziehen und den Atem unter Druck an die Stimmbänder schicken.

Die folgenden Übungen sollen Ihnen zeigen, wie Ihre Stützmuskeln arbeiten können, damit Sie locker und ohne Mühe vortragen können.

1. Teekessel Atmen Sie schnell ein, ganz normal, keinen tiefen Atemzug. Tiefe Atemzüge verspannen Sie nur. Wenn ich sage, nippen Sie an der Luft, meine ich damit ein wenig – so, als wollten Sie an einer Blume riechen. Aber durch den Mund. Atmen Sie ganz langsam ein wenig Luft zischend durch Ihre unteren Zähne aus. Während Sie ausatmen, ziehen Sie langsam Ihre Dreiecksmuskeln zusammen. Ziehen Sie das Kontrahieren oder Ausatmen so lange hinaus, wie Sie können. Ziehen Sie diese Muskeln zurück, als wären es die Ruder in einem Boot. Z-U-R-Ü-C-K, Z-U-R-Ü-C-K, Z-U-R-Ü-C-K. Bei jedem Ruderschlag zählen Sie stumm bis vierzig. Dann versuchen Sie es mit fünfzig, dann mit sechzig. Fahren Sie damit fort, bis Sie stumm bis ungefähr 130 zählen können.

2. Die flackernde Flamme Erinnern Sie sich an die Szene in *My Fair Lady*, wo Professor Higgins Eliza zeigt, wie man einen dünnen Luftstrahl gegen eine Kerze bläst, so daß sie zwar flakkert, aber nicht ausgeht? Tun Sie so, als wäre Ihr Zeigefinger die Kerze. Halten Sie ihn ungefähr zwanzig Zentimeter von Ihrem Gesicht entfernt und atmen Sie vorsichtig, in einem dünnen Strahl, dagegen, die Lippen immer in Blas-Stellung. Wenn Sie sich nicht sicher sind, ob Ihr Atem Ihren Finger berührt, feuchten Sie den Finger an. Das Verdunsten der Feuchtigkeit ist der Beweis für das Vorüberstreifen der Luft. Während des Ausatmens prüfen Sie mit der anderen Hand Ihr vitales Dreieck, fühlen Sie, wie es sich zusammenzieht. So sollte sich Ihr vitales Dreieck auch anfühlen, wenn Sie am Telefon oder mit jemandem sprechen, der weniger als drei Meter von Ihnen entfernt ist.

Als nächstes strecken Sie Ihren Arm aus und richten den Luftstrahl auf Ihren Finger. Sie werden feststellen, daß die Muskelspannung sogar noch stärker wird, die Stütze gilt jetzt anderen Muskeln, weiter unten. Je weiter Ihr Finger entfernt ist, desto tiefer muß die Stütze sein, damit sie Ihren Atem tragen kann. Um die Kerze auf Armeslänge auszublasen, benutzen Sie

Muskeln in Ihrer Lende, Ihren Oberschenkeln, Ihrem Gesäß, hinter Ihren Knien, vielleicht sogar in Ihren Waden und bis hinab zu den Knöcheln. Sie alle unterstützen die Kontrollmuskeln des vitalen Dreiecks, um für zusätzliche Stütze und Projektion zu sorgen.

3. Der Projektionsschlag Diese Übung hat meinen Klienten am meisten geholfen. Sprechen Sie jedes der unten genannten Worte dreimal hintereinander mit nur einem Atemzug aus – leise für die anfängliche Version, mit mittlerer Lautstärke bei der ersten Wiederholung, emphatisch bei der zweiten Wiederholung. Die erste Version sollte gesprochen werden wie zu einer Person in drei Meter Entfernung; die Worte in Großbuchstaben wie zu jemandem in einer Entfernung von drei und zehn Meter. Tun Sie so, als befänden Sie sich auf einer Galerie und würden zu jemandem am anderen Ende des Zimmers hinunterrufen. Das hilft Ihnen, der Versuchung zu widerstehen, die Stimme zu heben. Jedesmal, wenn Sie ein Wort sagen, d-e-h-n-e-n Sie den Vokal oder Diphthong. Ballen Sie die Fäuste und stoßen Sie sie vor, auf Armeslänge, bei jedem Wort, das Sie sagen; stoßen Sie dann beim zweiten und dritten Mal härter und weiter vor. Ihre Muskeln des vitalen Dreiecks sollten dabei die Spannung in Ihren schlagenden Fäusten nachahmen.

so	SO	SO!
to	TO	TO!
no	NO	NO!
do	DO	DO!
fo	FO	FO!
la	LA	LA!
baa	BAA	BAA!
fah	FAH	FAH!
ma	MA	MA!
pa	PA	PA!
rah	RAH	RAH!
ta	TA	TA!
pusch	PUSCH	PUSCH!
pull	PULL	PULL!

rasch	RASCH	RASCH!
bei	BEI	BEI!
krei	KREI	KREI!
dei	DEI	DEI!
hei	HEI	HEI!
lei	LEI	LEI!
mei	MEI	MEI!
tei	TEI	TEI!

Sprachmelodie

Von einer Fluggesellschaft wurde ich einmal gebeten, einer ihrer Stewardessen zu helfen, einer Kandidatin bei einem Schönheitswettbewerb; sie ging am Ende eines jeden Satzes mit der Stimme hoch und hörte sich an wie eine Katze, die auf einem Zaun im Hinterhof kreischt. Ein paar Lektionen verhalfen ihr dazu, am Satzende mit der Stimme nach unten zu gehen, und dieser niedrigere Ton verlieh ihr eine Samtstimme, die ihrer Schönheit entsprach.

Wenn Sie wollen, daß sich jemand in Ihrer Gegenwart entspannt, sicher und wohl fühlt, wenn Sie zu einem Kind sprechen oder zu jemandem, den Sie lieben, dann werden Sie Ihre Stimme wahrscheinlich senken. Eine Kleinmädchenstimme paßt nicht zu einer Frau, die eine wichtige Position innehat; Männern mit hohen Stimmen mangelt es an Autorität. Eine niedrigere Stimmlage hebt das Image eines jeden Menschen.

Um herauszufinden, wie weit Ihr Stimmpotential nach unten reicht, legen Sie die flache Hand auf Ihre Brust, und zwar direkt unter dem Schlüsselbein, und sagen ›tief‹, dreimal hintereinander, wobei Sie die Stimme jedesmal weiter senken, als würden Sie Stufen hinabgehen. Legen Sie Ihre Handfläche auf Ihr Brustbein und tasten Sie nach Vibrationen, während Ihre Stimme gesenkt wird. (Sie können die Silben aus der vorhergehenden Übung hierfür heranziehen, können Ihre Stimme tief, tiefer am tiefsten werden lassen, während Sie von einer Spalte zur nächsten wechseln.) Ihr Ziel sollte der tiefste Ton sein, mit dem Sie noch bequem sprechen können. Als Hilfe, um den dunkelsten

Klang herauszufinden und in Ihrer Brust Resonanz auszulösen, hat sich folgendes bewährt:

Setzen Sie sich auf einen Stuhl, stellen Sie die Füße fest auf den Boden, ungefähr fünfundzwanzig Zentimeter voneinander entfernt. Schlagen Sie nun dieses Buch bei den Übungen zum Projektions-Schlag auf, legen Sie es zwischen Ihre Füße. Nun beugen Sie sich aus der Taille heraus zu dem Buch herab, lassen den Kopf baumeln, die Arme locker hängen. Ihre Finger sollten den Boden wie schlaffe Quasten berühren. Entspannen Sie vollkommen. Jetzt fangen Sie an, aus dem Buch zu lesen, ziehen dabei die Muskeln Ihres vitalen Dreiecks zusammen. Ihre Stimme sollte in Ihrer Brust widerhallen, Ihre Stimmlage sollte in dieser Position tiefer sein. Lauschen Sie diesem Geräusch und spüren Sie, welche Empfindungen es in Ihrem Körper auslöst; das ist der Ton, den Sie erreichen wollen. Nun richten Sie sich auf, versuchen, die Stimmqualität und das Resonanzgefühl in Ihrer Brust wieder zu erlangen, die Sie in der baumelnden Position hatten. (Weitere Übungen zum Senken der Stimmlage finden Sie im Anhang.)

Eine höhere Stimmlage oder das Hinaufgehen am Satzende erzeugt Singsang und läßt Unsicherheit, manchmal sogar Inkompetenz vermuten. Um sicherer zu klingen, sollten Sie die Stimme senken, und zwar am Satzende und auch bei Worten, die vor einem Komma stehen, überhaupt bei jedem Wort oder Satzteil, das Sie betonen möchten.

1. Sprechen Sie die beiden folgenden Sätze auf Ihre übliche Art: »Der Wunsch nach Qualität im Geschäftsbereich kann ansteckend sein. Laßt uns eine Epidemie starten.« Jetzt sprechen Sie sie nochmals und senken am Ende jedes Satzes die Stimme. Wenn Sie beide Versionen mitschneiden, wird Ihnen der autoritäre Klang in der tieferen Version nicht entgehen.

2. Senken Sie den Ton auch am Ende einer Frage. Sagen Sie: »Können wir denen da oben vertrauen?« und gehen Sie beim letzten Wort mit der Stimme nach oben. Dann wiederholen Sie den Satz, senken aber beim letzten Wort die Stim-

me. Versuchen Sie es mit einem einfacheren Satz: »Wie lange sollen wir warten?« Wenn Sie die Stimme bei den letzten Worten des Satzes senken, klingen Sie entschlossener.

Phrasierung

Wenn Sie abgehackt oder im Stakkato sprechen, wird sich das anhören wie ein Morsealphabet. Ihre Rolle sollte klingen wie das sanfte Fließen eines Cellos und nicht wie die kurzen, an einen Schluckauf erinnernden Töne einer Piccoloflöte. Versuchen Sie die folgenden Übungen, um fließendere Sätze zu bilden.

Lesen Sie laut, lassen Sie dabei ein Wort zum nächsten überleiten, lassen Sie sie fast ineinander verschmelzen:

1. Möge die Sonne warm in dein Gesicht scheinen,
und der Regen sanft auf deine Felder fallen,
und bis wir uns wiedersehen
möge Gott dich in der Hand halten.

2. Alles hat seine Stunde. Für jedes Geschehen unter dem Himmel gibt es eine bestimmte Zeit:
eine Zeit zum Gebären und eine Zeit zum Sterben,
eine Zeit zum Pflanzen und eine Zeit zum Abernten der Pflanzen,
eine Zeit zum Töten, und eine Zeit zum Heilen,
eine Zeit zum Niederreißen, und eine Zeit zum Bauen,
eine Zeit zum Weinen, eine Zeit für die Klage, und eine Zeit für den Tanz;
eine Zeit zum Steinewerfen und eine Zeit zum Steinesammeln,
eine Zeit zum Umarmen und eine Zeit, die Umarmung zu lösen;
eine Zeit zum Suchen und eine Zeit zum Verlieren,
eine Zeit zum Behalten und eine Zeit zum Wegwerfen,
eine Zeit zum Zerreißen und eine Zeit zum Zusammennähen,
eine Zeit zum Schweigen und eine Zeit zum Reden,

eine Zeit zum Lieben und eine Zeit zum Hassen,
eine Zeit für den Krieg und eine Zeit für den Frieden.

Kohelet 3:1 – 8

Erklärungen, Ermahnungen, Anschuldigungen, Drohungen, Warnungen – all dies sind potentielle Kandidaten für das, was ich als ›skizzierte Redewendungen‹ bezeichne. Indem man die Worte dehnt, dem Satz Energie verleiht, hebt man die Bedeutung hervor. Stellen Sie sich einmal vor, Sie hätten ein zehn Zentimeter langes und zehn Zentimeter breites Gummi. Sie halten es zwischen den Händen und ziiiiehen es, bis es die doppelte Länge erreicht hat. Genau diese Spannung und Energie brauchen Sie, wenn Sie eine ›skizzierte Redewendung‹ aussprechen.

Lesen Sie die folgenden Sätze und legen Sie diese Spannung in jeden kursiv gedruckten Satzteil. Machen Sie keine Pause, bis Sie das Ende eines Satzteils erreicht haben. Befehlen Sie sich selbst, den Satz zu beenden, den Satz zu beenden, den Satz zu beenden.

Es wird Zeit zu wählen zwischen *dem-Verändern-der-Erde* und *dem-Erhalten-eines-Teiles-von-ihr-wie-es-ist*. Natürliche Quellen zu Geld zu machen *bedeutet-eine-Bedrohung-für-das-menschliche-Wohlergehen*. Es wird Zeit, *das-Vergolden-der-Erde-aufzuhalten* und *das-Begrünen-der-Erde-voranzutreiben*.

Russell Peterson

Wir sollten uns für Ziele einsetzen, die *liebevoll-nicht-bösartig* sind; *konstruktiv-nicht-destruktiv*, *ordentlich-nicht-chaotisch*. Dann fühlen wir vielleicht, daß wir das Recht auf *große-Freude* und *tiefen-Frieden* haben.

Malcolm Muggeridge

Tempo

Hubert Humphrey, sagte Barry Goldwater einmal, spreche so schnell, daß es für den Zuhörer etwa so sei, als würde er versuchen, den *Playboy* zu lesen, und seine Frau würde umblättern. Präsident Johnson hingegen sprach so langsam, daß eine neue, internationale Krise hätte ausbrechen können, ehe er sein Land über die derzeitige informiert hatte. Wenngleich es beträchtliche Abweichungen in den regionalen Sprachmustern gibt, so kann man doch sagen, daß die ideale Geschwindigkeit der englischen Sprache in Amerika bei etwa 170 Worten pro Minute liegt. Natürlich darf es kein konstantes Tempo werden – man wünscht sich ja Abwechslung, keine Monotonie. Darüber hinaus verändert sich das Sprachtempo sowohl im Geschäfts- als auch im Privatleben; am Montagmorgen wird schneller gesprochen als am Freitagnachmittag. Das Sprachtempo variiert auch je nachdem, ob Sie beim Mittag- oder Abendessen sind, in einem Gespräch unter vier Augen oder am Telefon. Sie sollten im Radio schneller sprechen als im Fernsehen, und im Fernsehen schneller als in einem Büro oder Wohnzimmer. Doch trotz dieser Unterschiede klingt ein Mensch, der normalerweise 180 Worte und mehr in der Minute spricht, gefährlich ähnlich wie ein Maschinengewehr und erzürnt seine Zuhörer. Wohingegen jemand, der zu langsam spricht, sagen wir weniger als 150 Worte in der Minute, Gefahr läuft, die anderen zu langweilen.

Lesen Sie vom Beginn dieses Abschnitts an laut. Brechen Sie nach einer Minute ab und kennzeichnen Sie das letzte Wort, das Sie gesagt haben. Wenn Sie den Ausdruck ›Maschinengewehr‹ nicht nach Ablauf von sechzig Sekunden erreicht hatten, haben Sie zu langsam gelesen. Wenn Sie zu weit über den Anfang dieses Absatzes hinausgekommen sind, hörten Sie sich schon fast wie dieses Maschinengewehr an.

Je schneller Sie sprechen, um so mehr opfern Sie an Farbe, Intensität und Fluß. Wenn Sie ein Schnellredner sind, versuchen Sie es einmal hiermit:

Mit Hilfe des Sekundenzeigers einer Uhr zählen Sie von eins bis zehn, erst in fünf Sekunden, dann in zehn, dann in zwanzig. Allmählich werden Sie langsamer werden.

Eine Abwechslung in der Sprachmelodie, im Tempo, der Phrasierung und dem Vortrag bringt Farbe und Abwechslung in Ihre Rede; verleiht Ihren Sätzen Kadenz, Melodie. Wenn Sie

Ihre Rede mit diesen vier Eigenschaften versehen, können Sie aus einem einzigen Satz fast ebenso viele Kombinationen herausholen wie aus einer Hand mit sieben Karten.

Mit den Augen sprechen

»Die Menschen können einander nicht verstehen, wenn Sie sich nicht ansehen«, sagt Barbara Walters. »Ich schaue genau in die Kamera und hoffe, daß ich durch diesen Blickkontakt in der Lage bin, die Leute auf eine äußerst persönliche Art zu erreichen.« Wenn Sie reden, ohne dabei Blickkontakt herzustellen, ist das so, als würden Sie mit einer Tüte über dem Kopf sprechen. Die Augen übermitteln Billigung, Liebe, Interesse, Ernsthaftigkeit, Glaubwürdigkeit, Enthusiasmus, Aufregung – und ebenso natürlich auch alle negativen Gefühle.

Warren Christopher, der sich als Stellvertretender Staatssekretär so unermüdlich und bewundernswert als Hauptverhandlungspartner während der Geiselaffaire im Iran eingesetzt hat, hat mich vor seinen Auftritten in ›Meet the Press‹ und ›Face the Nation‹ mehrfach konsultiert. Es war eine Ehre, mit ihm zu arbeiten. Er nahm alles an, was ich vorschlug, und setzte es augenblicklich in die Praxis um. Jedesmal, wenn ich ihn verließ, sagte er freundlich: »Dorothy, Sie schenken mir soviel Zutrauen.« Ich fragte mich, ob ihm jemals klar geworden ist, wieviel seine Freundlichkeit mir bedeutet hat.

Ich fing mit Mr. Christopher zu arbeiten an, kurz nachdem er von einer Reise nach Taiwan zurückgekehrt war. Dort war sein Auto mit Steinen und faulen Tomaten beworfen worden. Über den Vorfall war in allen Zeitungen berichtet worden, auch im Fernsehen. Scherzhaft meinte er zu mir: »Ich hatte gehofft, als etwas mehr in die Geschichte einzugehen als nur als die Zielscheibe für faules Gemüse.« Wer ihn im Fernsehen sah, wie er die Geiseln in jener historischen Nacht in Algerien begrüßte, konnte nicht daran zweifeln, daß er in die Geschichte eingehen würde als brillant, bescheiden. Mir gefiel, was Dan Rather sagte: »Er hat hart gearbeitet, sehr lange, für sehr viele.«

Der Abgeordnete ist ein brillanter, bescheidener, aggressionsloser Mann. Als wir im Rollenspiel Interviews machten, stellten wir fest, daß er dazu neigte, sich ein wenig zu sehr herabzusetzen, daß er die Augen entweder niederschlug oder blinzelte. Das schadete seinem Auftritt. Wir überwanden es, indem er lernte, die Blicke von einem zum anderen wandern zu lassen, während er sprach, und nicht vor dem Ende eines jeden Satzes zu blinzeln. Jetzt entsprach die Wirkung seines Auftritts seiner Wirkung als Diplomat.

Blicke können Zuversicht ausstrahlen und augenblickliches Zutrauen erzeugen. Denken Sie nur einmal an die unausgesprochenen Botschaften, die Sie gesendet und empfangen haben. Eine Frau auf einer Party kann erkennen, daß ein Mann, den sie nie zuvor gesehen hat, sie heimbringen möchte, indem sie einfach die Sprache seiner Augen entschlüsselt.

Ich kenne die meisten Talk Shows, und der bei weitem beste Gastgeber war David Frost – seine Augen sprachen achtundzwanzig Minuten lang. Seine Augen schienen vor Freude zu tanzen, während er seinen Gästen zuhörte und auch noch dem langweiligsten unter ihnen signalisierte: ›Fabelhaft!‹ ›Faszinierend!‹ ›Interessant!‹ Und der Gast wurde fabelhaft. Um ein guter Zuhörer zu sein, sollten Ihre Augen sagen: »Ich höre zu« und Mitgefühl und Interesse übermitteln. Wenn Sie selbst sprechen, beobachten Sie die Augen Ihres Zuhörers, achten Sie darauf, ob Sie sein Interesse und seine Aufmerksamkeit haben. Stellen Sie für ein paar Tage einen Spiegel in die Nähe Ihres Telefons. Wann immer Sie ein Gespräch führen, überprüfen Sie, ob Ihre Augen sprechen und dasselbe sagen wie Ihre Worte.

Je neurotischer ein Mensch ist, desto kürzer ist sein Blick. (Schizophrene und Depressive haben nur sehr kurze Blickzeiten; autistische Kinder haben von allen die kürzesten Intervalle.) Von einem Menschen, der sich vor Ihren Blicken in sein Gedankengebäude zurückziehen muß, der die Decke, die Wände, den Boden oder seine Hände nach seinem nächsten Gedanken absuchen muß, geht etwas Beunruhigendes und ganz und gar nicht Vertrauenerweckendes aus. Versuchen Sie deshalb, in neunzig Prozent der Zeit Blickkontakt zu halten.

Wenn ich von Blickkontakt spreche, meine ich damit kein Starren – dabei fühlen sich die anderen unbehaglich. Es ist

Ihnen vielleicht noch nicht aufgefallen, daß es unmöglich ist, dem Gegenüber gleichzeitig in beide Augen zu schauen. (Versuchen Sie es mal.) Für gewöhnlich heftet man den Blick auf das kräftigere Auge des Partners. Was Sie statt dessen anstreben sollten, ist ein leicht wandernder Blick. Wenn Sie zu einem Menschen sprechen, erst zu einem Auge, dann gelegentlich zu dem anderen, verändert sich Ihr Gesicht. Wenn Sie zu mehreren Personen sprechen, dann gehen Sie sicher, daß Sie jedem einzelnen die Gunst des Blickkontakts erweisen.

Mit dem Gesicht sprechen

»Energie ist Schönheit«, sagt die Designerin Elsa Peretti. »Ein Ferrari mit leerem Tank fährt nicht.« Ein ausdrucksloses Gesicht hat keine Energie; es ist so abstoßend wie leere Augen. Ein ausdrucksloses Gesicht ist anderen nicht angenehm; das Gegenüber fragt sich: »Mag er mich nicht?« »Fühlt er sich nicht wohl?« Die Menschlichkeit wird versteckt.

Das versteinerte Gesicht ist für viele Kulturen charakteristisch – der unergründliche Orientale, der sprichwörtliche steife Engländer sind zwei Stereotypen, und wir Amerikaner haben auch unsere Henry Kissingers. Forscher haben beträchtliche regionale Unterschiede in diesem Land entdeckt. Südstaatler lächeln häufiger, Neuengländer weniger, aber – so behauptet Professor Ray L. Birdwhistell, das Lächeln der Südstaatler könnte eine Art der Aggressionsunterdrückung sein, während die Zurückhaltung des Neuengländers nicht so sehr Unfreundlichkeit zeigt, als vielmehr ein Zögern, sich in eine unangemessene persönliche Beziehung einzulassen. (Denken Sie nur an das Gesicht des Passagiers neben Ihnen im Flugzeug, der sich nicht unterhalten will.) Was nun die New Yorker angeht, so ist ihre ›Maske der Gleichgültigkeit‹ so fixiert, daß ein New Yorker für einen Vertreter gehalten wird, wenn er außerhalb der Stadt viel lächelt.

Lebhaftigkeit ist die beste Kosmetik, die es gibt – und damit meine ich nicht Lächeln, sondern Lebendigkeit. »Einige von uns sind keine großen Schönheiten«, sagte Helen Gurley Brown, die

Herausgeberin des *Cosmopolitan.* »Diese Erkenntnis ist der Schlüssel zu jedwedem Erfolg, den ich im Leben gehabt habe, denn weil ich nicht schön war, mußte ich das mit meinem Verstand ausgleichen, mit meinem Charme, meinem Drive, meiner Persönlichkeit.«

Ein lebendiges Gesicht ist ein schönes Gesicht. Ich habe einmal einen berühmten Junggesellen gefragt, was ihn im Gesicht einer Frau am meisten anzieht. »Ich suche nicht nach einem hübschen Gesicht«, antwortete er. »Ich suche nach einem glücklichen Gesicht.« Lebendigkeit läßt Ihre Persönlichkeit strahlen, verleiht Ihnen ein Leuchten, das noch einen Abglanz auf die anderen wirft, die sich in Ihrer Gegenwart wohl fühlen.

Ich habe mit Diplomaten gearbeitet, die glaubten, ein ernstes, unbedeutendes Gesicht haben zu müssen, bis ich sie darauf hinwies, daß auch ein animiertes Gesicht rätselhaft sein kann. Frauen, die ihre Gesichtsmuskeln nicht bewegen, aus Angst davor, Falten zu bekommen, haben nicht begriffen, daß ein zusammengefallenes Gesicht ohne Feuer zehn Jahre älter aussieht als ein Gesicht mit angespannten Muskeln. Eine Frau, deren Gesicht wie erstarrt war, weil sie dachte, man könnte sonst eine große Narbe auf ihrer Wange bemerken, erkannte, als sie sich in meinem Videorecorder sah, daß man den Blick nicht auf ihre Narbe heftete, wenn ihr Gesicht animierter war. Wenn Sie mit langem Gesicht herumlaufen, wirkt das ungefähr so, als würden Sie Ihre Strümpfe oder Socken um die Knöchel hängen lassen.

Und wieder: der Spiegel neben Ihrem Telefon. Sagt Ihr Gesicht dasselbe wie Ihre Worte oder wird der Satz »Das ist ja wunderbar!« von einem kalten, gleichgültigen Gesicht begleitet? Wenn man Sie fragt, was los ist, obwohl alles bestens ist, dann lassen Sie Ihr Gesicht strahlen. Das heißt nicht das falsche Plastiklächeln eines Politikers, sondern vielmehr einen Ausdruck von Vitalität und Anteilnahme. Beverly Sills machte einmal eine feine Unterscheidung. »Ich bin fröhlich«, sagte Miss Sills, »ich bin nicht glücklich, aber ich bin fröhlich. Das ist ein großer Unterschied. Ein glücklicher Mensch hat überhaupt keine Sorgen; ein fröhlicher Mensch hat Sorgen, aber er hat es gelernt, sie zu ignorieren.«

Um zu lernen, Ihr Gesicht zu animieren, versuchen Sie folgendes:

1. Schauen Sie in den Spiegel und lassen Sie Ihr Gesicht die Vielzahl von Emotionen durchlaufen – Sympathie, Zweifel, Fröhlichkeit, Angst, Sorge, Wut, Erstaunen, Panik, Entzücken, Liebe, Ekstase. Je angenehmer und positiver das Gefühl, desto schmeichelnder ist es für Ihr Gesicht.
2. Ziehen Sie die Wangen nach oben, so daß direkt unter Ihren Augen ›Liebesäpfel‹ entstehen. Betrachten Sie sich im Spiegel und denken Sie jetzt an das angenehmste Erlebnis, das Sie in diesem Monat hatten. Sehen sie, wie sich Ihr Gesicht erhellt? Jetzt dämpfen Sie das Licht ein wenig, als würden Sie sich an das nächstbeste Erlebnis erinnern. Sie werden feststellen, daß der obere Teil Ihrer Wangen noch immer leicht erhoben ist. Diesen Ausdruck sollten Sie anstreben, wenn Sie möchten, daß andere in Ihnen eine warme, mitfühlende, lebhafte Person sehen.

Mit dem Körper sprechen

Die erst kürzlich ernannte Personalleiterin einer Firma konsultierte mich, weil sie das Gefühl hatte, von ihren männlichen Kollegen nicht ernst genommen zu werden. »Ich habe einen Harvard-Abschluß, aber bei den Meetings ignorieren die mich einfach.« Es war leicht zu sehen, daß Marians Probleme in dem Augenblick ihren Anfang nahmen, wenn sie einen Raum betrat: ihr Körper sackte zusammen. Er drückte ›passiv‹ aus, nicht ›aktiv‹. Wenn sie sich hinsetzte, sah sie aus wie ein verknitterter Schlafsack.

Gute Haltung machte aus Marian eine andere Frau. Mit hocherhobenem Kopf und straffen Schultern wurde ihre gesamte Persönlichkeit eindrucksvoller; sie hatte ihr Image geändert. »Wir wollen Menschen«, sagte Marians Chef ein Jahr später, als er sie zur Vizepräsidentin beförderte, »die wir auch vorzeigen können. Das sind diejenigen, deren Vorankommen wir wünschen, diejenigen, die an die Spitze kommen werden.«

Was hat ein guter Schauspieler, wenn er die Bühne betritt?

Etwas, das Aufmerksamkeit verlangt, noch ehe er zu sprechen anfängt? Präsenz – Präsenz, die durch Körpersprache übermittelt wird. Eine Intensität oder Anspannung (nicht Starre) des Körpers wird durch das Zusammenziehen der Muskeln erreicht, genau so, als wenn Sie beim Tennis den Aufschlag oder beim Golf ein Tee schlagen. Wenn all Ihre Muskeln angespannt sind, wenn Sie sitzen oder stehen, dann verfügen Sie über Körperintensität oder Präsenz. Das heißt nicht, daß Sie in militärisch steifer Haltung stehen müssen. Es heißt, daß Sie sich strecken. Zur Verdeutlichung ein Beispiel: Halten Sie noch einmal ein Gummiband; fühlen Sie, wie es durchhängt; dann dehnen Sie es so weit es geht, ohne daß es reißt. Das sollte Ihnen eine Vorstellung des Grads von Spannung vermitteln, die Sie erreichen können, wenn Ihr Körper Autorität ausdrücken soll.

Von allen Möglichkeiten, sich mitzuteilen, ist die Haltung am besten geeignet, augenblickliche Präsenz auszudrücken. Betrachten Sie sich in genau diesem Augenblick. Sitzen Sie zusammengesunken auf Ihrem Stuhl, mit eingefallener Brust? Sehen Sie auf Ihre Taille – umgibt sie ein Schwimmgürtel? Eine schlechte Haltung läßt Sie nicht nur älter und weniger attraktiv aussehen. Sie verändert auch die Wahrnehmung der anderen von Ihnen zum Negativen. Sie vermindern Ihre Wirkung jedesmal, wenn Sie in ein Zimmer schlurfen oder zusammengesunken in einem Sessel hängen. Die Botschaft, die Sie durch diese Haltung ausdrücken, lautet: »Was soll's?«

Positive Haltung – ich nenne sie Managerhaltung – verleiht Ihnen einen Ausdruck von Autorität. Wenn Sie mit hocherhobenem Kopf und vorgerecktem Kinn sitzen oder stehen, die Brust heraus, den Bauch eingezogen, dann entspricht das Körperintensität. Um zu verstehen, was ich mit positiver Haltung meine, versuchen Sie folgendes:

1. Stehen Sie auf, pressen Sie den Kopf gegen eine imaginäre Decke, bis Sie das Recken fühlen können. Dann drücken Sie die Schultern herab, als würden Sie zwei schwere Koffer tragen. Ihr Gewicht sollte gleichmäßig auf beide Fußballen verteilt sein.
2. Sie sitzen auf einem Stuhl und tun so, als wären Sie eine Marionette mit einem Faden am Kopf. Ziehen Sie den Faden

an, ziehen Sie sich selbst hoch. Neigen Sie den Oberkörper leicht vorwärts.

Um sich selbst in einer Versammlung oder während jemand anderes redet eine gewisse Autorität zu verleihen, sollten Sie einen geradlehnigen Stuhl wählen. Sitzen Sie nun mit herausgereckter Brust und leicht nach vorn geneigtem Oberkörper. Nur der untere Teil Ihres Rückgrats sollte an der Lehne des Stuhls lehnen. Vergessen Sie nie: Luft zwischen Ihnen und der Rückenlehne des Stuhls von der Taille an aufwärts.

Behalten Sie diese Haltung selbst dann bei, wenn Sie zuhören. Eine Versicherungsgesellschaft riet ihren Vertretern, sich »zurückzulehnen und zuzuhören«. Falsch. Wenn Sie sich zurücklehnen, wirken Sie passiv, es raubt Ihrem Körper die Intensität. Halten Sie dagegen Ihren Oberkörper straff aber leicht vornübergeneigt, bringen Sie sich aktiv in die Szene ein. Sie sehen interessiert aus.

Sie werden feststellen, daß die Managerhaltung die Müdigkeit verringert. Das liegt daran, daß Ihr Kopf über zwanzig Pfund wiegt. Es ist leichter, ihn oben auf dem gestreckten Rückgrat zu balancieren, als ihn hängen zu lassen. Sie werden sich leichter fühlen. Setzen Sie sich einen Moment in der Executiv-Positur hin, dann sacken Sie zusammen; jetzt merken Sie, um wieviel schwerer sich Ihr Körper anfühlt.

Wenn Sie in Managerhaltung stehen und sitzen, drücken Sie Zuversicht und Autorität aus. Sie wirken nicht eingeschüchtert; es scheint, als hätten Sie die Kontrolle – und Sie verfügen über Präsenz.

So sehr Körperintensität die Präsenz stärken kann, so sehr können nervöse Verhaltensweisen von ihr ablenken. Inzwischen weiß jeder, daß wir sowohl mit dem Körper als auch mit Worten sprechen. Gestatten Sie Ihrem Körper nicht, ›nervös‹ zu melden.

Der Anthropologe Desmond Morris hat wortlose Anzeichen von Nervosität erforscht, indem er das Verhalten beim Lügen der Menschen studierte. Morris berichtet, daß die Stimmlage, der Ton und der Gesichtsausdruck am leichtesten zu beherrschen waren; Zappeln ist der Verräter (das heißt, Sie sollten übers Telefon lügen oder nur dann, wenn Ihr Körper mit einer mechanischen Aufgabe befaßt ist, zum Beispiel dem Einfädeln einer Nadel oder dem Einparken eines Autos.) Bei einem Experiment wurden junge Krankenschwestern gebeten, die Wahrheit zu sagen und dann überzeugend zu lügen. Als sie logen, berührten sie Nase und Mund viel öfter.

Der schlimmste Fall eines Zappelphilipps, der mir je unter die Augen gekommen ist, war Senator Daniel Moynihan. Wir waren Gastredner anläßlich einer Konvention. Während seiner Rede kratzte er sich die Brust, bis er ein Loch in sein Hemd gekratzt hatte, zwirbelte eine Locke auf seiner Stirn und würzte seine Rede mit ›ähs‹.

Weitere Signale von Unwohlsein sind: Kratzen der Nase, Wippen mit den Beinen, Herumwirbeln von Füllern und Bleistiften und das Spielen mit Schmuck. Einer meiner Klienten stellte fest, daß er täglich eine ganze Schachtel von Heftklammern verbog. Die Herausgeberin eines Frauenmagazins, die bei ihren Meetings mehr Wirkung erzielen wollte, war sich nicht bewußt, daß sie beim Sprechen mit der Nase zuckte wie ein Kaninchen.

So, wie Sie durch Ihren Kassettenrecorder mehr über den Klang Ihrer Stimme erfahren, können Sie viele Ihrer nervösen Eigenschaften in dem Spiegel neben Ihrem Telefon beobachten.

Eine Möglichkeit, zappelige Hände sofort unter Kontrolle zu bringen, besteht darin, den Daumennagel einer Hand in die Handfläche der anderen zu bohren. Sie bekommen vielleicht Stigmata, aber Ihre Hände bleiben zusammengenagelt, während Sie reden oder sitzen und aufmerksam zuhören.

Es ist leicht, sich auch von anderen negativen Angewohnheiten zu befreien. Ein Regierungsbeamter suchte mich auf, weil er ständig mit dem Kiefer knirschte, wenn er bei einer Pressekonferenz mit einer schwierigen Frage konfrontiert wurde oder wenn ein Reporter eine witzige Anspielung auf die Frau machte, mit der er sich immer traf. Seine John Wayne-Muskeln ließen ihn aussehen wie einen Mann, der sich zum Kampf bereit macht. Wenn er die Lippen leicht öffnete, während er auf die Fragen hörte, konnte er nicht mit den Zähnen knirschen. Was ihm half war ein Verhaltensänderungstrick, der beste, den ich kenne, um nervöse Eigenarten abzulegen.

Die Rote-Punkte-Kur: Kaufen Sie eine Packung winziger, runder, leuchtendroter, selbstklebender Sticker. Kleben Sie diese Sticker mit der passenden Aufschrift auf Ihre Armbanduhr, Ihre Brieftasche, Ihr Telefon, Ihren Schreibtisch – überall dorthin, wo Sie sie häufig sehen werden. Wenn Sie sich daran erinnern wollen, freundlicher zu blicken, malen Sie ein lächelndes Gesicht auf die Sticker; wenn Sie Ihre Gewohnheit ablegen wollen, immer »Äh« oder »Verstehen Sie« zu sagen, dann schreiben Sie dieses Wort, dick durchgestrichen, auf die roten Punkte. Die ständige Erinnerung wird Ihnen helfen, Ihr Verhalten schnell zu ändern.

Stickers sind auch hilfreich, wenn jemand zu schnell oder zu langsam spricht. Ein Diplomat, der viel zu schnell sprach, kam am Vorabend eines wichtigen Fernsehauftritts zu mir. Ich ließ ihn einen roten Sticker mit dem Vermerk ›Langsam‹ auf den Innensaum seiner Hose kleben; so mußte sein Blick darauf fallen, wann immer er die Beine übereinanderschlug. Der Sticker blieb in seinem Gesichtsfeld, und er sprach in einwandfreiem Tempo.

Übrigens können die roten Punkte Ihnen auch helfen, wenn Sie übergewichtig sind und mangelnde Willenskraft schuld daran ist. Verstreuen Sie die Sticker überall dort, wo Sie sie schnell sehen, wann immer die Versuchung zu groß wird. Und wenn Sie übergewichtig sind, denken Sie einmal darüber nach, welche Signale Fettleibigkeit ausstrahlt, ehe Sie zum nächsten Kapitel übergehen. William DeJong, ein Sozialpsychologe, hat aus seinen Experimenten geschlossen, daß dicke Menschen als schlecht, schmutzig, passiv, langweilig und schwach gelten, sofern sie nicht eine plausible Erklärung für ihr Gewicht haben wie eine Drüsenüberfunktionsstörung oder aber zumindest deutlich machen, daß sie Diät leben.

DeJong gab 226 High-School-Schülern die Fotos eines normalen und eines dicken Mädchens, zusammen mit der Kopie der Antworten jedes Mädchens auf einen Fragebogen zur »Hintergrundinformation« über ihr Gewicht und ihre Gesundheit. Die Antworten waren in Wirklichkeit von DeJong verfaßt, der dem dicken Mädchen drei verschiedene Erklärungen für sein Übergewicht gab. Jede Studentengruppe erhielt eine andere.

Die Studenten stuften bei der Frage nach ihrem ersten Eindruck zu den Mädchen das dicke Mädchen als weniger dynamisch ein als das schlanke, ganz gleich, welche Erklärung für das Übergewicht herangezogen wurde. Wenn sie keine Erklärung hatte, wurde sie am wenigsten gemocht. Wenn sie behauptete, gerade eine Diät zu machen oder aber eine Drüsenerkrankung als ›Entschuldigung‹ anführte, mochte man sie schon lieber – die Studenten hielten sie für ›süßer‹ und ›sauberer‹ und sprachen ihr mehr Selbstbeherrschung zu.

Den Charakter der Dicken mit einem Stigma zu versehen, mag unfair sein, aber so ist es nun mal.

Mit Erscheinung und Kleidung sprechen

In einer entzückenden Karikatur im *New Yorker* ist eine würdevolle ältere Dame mit ihrem Mann im Schlepptau zu sehen, die einem Kleiderverkäufer erklärt: »Er ist ein Würdenträger. Sorgen Sie dafür, daß er auch so aussieht.« Ich weiß nicht mehr, wie oft ich von leitenden Angestellten angefleht wurde, einen geschätzten Mitarbeiter herauszuputzen. Aus Taktgefühl heraus wird dem Angestellten für gewöhnlich erzählt, er würde zu mir geschickt, um sein Auftreten im allgemeinen und seinen Vortragsstil zu verbessern, aber der eigentliche Grund ist eine Verbesserung seiner Erscheinung. »Ich bringe es einfach nicht übers Herz, es ihm zu sagen«, beklagte sich ein Chef bei mir, »aber er ist so schlecht gekleidet, daß ich ihn nicht zu Meetings mitnehmen mag. Und dabei ist er einer meiner besten Männer.«

Der Mann, der bei mir auftauchte, war groß und dünn und trug den Anzug eines dicken Mannes; darin war Platz für zwei von seiner Sorte. Seine Taschen waren so mit Krimskrams vollgestopft, daß sie seinen Anzug noch verbeulter wirken ließen.

Um einen Anfang zu machen, forderte ich ihn auf, mir zu zeigen, was er in den Taschen hatte. Er machte einen Platz auf dem Tisch vor sich frei und packte aus: zwei dicke Brieftaschen, eine Schachtel Zigaretten, zwei Streichholzheftchen, ein zusammengeballtes Taschentuch, eine Packung Hustenbonbons, zwei alte Flugpläne, ein dickes Notizbuch, eine Nagelfeile, ein Schlüsseletui, einen Schraubenzieher...

»Ein Schraubenzieher?« fragte ich.

»Um meine Brille zu reparieren, wenn sich ein Bügel lockert«, erklärte er.

»... eine Sonnenbrille im Etui, eine Lesebrille, mehrere Briefe und einen zusammengefalteten Bericht.«

»Stecken Sie es alles wieder ein, und dann wollen wir eine Videoaufnahme von Ihnen machen«, schlug ich vor.

Er musterte sich stumm. »Wenn ich heute abend heimkomme«, erklärte er mir ernst, »werde ich diesen Anzug verbrennen.«

Ich bin keine Outfit-Expertin (wenn ich mir auch das Verdienst zuschreiben kann, Menachim Begin von seiner dicken, schwarzgerahmten, bedrohlich wirkenden Brille befreit zu haben), aber ich kann Ihnen doch einige Dinge nennen, abgesehen von ausgebeulten Taschen und schlecht-sitzenden Anzügen, die einem den Ausdruck von Autorität rauben und falsche Signale aussenden. (Wenn Sie natürlich ein ›kreativer‹ Typ sind, dann wurden Sie angestellt, um Ihre eigenen Signale auszusenden und Ihre eigenen Regeln aufzustellen. In diesem Fall springen Sie einfach zum nächsten Kapitel weiter.)

Eine Brille ist ein guter Anfang. Wenn Sie eine Brille tragen müssen, sollte das Gestell in Form und Größe den Proportionen Ihres Gesichts angepaßt sein. Ein schweres, schwarzes Gestell verleiht Ihnen ein strenges Aussehen. Gestelle in einer Farbe ähnlich Ihrer Haarfarbe sind für gewöhnlich am schmeichelhaftesten.

Meiden Sie Easy-Rider Gestelle oder solche mit Cocker-Spaniel-Formen. Sie lassen Sie traurig wirken. Metallgestelle lassen Sie wie einen Buchhalter erscheinen (kein Problem, wenn Sie Buchhalter sind oder wie einer aussehen wollen). Es gibt heute bei manchen Optikern Computerbildschirme, auf denen Sie sich selbst mit verschiedenen Brillengestellen sehen können. Wenn Ihr Optiker noch nicht darüber verfügt, nehmen Sie eine Sofortbildkamera mit; es ist fast unmöglich zu beurteilen, welches Gestell einem steht, indem man in einen Spiegel schaut. (»Meine Güte«, sagte eine meiner Klientinnen, nachdem sie sich auf Video gesehen hatte, »ich sehe aus wie eine Bibliothekarin, nicht wie eine Public-Relation-Direktorin.«) Halbe Brillen rutschen die Nase herunter und lassen Sie alt aussehen. Mit Bifocal-Gläsern sind Sie besser bedient. Die obere Hälfte kann in diesem Fall ja aus einfachem Fensterglas sein. Dunkle Gläser in geschlossenen Räumen lassen vermuten, daß Sie sich unter Menschen nicht wohl fühlen, daß Sie nicht offen sind, daß Sie etwas zu verbergen haben.

Anachronistische, unmoderne Kleidung – ein zu kurzer oder zu langer Rock, wenn der Rocksaum zwei, drei Zentimeter unterhalb des Knies enden sollte – signalisiert ebenso wie eine unmoderne Haarlänge oder Frisur, daß Sie nicht zeitgemäß sind. Als Malcolm Wilson in New York im Fernsehen erschien und sich zur Wahl des Gouverneurs stellte, verkündeten eine altmodische schmale Krawatte und ein Bürstenhaarschnitt den möglichen Wählern, daß er das heute noch nicht erreicht hatte. Wie sollte er da für den Staat von morgen sorgen?

Polyester-Anzüge, grelle Krawatten, helle Schuhe, weiße Socken bzw. Socken, die nicht das gesamte Schienbein bedecken, wenn Sie die Beine übereinander schlagen, mindern Ihre Autorität – oder schlimmeres. Dasselbe gilt für den Fall, daß man dem erliegt, was Eugenia Sheppard als einen »Fall galoppierender Eitelkeit« bezeichnet hat, der die Männer in diesem Land überfallen hat – übermäßiger Gebrauch von Parfüm, gefärbte Haare und Dauerwellen, Goldketten auf haariger Brust. Bei einem Seminar, das ich in Toronto hielt, fiel mir ein Mann auf, der, wie er mir später gestand, versuchte, sich von den anderen, konservativ gekleideten Geschäftsleuten abzuheben. Er trug Turnschuhe, eine Jogginghose und ein kurzärmeliges Hemd, dessen offene Knöpfe seine behaarte Brust sehen ließen. Niemand konnte sich auf seine Rede konzentrieren. Die Unangemessenheit seiner Erscheinung lenkte uns ab. Männer sollten nur funktionellen Schmuck tragen, und selbst diesen in sehr schlichter Form – meiden Sie blitzende Manschettenknöpfe und Gürtelschließen. Kragenknöpfe sind unmodern und sehen bei breiten Krawatten scheußlich aus; Krawattenclips, Reversnadeln und Krawattennadeln unterstreichen auch nicht gerade Ihre Autorität.

Wenn Sie einen Anzug kaufen, widmen Sie auch der Farbe ein paar Gedanken. Je dunkler – dunkelblau und dunkelgrau sind am besten –, desto mehr Autorität verleiht er Ihnen.

Wenn Sie einen neuen Anzug kaufen, nehmen Sie die Gegenstände mit, die Sie für gewöhnlich in den Taschen haben. Sie brauchen das, damit Ihr neuer Anzug wirklich gut sitzt.

Wenn die Anzughose keine Aufschläge hat, sollte sie bis auf die Schuhspitze reichen und hinten ein bis zwei Zentimeter länger sein. Wenn sie Aufschläge hat, sollten die Hosenbeine rundherum eine gleichmäßige Länge haben. Auf jeden Fall sollte die Bügelfalte eine ununterbrochene Linie von der Taille bis zur Zehenspitze bilden.

Achten Sie auf den Schnitt Ihres Hemdkragens. Wenn Sie einen deutlich vorspringenden Adamsapfel haben, tragen Sie einen so runden und hohen Kragen, wie Sie nur finden können – meiden Sie die V-förmige Art. Sie möchten doch, daß die Aufmerksamkeit auf Ihre Augen und Ihr Gesicht gerichtet wird, wenn Sie sprechen, nicht auf Ihren auf- und niederhüpfenden Adamsapfel. Wenn Ihr Hals lang ist, suchen Sie einen Kragen, der hinten hoch ist; wenn Ihr Hals kurz ist, brauchen Sie genau das Gegenteil. Vergewissern Sie sich, daß das Kragenmaß dem Maß Ihres Halses entspricht. Ein lockerer Kragen läßt Sie hager aussehen; ein enger Kragen läßt Ihren Hals hervortreten. Meiden Sie Button-down-Kragen, sie neigen dazu, schlampig auszusehen.

Männer, die sich makellos kleiden – Sol Linowitz, Dan Rather und Vernon Jordan, tragen ihre Manschetten perfekt. Die Manschetten sollten ein kleines Stück unterhalb des Handgelenkknochens enden und etwa zwei bis vier Zentimeter aus dem Jackettärmel hervorragen, wenn Sie die Arme ausstrecken. Dies ist leichter zu erreichen, wenn Sie die Jackettärmel Ihren Hemden angleichen. Wenn Sie Knopfmanschetten tragen: zwei Knöpfe sehen eleganter aus als einer. Kurzärmelige Hemden sind im Sommer vielleicht angenehmer, aber ein nacktes Handgelenk ist unschön und wird niemals mit ›Professionalität‹ und ›Tüchtigkeit‹ gleichgesetzt.

Da sich die Herrenmode fast ebenso schnell ändert wie die Damenmode, fragen Sie sich vielleicht manchmal, welche Krawattenbreite am besten aussieht. Der Präsident einer Krawattenfirma gibt folgenden Rat: die Breite am unteren Ende der Krawatte, die breiteste Stelle des Revers und die Länge des Hemdkragens vom Hals bis zur Spitze sollten alle dasselbe Maß haben. Der Knoten der Krawatte sollte niemals breiter sein als Ihr Kinn. Weil sie klobiger sind, sind gestrickte oder gewebte Krawatten im allgemeinen für schwere Männer oder solche mit dicken Hälsen nicht günstig. Wenn eine Krawatte gut gebunden ist, sollte ihre Spitze exakt bis zur Gürtelschließe reichen. Welche Länge Sie benötigen, hängt davon ab, wie groß Sie sind und wie Sie Ihre Krawatte binden. Nehmen Sie eine Krawatte, die Ihnen paßt, messen Sie sie, und wenn Sie eine neue kaufen, vergewissern Sie sich, daß sie dieselbe Länge hat. Aber vergessen Sie nicht, halten Sie mehr oder weniger mit der Mode Schritt.

Falls es Ihnen darum geht, gut gekleidet zu sein, ohne aufzufallen, können Sie mit dezenten Farben in Anzug und Hemd und einer kleingemusterten oder gestreiften Krawatte nichts falsch machen. Ebenso können Sie mit einem dezentfarbigen Anzug und ebensolcher Krawatte und einem leicht gemusterten Hemd kaum einen Fehler begehen; diese Kombination entspricht immer einem guten, konservativen Geschmack. Gehen Sie auf Nummer Sicher und mischen Sie nicht zwei Muster. Ein dezent gemustertes Hemd und eine dezent gemusterte Krawatte, zum Beispiel ein Nadelstreifenhemd und eine Club-Krawatte, sind ein guter Anfang, wenn Sie das Gefühl haben, zu langweilig auszusehen.

Bärte sind ein reizvolles Thema. Ich fragte Salvador Dali einmal, ob er seinen Korkenzieherbart trage, um Aufmerksamkeit zu erregen. »O nein«, erwiderte er charmant, »ich suche keine Aufmerksamkeit. Ich bin in Wirklichkeit sogar schüchtern. Ich trage den Bart, um abzulenken, nicht, um auf mich aufmerksam zu machen. Die Leute schauen den Bart an, nicht mich.« In meinen Seminaren habe ich festgestellt, daß Männer Bärte aus drei Gründen trugen: um älter auszusehen, um häßliche Zähne zu verbergen, um der Ehefrau oder Freundin zu gefallen.

Lassen Sie sich von Ihrem Bart nicht in den Hintergrund drängen. Der Fu-Manchu-Bart läßt seinen Träger bedrohlich aussehen. Das winzige Charlie-Chaplin- oder Hitler-Bärtchen kann Ihnen ein lächerliches Aussehen verleihen. Ein Schnurrbart sieht normalerweise am besten aus, wenn die Enden nicht über die Mundwinkel hinausreichen.

Ein Satz noch zu den Haaren eines Mannes: sie sollten gutgeschnitten und gekämmt sein und immer eine moderne Länge haben.

Ratschläge von Experten für Damenmode

In letzter Zeit wurde viel geschrieben, wie sich Geschäfts- und Karrierefrauen kleiden sollten. Einige Experten empfehlen den Uniform-Look: grauen oder marineblauen Rock, weiße Bluse, schlichte Pumps, gute Ledertasche. Ich fragte Emily Cho, die Autorin von *Looking Terrific*, und June Weir, die Herausgeberin der *Vogue*, wie ihr bester Rat für Frauen lautet, die Autorität ausstrahlen möchten. Miss Cho nannte mir zehn Regeln:

1. Es ist wichtig, einen gewissen Standard in der Kleidung einzuhalten, einen durchgängigen Stil. Kommen Sie nicht an einem Tag in einem verknitterten Kostüm und am nächsten in einem einfachen T-Shirt-Kleid. Es ist besser, einige wenige Outfits von guter Qualität zu kaufen und diese mit Kleinigkeiten zu verändern (indem Sie eine Blume am Kragen befestigen, ein Tuch dazu tragen, o. ä,), als einen ganzen Schrank voller lockerer Kleidung zu haben.
2. Verbinden Sie Ihre ›Berufs‹-Kleidung, indem Sie verschiedene Jacketts dazu tragen (sie müssen nicht immer zum Rock passen) oder Westen. Nur wenn Ihre Bluse repräsentativ genug aussieht, sollten Sie sie allein mit einem Rock tragen.
3. Kaufen Sie den Kern Ihrer Garderobe, also Jacken und Röcke, in Grundfarben. Das kann heißen kamelhaar- oder cremefarben oder schwarz, aber ebenso gut auch burgunder, moosgrün oder taupe.
4. Ihre Blusen sind wie die Krawattensammlung eines Herrn. Hier sollten Sie über eine Vielzahl von Farben, Drucken, Materialien und Kragen verfügen, die für Abwechslung sorgen.
5. Ich bin für Rockschlitze selbst im Büro – nähen Sie sie nur bis zu einer dezenten Länge zusammen, damit Sie nicht zu-

viel zeigen, wenn Sie sich setzen. Es gibt keinen Grund Ihre Weiblichkeit nicht zu zeigen, solange es nur im Rahmen des guten Geschmacks geschieht. Weiche Materialien fordern leicht zu Kontakten und Nähe heraus; steife Textilien zeigen, daß ein Mensch als tüchtig angesehen werden möchte. Die Kleiderführung, fließend oder streng, übermittelt dieselben Eindrücke. Wenn Sie Ihr Image verändern möchten, können Sie das durch Stoff und Verarbeitungsart ebenso wie durch die Art Ihrer Kleidung.

6. Die kürzeste Saumlänge, die für ein Büro angemessen ist, befindet sich zwei Zentimeter unterhalb Ihrer Kniescheibe. Bei weiter geschnittenen Röcken oder wenn Sie breite Hüften haben, sollten die Röcke ein wenig länger getragen werden, was harmonischer und graziöser aussieht. Je kürzer der Rock, je mehr Bein zeigen Sie, aber auch um so breiter wirken Ihre Hüften. Auch die Farbe und das Material wirken sich auf die Saumlänge aus. Je dunkler die Farbe, oder je schwerer der Stoff, desto kürzer, um ein paar Millimeter oder so, sollten Sie Ihren Rock tragen. Bei einem leichten Stoff wie Seide oder Baumwolle kann der Saum ein bißchen tiefer rutschen; das Material verleiht dem Rock ein fließendes Aussehen. Wenn Sie Hosen tragen, sollte der Saum auf der Vorderseite die Schuhspitze berühren und den gesamten Rist bedecken. Der hintere Saum sollte ungefähr einen halben Zentimeter länger sein. Wenn Ihre Hose nur einen Schatten zu kurz ist, ist es hilfreich, Schuhe und Strümpfe in derselben Farbe zu tragen.

7. Ihre Schuhe, Handtasche und Mappe sollten Sie ebenfalls in einer Grundfarbe halten – Braun, Schwarz, Taupe oder Burgunder. Schuhe und Tasche müssen nicht hundertprozentig zueinander passen, aber die Farbfamilie sollte dieselbe sein. Das Auge neigt dazu, die optische Illusion der beiden fast passenden Farben zu vervollständigen, weil man will, daß die beiden Gegenstände zusammen passen. Sie können auch ungewöhnliche Farben tragen – sagen wir, malvenfarbige Pumps zu Ihrem schwarzen Kostüm, aber dies sollten Sie immer mit einem Gürtel oder einer kleinen Schultertasche, notfalls auch nur mit einem Einstecktuch in

derselben Malvenfarbe ausgleichen, sonst sticht die neue Farbe heraus wie ein entzündeter Finger.

8. Ihre Strumpfhose sollte schlicht sein, eine neutrale Hautfarbe, einen Ton dunkler als Ihre eigene Haut, und natürlich ohne Naht und Muster. Es ist chic, einen dezenten Ton zu tragen, der eine Fortführung Ihres Rockes ist, sagen wir, blaßgraue Strümpfe zu einem grauen Flanellrock.

9. Feste, geschlossene Pumps sind vielleicht nötig, wenn Sie in einer Kanzlei arbeiten, aber ein offener Slingpumps kann Ihnen eine Menge Weiblichkeit verleihen, ohne daß Sie dadurch weniger professionell aussehen würden. Meiden Sie jedoch Schuhe mit spitzen Absätzen.

10. Runde goldene Ohrringe, zwei Goldketten oder ein kurzes Halsband, ein oder zwei goldene Anhänger bilden eine gute Basis an Schmuck bei der Arbeit. Auch Perlen sind angemessen, wenn sie Ihnen stehen. Nur nichts zu Großes oder Auffälliges ist die Regel.

June Weir geht die Sache ein wenig anders an:

»Vielseitigkeit, Bequemlichkeit und Stil sind die drei Schlüsselworte für die Garderobe einer Frau.

Das heißt aber nicht, daß eine Karrierefrau in jeder Saison losziehen und Unmengen Geld für ihre Kleider ausgeben muß. Vielmehr ist es wichtig, einen Designer oder Hersteller zu finden, der für Ihre Figur und Ihren Lebensstil richtig ist. Danach müssen Sie Ihrer Garderobe in jeder Saison nur noch ein paar Kleinigkeiten hinzufügen oder das eine oder andere austauschen. Vergessen Sie nicht: Es ist besser, auf Qualität als auf Quantität zu achten.

Denken Sie an die Farbe. Die meisten Frauen machen den Fehler, zu viele Farben für ihre Garderobe zu kaufen. Beschränken Sie sich auf zwei oder drei Farben. Schwarz, marineblau, grau und beige sind exzellente Grundfarben, um eine Arbeitsgarderobe aufzubauen. Sie können sich eine Idee Halstons zu eigen machen: fünf schlichte Teile in einer Farbe, ein Mantel, ein Rock, eine Hose, eine Jacke, eine Bluse oder ein Pullover. Sie werden überrascht sein, wie Sie diese Stücke untereinander kombinieren können und immer anders und dennoch gut und tüchtig aussehen.

Accessoires spielen eine wichtige Rolle bei diesem sauberen, modischen Look. Eine Vielzahl kleiner Ohrringe – nichts Großes, Auffälliges; schlichte Clips oder kleine, runde Perlen lassen solide, neutrale Dinge nicht zu nüchtern wirken. Ihr nützlichstes Accessoire ist Ihre Armbanduhr. Die besten Formen für jeden Tag sind eckig, oval oder rund mit schmal zulaufendem Lederband. Sammeln Sie Schals und Tücher in verschiedenen Längen, Größen und Stoffen; sie sind ein wesentlicher Bestandteil Ihrer Garderobe.

Die richtigen Schuhe mit den richtigen Strümpfen können Ihre Erscheinung verbessern oder zerstören. Im allgemeinen sind geschlossene Pumps oder Sling-Pumps das Beste für die meisten Büros. Farbige Strümpfe sehen toll aus, wenn sie exakt zu Ihren Schuhen und Ihrer Kleidung passen. Ansonsten sind Sie mit einem schlichten Beige besser beraten.

Vor allem ist es das Beste, folgendes zu vermeiden – was im übrigen nicht schwer einzusehen ist: durchsichtige oder sehr enge Kleider, ein zu lässiges oder zu elegantes Aussehen. Bei einer kürzlichen Umfrage waren sich die Personalleiter aller Arten von Gesellschaften, von Werbeagenturen bis hin zu Versicherungen, einig, daß die sicherste Wahl immer noch die Kombination von Rock, Jacke und Bluse oder Kleid mit Jacke ist. Nicht immer in Grau. Und nicht immer mit einer strengen, weißen Bluse.«

Wenn Sie als Frau im Rechts- oder Finanzwesen oder in einer sehr konservativen Firma beschäftigt sind, möchten Sie vielleicht den »Uniform«-Look kennenlernen, der von John T. Molloy und einigen anderen Modeexperten diktiert wird. Sie gehen davon aus, daß eine Frau, die in einer Männerwelt arbeitet, sich die männlichen Farben als Schutz aneignen soll, wenn sie Autorität und Können ausstrahlen will.

Es ist ganz einfach: ein Kostüm (auf keinen Fall ein Hosenanzug) in Grau oder Marineblau, eine weiße Bluse als Zeichen der Autorität (Gelb an Tagen, an denen es Ihnen wichtiger ist, gemocht als respektiert zu werden) und keine Weste (zu sexy, denn sie betonen den Umriß der Brust). Der Blusenkragen (ein Standardkragen, bei dem höchstens ein Knopf geöffnet bleiben darf) sollte nie aus der Jacke hervorschauen. Stiefel und zehenfreie oder fersenfreie Schuhe sind verboten; Sie sollten gute geschlossene Lederschuhe mit mittelhohem Absatz tragen, dazu eine schlichte, hautfarbene Strumpfhose. Wenn eine Handtasche unbedingt nötig ist, sollte sie klein und aus gutem Leder sein, aber besser wäre es, nur eine Aktentasche zu tragen, aus gutem braunen Leder. Falls es regnet, nehmen Sie einen guten Schirm (mit mindestens zehn Speichen). Tragen Sie niemals einen Regenumhang oder einen Regenhut aus Plastik.

Clairol hat einmal ein Experiment gemacht. Sie stellten eine Gruppe von Männern in einem Zimmer hinter einen Einweg-Spiegel und ließen eine Reihe sexy aussehender, gut gebauter junger Frauen vor ihnen aufmarschieren. Trotz der ausladenden Brüste der jungen Damen wanderte der Blick der Männer zuerst zu ihren Haaren. Vor allem anderen sollte das Haar sauber und gepflegt aussehen. Springende Locken oder Haare, die ständig in die Augen fallen, sind enervierend. Sie möchten doch, daß die Leute Ihnen in die Augen schauen, auf Ihr Gesicht und nicht auf Ihre Haare, Ihren Hut, auf Ihre baumelnden Ohrringe.

Und auch nicht auf Ihren Hals. Wenn Sie eine Frau über einundzwanzig sind, oder wenn Ihr Hals lang ist, könnten Ihre Augen oder Ihr Gesicht von den Sehnen an Ihrem Hals in den Hintergrund gedrängt werden. Dagegen kann ein hoher oder Mandarinkragen ebenso helfen wie Tücher. Joan Mondale mit ihrem Schwanenhals fragte mich um Rat bezüglich Rednertechniken. Sie erhielt von mir den Tip, bei Auftritten vor Publikum keine ausgeschnittenen Kleider mehr zu tragen, sondern solche mit Stehkragen, oder aber Tücher zu Hilfe zu nehmen, um den Ausschnitt zu verdecken. Rollkragen, Rüschen und Schleifen, Perlen, die den Ausschnitt ausfüllen, sind ebenfalls nützliche Hilfsmittel. Meiden Sie jedoch kurze Halsketten, die nur betonen.

Wenn Sie einen kurzen Hals haben, zu dem für gewöhnlich ein rundes Gesicht gehört, meiden Sie breite, kurze Colliers. Lange Ketten strecken Ihr Gesicht und Ihren Hals optisch. V-Ausschnitte sind günstig für Sie, ebenso wie breite U-Boot-Ausschnitte; meiden Sie hohe Rüschen. Wenn der Kragen Ihrer Jacke ein Stückchen vom Nacken absteht, wirkt Ihr Hals länger.

Wenn Sie groß und dünn sind, meiden Sie alles nackte oder enganliegende. Suchen Sie nach Fülle und Weichheit im Schnitt und Material. Längsgestreifte Muster sind nichts für Sie. Polster machen interessanter und überspielen Magerkeit.

Wenn Sie klein sind, halten Sie sich am besten an eine einzige Farbe und schlichte Schnitte; vermeiden Sie Querstreifen oder Muster. Bedecken Sie niemals Ihren Hals, das läßt Sie plump wirken. Vermeiden Sie auch schweres Schuhwerk, denn es lenkt alle Aufmerksamkeit nach unten und läßt Ihre Beine kürzer aussehen; aus demselben Grund sollten Sie auch nur schlichte Strümpfe tragen.

Wenn Sie ein paar Pfund abnehmen sollten, es aber noch nicht geschafft haben, können Sie mit ein paar Tricks bei der Kleidung schlanker wirken. Tragen Sie nur eine einzige Farbe oder Töne einer einzigen Farbfamilie. Ihr Rock sollte schmal statt weit geschnitten sein, oder aber mit einigen weichen Falten vorne und hinten in der Mitte. Halten Sie sich von übergroßen Dingen fern – Kragen, Schulterpolstern oder Hosenaufschlägen –, die von der senkrechten Linie ablenken. Eine kürzere Jacke läßt die Beine länger aussehen. Kaufen Sie Kleidung, die ein wenig zu weit ist, nicht zu eng. Wenn die Sachen zu eng sind, wirken sie unbequem und Sie sehen dicker aus, als Sie sind. Eine Ausnahme bildet das Jackett, das Sie niemals zu schließen beabsichtigen; dieses kann knapper sitzen und dazu beitragen, daß Sie schlanker wirken.

Wie immer Ihre Figur auch sein mag, Ihre Kleider sollten gut passen. Eine perfekt geschnittene Jacke wird zu groß für Sie aussehen, wenn die Ärmel auch nur um einen Zentimeter zu lang sind; der Ärmel sollte gerade lang genug sein, um den Knöchel zu bedecken, so daß Ihr Blusenärmel noch ungefähr zwei Zentimeter hervorlugt.

Make-up

Kosmetik kann unterstreichen oder ablenken; sie sollte äußerst wohlüberlegt angewendet werden. Janet war eine gepflegte, perfekt gekleidete Angestellte, abgesehen von dem leuchtendgrünen Lidschatten, den sie so dick auftrug wie Zahnpasta. Jeden

Morgen versuchte sie, weniger zu nehmen, erzählte sie, aber die Sache hatte einen Haken: sie glaubte, der Lidschatten würde von ihrer großen Nase ablenken. In Wirklichkeit lenkte der Lidschatten nicht besonders gut von ihrer Nase ab; dafür war sein Erfolg um so größer, wenn es darum ging, Janets Charme und Intelligenz zu übertünchen. Und mit Hilfe dieser Eigenschaften würden die Menschen ihre Nase viel weniger bemerken.

Da wir gerade von Nasen sprechen: Anne Morrow Lindbergh erzählt von ihrer Mutter folgende Geschichte: Als ihre Töchter noch sehr klein waren, lud Mrs. Morrow zu einer Teegesellschaft ein. Senior J. P. Morgan sollte einer der Gäste sein. Die Kinder sollten hereingebracht, vorgestellt und dann wieder hinausgeführt werden. Mrs. Morrows größte Angst war, daß Anne, die vorlauteste ihrer Töchter, eine Bemerkung über Mr. Morgans berühmte, auffallende Nase machen könnte. Deshalb gab sie sich alle Mühe, Anne klar zu machen, wie unhöflich es ist, Bemerkungen über das Aussehen eines Menschen zu machen, und warnte sie besonders davor, Mr. Morgans Nase anzusprechen, ganz gleich, was passieren würde. Der Augenblick kam, die Mädchen wurden hereingebracht, und Mrs. Morrow hielt den Atem an als sie sah, wie sich Annes Blick auf den bewußten Gegenstand richtete und dort hängen blieb. Doch alles ging gut, die Mädchen wurden vorgestellt, machten ihren Knicks und wurden wieder hinausgeschickt. Mit einem Seufzer der Erleichterung wandte sich Mrs. Morrow wieder ihren Pflichten als Gastgeberin zu und wandte sich mit der Frage an ihren Ehrengast: »Und nun, Mr. Morgan, wie möchten Sie Ihre Nase? Mit Milch oder mit Zitrone?«

Die Menschen tauschen oft eine Ablenkung gegen eine andere ein. Ein berühmter Staatsmann hatte einen schiefen Vorderzahn, und deshalb lächelte er in der Öffentlichkeit so gut wie nie. Bei den seltenen Gelegenheiten, wo er es doch tat, bedeckte er die oberen Zähne mit der Lippe. Ich erklärte ihm, daß es ihn sehr viel kostete, diesen Zahn zu verstecken – das grimmige Lächeln brachte ihm den Ruf eines kalten, harten Mannes ein. Wenn er seine Lippen öffnete und einfach grinste, strahlte er soviel Charme aus, daß niemand seinen Zahn auch nur bemerkte (der übrigens gar nicht so schlimm war).

Kapitel 3

Die Vorbereitung Ihrer Rede

Die Zusammensetzung des Publikums
Die Vorstellung
Eine Rede voll Farbe
Richtlinien von Experten
Ihr bester Kritiker, der Kassettenrekorder

Ein Klient, den ich mein Lebtag nicht vergessen werde, war ein kleiner, bulliger Mann, der unangemeldet in meiner Bürotür stand. Er trug einen buntkarierten Anzug, dazu eine leuchtende Krawatte mit diamantenbesetzter Nadel. Auf seiner Stirn standen Schweißtropfen.

»Sie müss'n mir helf'n, Sie müss'n mir helf'n«, keuchte er. »Ich muß Samstach abend 'ne kurze Rede halt'n, weil ich 'n Preis krieg. Ich hab' 'ne Kaution gestellt, und diese Gangster machen mir keene Angst, aber das Publikum da – ich mach' mir vor Schiß fast in die Hose.«

Auch einige der gebildetsten Leute der Welt bekommen zittrige Knie, wenn es darum geht, sich einem Publikum zu stellen. Industriekapitäne, Riesen an ihrem Schreibtisch, werden auf dem Podium zu Zwergen; Aufsichtsratsvorsitzende zerstören sich selbst bei Aktionärsversammlungen. Und heute ist die Fähigkeit, in der Öffentlichkeit frei und gut sprechen zu können, sehr wichtig für alle, die im Geschäftsleben stehen. »Auf der Liste der notwendigen Eigenschaften«, so heißt es in der *New York Times,* »steht die freie Rede ganz oben – sie ist ein MUSS. Jetzt wo die Geschäfte immer mehr durch die Medien gehen, müssen die leitenden Angestellten oft in der Öffentlichkeit auftreten, müssen vor Kongreßversammlungen und bei Tagungen erscheinen.«

Wenn man dem *Book of Lists* glauben darf, führt die Angst vor dem Sprechen vor einer Gruppe die vierzehn schlimmsten Ängste der Menschen an (und schlägt dabei Höhenangst, Angst vor finanziellen Problemen, Insekten, tiefem Wasser, Krankheiten, Tod und vor dem Fliegen, und zwar in dieser Reihenfolge). Doch glücklicherweise kann diese Angst besiegt werden, und zwar beträchtlich einfacher, als einer meiner Klienten dachte. Ehe er zu mir kam, hatte er neun Jahre Analyse hinter sich gebracht, um seine Angst vor einem Publikum zu überwinden. Unser Programm brachte in nur vier Stunden mehr zuwege, als neun Jahre auf der Couch bewirkt hatten.

Um eine gute Rede gut vorzutragen – und zwar ohne nervös zu werden, was den Ruin bedeuten könnte – bedarf es zweierlei: Sie müssen Ihren Stoff vorbereiten – und zwar gründlich; und Sie müssen sich selbst vorbereiten – ebenso gründlich. Die nötige Zuversicht bei einer Rede erwächst aus der Sicherheit, daß man etwas Wichtiges zu sagen hat und daß man es auf eine Art und Weise sagen kann, die es wert ist, gehört zu werden.

Um die Nervosität unter Kontrolle zu bringen, sollte man versuchen, Voraussicht walten zu lassen – einer der wichtigsten Prozesse in unserem täglichen Leben, der jedoch kaum bewußt eingesetzt wird. Jedesmal, wenn Sie eine Straße überqueren, fragen Sie sich: Was passiert, wenn dieser Wagen scharf abbiegt? Schaffe ich es, ehe die Ampel umspringt? Diese Erwartung kann auch den Unterschied zwischen Erfolg und Mißerfolg in weniger großen Dingen ausmachen. Wenn ein professioneller Golfspieler den Rasen betritt, hat er im Kopf schon alle Möglichkeiten in Erwägung gezogen. Wie komme ich am besten aus dem Sand heraus, drüben beim fünften Loch? Was wird, wenn der Wind dreht? Und genau wie er können auch Sie unschöne Konsequenzen meiden, indem Sie eine Sache intelligent angehen.

Die Zusammensetzung des Publikums

An einem Abend, als ich mit einem Stück in Philadelphia Premiere hatte, kam Noel Coward zu mir hinter die Bühne, um mir Glück zu wünschen. »Noel«, fragte ich, »wie ist das Publikum hier in Philadelphia?« »Nun«, meinte er, »wir hatten mal eine Vorpremiere im Veterans Hospital. An dem Abend haben wir für die Verletzten gespielt. Am nächsten Abend war die Premiere. Da spielten wir für die Toten.«

Wenn Sie sich bereit erklärt haben, eine Rede zu halten, sei es zu einer Versammlung von Kollegen im kleinen Kreis oder zu Tausenden von Leuten anläßlich einer Aktionärsversammlung, dann besteht Ihre erste Aufgabe in intelligenter Voraussicht. Schätzen Sie die Situation ein.

Als erstes müssen Sie alles über Ihr Publikum in Erfahrung bringen, was Sie nur können. Eine Gruppe leitender Angestellter und eine Gruppe Hochschüler erfordern eine vollkommen unterschiedliche Einstellung, selbst wenn das Thema Ihrer Rede dasselbe ist. Stecken Sie einen Rahmen für Ihr Publikum ab. Als ich 1978 von Premierminister Begins Stab zu Rate gezogen wurde, begann ich damit, die beiden unterschiedlichen Deutungen desselben Satzes durch unsere beiden Kulturen zu diskutieren. »Wenn wir eine Frage mit dem Satz beantworten ›Es dient unserem Überleben‹«, sagte ich, »dann heißt das für einen Amerikaner Essen und Schutz; es bedeutet nicht das, was es für einen Israeli bedeutet – nämlich Nicht-Zerstörung.«

»So haben wir das nie gesehen«, bemerkten sie.

Als er die Debatte mit Präsident Carter in einem Resümee zusammenfaßte, demonstrierte Präsident Reagan, wie gut er sein Publikum kannte. Die meisten Leute waren der Ansicht, daß sich die Kandidaten bis zu diesem Zeitpunkt ein Kopf-an-Kopf-Rennen lieferten. Doch dank der brillanten Erkenntnis der persönlichen Belange der Amerikaner, dank der Wortwahl, der Kadenz und des Rhythmus der folgenden vier direkten Fragen ging Ronald Reagan als Sieger aus der Schlacht hervor:

> Geht es Ihnen heute besser als vor vier Jahren?
> Ist es einfacher für Sie, in ein Geschäft zu gehen und einzukaufen als vor vier Jahren?
> Wird Amerika weltweit noch ebenso respektiert wie vor vier Jahren?
> Glauben Sie, daß unsere Sicherheit gewährleistet ist? Daß wir so stark sind wie noch vor vier Jahren?

Finden Sie durch denjenigen, der Sie angeheuert hat, das Durchschnittsalter und den sozialwirtschaftlichen Status Ihres

Publikums heraus, ebenso alle Interessen, Vorurteile und politische Neigungen. Gibt es Themen, die Sie vermeiden sollten? Ein Redner eröffnete einmal seine Ansprache mit einem Scherz über Flugzeugabstürze, ohne zu wissen, daß die Ehefrau des Versammlungsvorsitzenden kürzlich bei einem solchen Unfall ums Leben gekommen war. Er hatte nicht über sein Publikum recherchiert. Ein berühmter Friseur brachte es fertig, einen mit den Gattinnen der leitenden Angestellten gefüllten Saal in nur zwanzig Minuten zu leeren. Er würzte seine Rede zu freizügig mit Obszönitäten. »Wenn wir unser Bestes für das Publikum geben«, sagte Alan Alda und erklärte damit den Erfolg, den M. A. S. H. trotz seines schwierigen Themas und seines hohen Standards beim Publikum hatte, »dann läßt es uns das auf jede Art tun, die wir können.«

Wie viele Leute werden dort sein? Bei einem kleinen Publikum kann man es lässiger angehen. Je größer die Gruppe, desto mehr Energie und Enthusiasmus benötigen Sie, um Ihre Zuhörer mitzureißen.

Wie groß ist der Saal, in dem Sie sprechen? Gibt es dort ein Rednerpult (was ich vorziehe)? Wenn Sie visuelle Hilfsmittel einsetzen möchten, beschreiben Sie Ihrer Kontaktperson, was Sie benötigen – eine Leinwand, einen Projektor etc.

Finden Sie heraus, welche Redner in der Vergangenheit vor demselben Publikum Erfolg hatten, worüber sie gesprochen haben, und warum sie erfolgreich waren. Treten mit Ihnen auch andere Redner auf und Sie haben die Wahl, an welcher Stelle Sie kommen möchten, gehen Sie als erster. Auf diese Weise vermeiden Sie es, daß Ihr Material vorgetragen wird, ehe Sie eine Chance zum Sprechen hatten.

Finden Sie heraus, wie lange Ihre Ansprache sein sollte, und achten Sie auf Ihr Time-Limit. (Einer dieser Schlüsselanhänger, der Sie erinnert, daß Ihre Parkuhr abgelaufen ist, könnte hier ganz nützlich sein. Stellen Sie den Timer so ein, daß er zwei Minuten vor dem geplanten Ende Ihrer Rede losgeht. Sein Summen verrät Ihnen dann, daß es Zeit wird, zum Schluß zu kommen.) Ist die Länge der Rede Ihnen überlassen: fünfzehn bis zwanzig Minuten sind lange genug für eine Hauptrede beim Mittagessen- oder Abendessen, vierzig Minuten ungefähr ist die richtige Länge bei einem Zusammentreffen ohne Essen.

Vergessen Sie nicht, halb so lang kann doppelt so gut sein. Präsident William Henry Harrison langweilte bei seiner Einführungsrede von mehr als anderthalb Stunden Länge im Jahr 1841 nicht nur seine Zuhörer zu Tode, er redete auch sich selbst buchstäblich ums Leben. Es war ein kalter, regnerischer Tag, er fing sich eine böse Erkältung ein, und einen Monat später starb er an einer Lungenentzündung.

Noch zwei Punkte: Stellen Sie fest, ob eine anschließende Diskussion geplant ist. Zielen Sie darauf ab. Ich kann eher auf mein Make-up verzichten, als auf diese Frage-und-Antwort-Zeit. An welchem Tag der Woche und zu welcher Tageszeit werden Sie reden? Reden am Morgen und zu Beginn der Woche erfordern mehr Energie und Schwung als jene, die später am Tag und in der Woche gehalten werden.

Die Vorstellung

Als der Dekan der Northwestern University Patricia Neal auf die Bühne führte und versuchte, sie vorzustellen, wurden die Schüler der Oberstufe verrückt. Sie begrüßten die von ihnen ausgewählte Sprecherin mit so lautstarkem Applaus und Jubelrufen, daß der Dekan keine Chance hatte, sich Gehör zu verschaffen.

Pat Neal, die ehemalige Absolventin dieser Schule, repräsentierte diese Gruppe, wie niemand sonst es vermocht hätte. Die Drama-Schüler bejubelten ihren Erfolg auf dem von ihnen gewählten Gebiet. Die Sprachtherapeuten wußten von ihrem Sieg über einen furchtbaren Schlaganfall und liebten sie dafür.

Der Dekan stand am Mikrofon und wartete. Endlich wurde das Willkommensgebrüll zu einem milderen Jubeln, und der Dekan war in der Lage, sich verständlich zu machen. Er sah erst zu Pat, dann wieder zu den Schülern hinüber. »Eigentlich sollte ich die Vorstellung übernehmen«, bemerkte er, »aber wie ich sehe, kennen Sie sich bereits.«

Das ist ungefähr die einzige Gelegenheit, bei der Sie sich nicht die Mühe machen müssen, dem Vorsitzenden eine kurze (etwa 150 Worte umfassende) Einführung zuzuschicken. Im übrigen sollten Sie nicht zu bescheiden sein. Die Leute, die Sie vorstellen sollen, sind in den meisten Fällen dankbar, wenn sie die Einführung nicht selbst schreiben müssen. Und Sie verhindern auf diese Weise auch noch, daß Ihre Referenzen verwechselt oder vergessen werden. Oder, was noch schlimmer wäre: »Richard Swann hält seine interessante Ansprache heute abend im Namen des International Relief Fund. Er macht dies unentgeltlich. Ich bin sicher, daß wir alle, nachdem wir dies wissen, das Gefühl haben werden, daß es sich gelohnt hat zu kommen.«

Eine Einführung sollte das Interesse des Publikums sowohl am Redner als auch am Thema erhöhen. Humor, menschliches Interesse und Herzlichkeit können alle eingesetzt werden, aber zurückhaltend. Sie könnten eine Vorstellung wie die folgende schicken:

»Unser heutiger Redner kennt beide Seiten des Geschäfts. Acht Jahre lang hat er sich mit Auszeichnung als Mitglied der größten Revisionsgesellschaft der Welt, dem United States Internal Revenue Service, verdient gemacht. Achtzehn Jahre lang hat er eine Schlüsselfunktion in der Belegschaft der Olsen Brothers innegehabt. Vor seiner Arbeit bei der IRS nach beendetem Studium besuchte er die Saint Josephs University, wo er sowohl auf finanziellem Gebiet als auch auf dem Football-Feld zu hohen Ehren gelangte. Obwohl er ständig menschlichen Schwächen ausgesetzt ist, führt unser Gast ein Leben, dem siebenundzwanzig Jahre währende Revisionen nichts anhaben konnten. Wir freuen uns auf Russ Canfield.«

Eine Rede voll Farbe

Eine gute Rede ist fast so selten wie ein guter Redner. Als Präsident Carter und ich in Camp David an seiner Kuba-Rede feilten, trat Mrs. Carter ein. »Wie findest du die Rede, Rosalynn?« erkundigte sich der Präsident.

»Das meiste ist verdammt gut«, antwortete sie, »aber sehr viel ist auch verdammt schwach.«

Nachdem der Präsident und ich mit der Arbeit fertig waren, wurde ich von Susan Clough gefragt, ob ich wohl Zeit hätte mich mit Mrs. Carter zu treffen. Ich sagte entzückt zu.

»Hallo, First Lady?« flötete Mrs. Clough durch den Hörer. »Miss First Lady? Warum trinken Sie und Dorothy nicht eine Tasse Kaffee zusammen? Dabei können Sie beide ein paar Dinge bezüglich der Reden des Präsidenten besprechen.«

»Was fehlt uns?« erkundigte sich Mrs. Carter, als wir uns in der Halle trafen. Sie war freundlich, herzlich und interessiert.

»Das wichtigste für eine gute Rede ist ein guter Stil.«

Die Aussagen eines Präsidenten werden immer gründlichst analysiert und interpretiert, vom Kongreß, den Medien, den Bürgern, von befreundeten und nicht befreundeten Nationen. Wenn Sie die Wahl haben zwischen Deutlichkeit und fantasielosen Formulierungen und einer möglichen Zweideutigkeit in gutgewählten Formulierungen, sollte immer die erstere gewinnen. Vielleicht muß die Rede eines Präsidenten farblos sein, aber da es unwahrscheinlich ist, daß Ihre Worte von der ganzen Welt falsch ausgelegt werden können, müssen Ihre Ansprachen nicht langweilig sein. Und sie werden es auch nicht, wenn Sie einfach die folgenden Richtlinien befolgen.

Auf die Voraussicht, den geistigen Probelauf, folgt die Vorbereitung. Wenn Sie alles, was Sie nur herausbekommen können, über die Umgebung Ihrer Ansprache und über Ihr Publikum in Erfahrung gebracht haben, müssen Sie das Fundament für Ihre Rede schaffen. Zuerst müssen Sie das Thema definieren. Welche Botschaft, welche Information wollen Sie dem Publikum nahebringen? Was sollen Sie tun, wenn Sie mit Ihrer Rede fertig sind, abgesehen davon, daß Sie Ihnen applaudieren? Wollen Sie informieren, überzeugen oder unterhalten – oder alles drei?

Eine informative Rede fügt dem Wissen des Zuhörers noch etwas hinzu, soll aber nicht dazu dienen, Meinungen zu ändern oder zu verstärken. Sie könnte einfach so etwas wie eine wohlgesetzte Antwort auf eine einfache Frage sein: »Wie beeinflußt ein schwankender Leitzins unser Geschäft?« »Was sollten Sie für eine Europareise einpacken?« Eine überzeugende Ansprache dagegen zeigt ein Problem auf, unterbreitet Lösungsvorschläge und bringt die Zuhörer mit Hilfe einer Reihe sorgfältig überlegter Schritte dazu, zu handeln.

Die Sekretärin einer früheren First Lady wurde von einem Spitzen-Vorlesungs-Büro eingeladen mitzuarbeiten. Sie zögerte, da sie keine Staatsgeheimnisse enthüllen wollte. Wir definierten ihr Ziel – zu informieren und zu unterhalten, ohne dabei Vertrauen zu verletzen oder als Klatschtante aufzutreten. Danach waren wir in der Lage, ihre Rede durchzustrukturieren – einschließlich der Unterschiede zwischen dem glamourösen Bild, das sich die Öffentlichkeit von der Arbeit einer Pressesekretärin macht, und der Wirklichkeit. Wir konnten eine Reihe ausgewählter Anekdoten einflechten, ohne daß dadurch aus der Rede eine Aneinanderreihung unzusammenhängender, sinnloser Geschichten geworden wäre.

Der Brennpunkt Ihrer Rede ist kritisch. Halten Sie ihn in einem Satz oder einer Phrase fest. »Energie sparen.« »Tragen Sie zum Einkommen Ihrer Gemeinde bei.« »Wie man Betriebskosten spart.« Drucken Sie diese paar Worte auf eine Karteikarte und behalten Sie diese Karte im Auge, während Sie ihre Rede niederschreiben. Sehen Sie in dieser Phrase so etwas wie einen Torpfosten auf dem Fußballplatz. Jede Idee, jeder Satz sollte Ihre Rede der Ziellinie näher bringen. Wenn er das nicht tut, streichen Sie ihn.

Organisation ist alles

Als nächstes sollten Sie damit beginnen, Ihr Material zu sammeln – Hintergrund, Anekdoten, Statistiken, Untersuchungen. Wenn Ihr Thema Ihre Firma oder Organisation betrifft, stehen Ihnen bereits Informationsquellen zur Verfügung. Aber was, wenn Ihr Thema nicht so naheliegt? Bibliothekare in öffentlichen Büchereien sind fast alle sehr hilfreich, und wenn Sie noch ein wenig weiter nachdenken, fallen Ihnen sicher noch andere Quellen ein. Wenn Ihre Ansprache zum Beispiel das Reisen zum Thema hat, könnte die American Society of Travel Agents nützliche Studien haben, aus denen Sie zitieren können. Verbraucherorganisationen haben es sich zur Aufgabe gemacht, immer die neuesten Statistiken über Konsum zur Hand zu haben. Setzen Sie Ihre Familie und Freunde darauf an; sie sollten immer die Augen offenhalten, ob sie in Zeitungen, Zeitschriften und Büchern etwas Wichtiges lesen.

Ihr Material sollte vom Start weg gut geordnet sein. Wenn Sie die Sachen einfach nur in einen Ordner werfen und hoffen, später Ordnung zu schaffen, werden Sie sich einem entmutigenden Wirrwarr gegenüber sehen, sobald Sie sich anschicken, Ihre Rede vorzubereiten. Benutzen Sie unterschiedliche Ordner und beschriften Sie sie: Einführung, Grundgedanke der Rede, Schluß. Oder, mit noch feineren Unterscheidungen: Geschichte, derzeitige Praktiken, Was andere denken, Trends, Kontroverse. Bewahren Sie wichtige Zitate und Anekdoten in einem separaten Ordner auf. Und sammeln Sie sie wie wild – sie sind Senf und Relish auf Ihrem Hotdog.

Mit dem Nachdenken über Ihre Rede sollten Sie beginnen, sobald Sie angenommen haben. Grübeln Sie darüber nach, was Sie sagen wollen, während Sie wandern oder joggen oder auf den Fahrstuhl warten. Wie Sie wissen, kann man gute Ideen überall und zu jeder Zeit haben. Wenn Sie es sich nicht ohnehin schon angewöhnt haben, immer und überall ein Notizbuch greifbar zu haben, dann sollten Sie es sich jetzt angewöhnen.

Ein weiteres legen Sie gleich neben Ihr Bett. Meine Lieblingszeit für die Vorbereitung von Reden ist die Zeit zwischen schlafen und wachen. Mein Verstand scheint in diesen dämmerigen Phasen am kreativsten zu sein. Deshalb denke ich bewußt am Abend, ehe ich einschlafe, und am Morgen, ehe ich voll wach werde, über Ideen zu einer Rede nach. Untertags denke ich zu allen möglichen und unmöglichen Zeiten über die Alternativen nach und meide dabei jegliches Gefühl von Druck. Dann, ganz plötzlich, oft, wenn ich es am wenigsten erwarte, höre ich das leise Klicken, das mir signalisiert, daß sich eine Idee auf dem Weg zur Oberfläche befindet. Sollte dieser Kick in der Nacht kommen, taste ich nach dem Block auf meinem Nachttisch.

Fangen Sie mit der eigentlichen Vorbereitung Ihrer Ansprache mindestens drei Wochen vor dem Rede-Termin an. Es ist verheerend, bis zur letzten Minute zu warten. Das gute, wirtschaftliche Schreiben ist eine schwierige, zeitbeanspruchende Arbeit – planen Sie mindestens eine halbe Stunde Schreibzeit für jede Minute Sprechzeit. (Mark Twain entschuldigte sich einmal bei einem Freund, daß er ihm einen so langen Brief geschrieben hatte; er hätte nicht die Zeit gehabt, erklärte er, einen kürzeren zu schreiben.)

Ihre Rede wird in eine Eröffnung, einen Hauptteil und einen Schluß unterteilt. Die meisten Leute bereiten den Hauptteil ihrer Rede vor, ehe sie sich über die Einführung im klaren sind, denn es ist leichter, eine Einführung zu formen, wenn man schon weiß, worum es geht. Es gibt aber auch Leute, die am Anfang anfangen möchten – oder sogar am Ende. Der Einfachheit halber beginnen wir mit dem Anfang.

Einführungen, die Aufmerksamkeit erregen

Die Vielzahl von Eröffnungssätzen ist so grenzenlos wie Ihre Fantasie. Beginnen Sie mit etwas Unerwartetem oder einer Bemerkung über ortsansässige Persönlichkeiten, Problemen oder Ereignissen, die das Publikum interessieren.

Fangen Sie zum Beispiel mit einer Frage an: »Wie viele von Ihnen hatten heute früh Cornflakes oder ähnliches zum Frühstück?«. Machen Sie eine dramatische Bemerkung: Zitieren Sie ein Ereignis aus den Tagesnachrichten, aus der Geschichte, aus Ihrem eigenen Leben. Verwenden Sie ein geeignetes Zitat. So etwas erweckt augenblicklich Interesse. (Beispiele ausgezeichneter Eröffnungen finden Sie im Anhang.)

Meiden Sie die ausgeleierten alten Floskeln wie: »Herr Präsident, meine Damen und Herren, liebe Gäste, es ist mir eine Ehre und ein Vergnügen...« Alle wissen schließlich, wer sich im Raum befindet. Sie wollen doch die Aufmerksamkeit des Publikums von Anfang an fesseln. Ich fing einmal eine Rede vor einem Publikum, das aus den Vorsitzenden internationaler Gesellschaften bestand, mit den Worten an: »Good morning to all of you personable, peripatetic, prepossessing, perceptive, persuasive, particular, purposeful, prestigious, persevering, polished, practical, productive and powerful presidents.« (Guten Morgen Ihnen allen, den stattlichen, vielgereisten, sympathischen, scharfsichtigen, überzeugenden, besonderen, zielbewußten, prestigebewußten, standhaften, gebildeten, praktischen, produktiven und mächtigen Präsidenten.«) Ich brachte das in einem Atemzug mit zungenbrecherischer Geschwindigkeit hervor, und das Publikum liebte es einfach.

So groß die Versuchung auch sein mag, widerstehen Sie dem Impuls, mit einer Entschuldigung zu beginnen. (Warum sagen nur so viele Leute »Ich bin kein Redner« und bestehen dann darauf, das zu beweisen?) Wenn Sie das tun, sorgen Sie nur dafür, daß das Publikum nach Fehlern sucht. Falsche Bescheidenheit kann Ihre Rede sabotieren. Wenn Sie gleich am Anfang nichts anderes erklären als: »Eigentlich bin ich nicht gut genug für diese Bühne«, dann wird Ihr Publikum nach Beweisen suchen, um Ihre Selbsteinschätzung zu untermauern.

Humor kann eine hervorragende Einführung sein, wie aus den folgenden Beispielen ersichtlich:

> Ich habe kürzlich gelesen, daß das Vorwort zur amerikanischen Unabhängigkeitserklärung dreihundert Worte enthält; die Zehn Gebote siebenundneunzig; die *Gettysburg Address* zweihundertundsiebenundsechzig, und das Vaterunser keine einhundert. Wohingegen ein kürzlich erschienener Bericht der Bundesregierung zum Kohlpreis vorgeblich sechsundzwanzigtausendneunhundertundelf Wörter enthalten soll. Ich werde mich auf irgendwas zwischen dem Vaterunser und dem Kohlpreis beschränken.

Oder:

> Wenn ich Sie alle so vor mir sehe, diese ganze vornehme Gesellschaft, komme ich mir vor wie ein Bastard, der in die Club Show des Westminster Zwingers geraten ist. Er gewinnt vielleicht nicht, aber er befindet sich in ausgezeichneter Gesellschaft.

Ein Wort der Warnung zum Humor. Setzen Sie ihn nur ein, wenn er Ihnen leicht fällt (und natürlich nur unter der Voraussetzung, daß Humor für Gelegenheit und Publikum angebracht ist.) Ein Scherz, der nicht ankommt, bedeutet den Tod. Probieren Sie jede Art von Humor zuerst an Ihren Freunden aus.

Wenn sie nicht lachen, kommen Ihre Witze auch vor einem Publikum aus einhundert oder eintausend Personen nicht besser an.

Der Kern der Sache

Mit Ihrer Einleitung machen Sie sich Ihr Publikum zum Freund. Mit dem Schluß bringen Sie den Vorhang nieder. Aber in der Mitte Ihrer Rede entwickeln Sie Ihre These und überzeugen Ihre Zuhörer.

Der Hauptteil einer Rede, die darauf abzielt zu informieren, sollte sich aus einer Kette von Punkten in logischer Folge zusammensetzen, die durch Überleitungen miteinander verbunden sind und es dem Publikum ermöglichen, Gedankensprüngen zu folgen. Jeder Satz sollte zu der kurzen Phrase in Beziehung stehen, die Sie auf Ihre Karteikarte geschrieben haben und die der Kern Ihrer Rede ist, und jeder Satz sollte unausweichlich auf Ihre Lösung hinsteuern. Wenn Ihr Ziel einfach darin besteht, die anderen zu unterhalten, dann können Sie die Logik vergessen, aber vergessen Sie nie die Organisation.

Wenn Sie die anderen überzeugen wollen, präsentieren Sie das Problem und zählen Sie dann die vorgeschlagenen Lösungen auf. Denken Sie daran, daß Sie etwas verkaufen wollen. Bringen Sie die Zuhörer mit einer Reihe sorgfältig ausgeklügelter Schritte dazu, aktiv zu werden. Jeder Schritt sollte logisch zum nächsten überleiten, und beide sollten durch einen glatten Übergang miteinander verbunden sein.

Ganz gleich, welche Art von Rede Sie auch schreiben, einige einfache Regeln haben immer Gültigkeit:

Drücken Sie sich einfach aus. Anläßlich einer Versammlung von Mathematikern versuchte einmal jemand, Einsteins Theorien zu erklären. Nachdem der Mathematiker über eine Stunde gesprochen hatte, unterbrach ihn einer der Zuhörer. »Ich glaube«, sagte der Knabe, »daß Sie besser sind als Einstein selber. Zwölf Männer haben Einstein verstanden, aber keiner Sie.«

Verwirren Sie Ihre Rede nicht. Ein Zuhörer kann keine Pause einlegen und über lange und komplizierte Sätze nachdenken, wie ein Leser es kann. Wenn Ihr Publikum im Geiste zurückgehen muß, verlieren Sie seine Aufmerksamkeit. Vermeiden Sie Worte und Ausdrücke, die den Zuhörer zwingen, sich an das zu erinnern, was vorhergegangen ist, wie ›es‹ in zu großem Abstand von seinem Bezugwort oder ›letzterer‹. Verwenden Sie Zahlen (abgesehen von Statistiken – haben Sie von dem Knaben gehört, der in einem Fluß mit einer durchschnittlichen Tiefe von fünfzehn Zentimetern ertrunken ist? – und Prozentsätzen) sparsam. Meiden Sie auch Fachjargon und technische Ausdrükke, außer Ihr Publikum ist damit vertraut. Halten Sie Ihre Sätze des besseren Verständnisses wegen kurz. Mark Twain hat einmal erklärt, daß ein gesprochener Satz von mehr als siebzehn Worten für gewöhnlich die Zuhörer vertreibt.

Schreiben Sie für die Zunge. Die gesprochene Sprache ist anders als die geschriebene. Eine Rede, sei sie für dreißig oder dreitausend Personen bestimmt, sollte die Eigenschaften des Sprechens haben, nicht anläßlich oder vor, sondern mit und zu. Die besten Reden wirken immer wie eine Seite einer Unterhaltung. Sie hören sich so an, wie ein Mensch klingt, wenn er bei einer Abendgesellschaft erhitzt über ein Thema debattiert. Das ist die gesprochene Sprache, Ihr normales Vokabular und einfache Sätze.

Achten Sie darauf, daß die Worte und Sätze, die Sie schreiben, die richtigen für Ihre Zunge sind. Als ich bei Proben zu *The King and I* zweimal über eine Zeile stolperte, erklärte Oscar Hammerstein: »Wenn deine Zunge zum zweitenmal stolpert, wenn du es auszusprechen versuchst, dann habe ich es falsch geschrieben.« Sprechen Sie Ihre Sätze von Zeit zu Zeit laut und schreiben Sie jeden Satz neu, bei dem Sie mehr als einmal gestockt haben.

Scheuen Sie auch nicht die Umgangssprache. Sie verwenden die Worte ›ich‹, ›wir‹ und ›Ihr/Sie‹ ständig in einer Unterhaltung; benutzen Sie sie auch, wenn Sie eine Rede aufsetzen. Versuchen Sie, nicht ins Passiv abzugleiten: »Man wird sehen...«, »Es wird vermutet...«. Ihre Rede hat mehr Kraft, wenn Sie Personalpronomen ebenso verwenden wie die aktive Form.

Rhetorische Figuren, an die Sie sich zweifellos noch aus der Schulzeit erinnern, können einer Rede ebenfalls Farbe verleihen. Alliterationen, die Wiederholung des Anfangsbuchstaben in einer Reihe von Worten, ziehen die Aufmerksamkeit auf sich (»dedicated, devoted, directors«, »profitable proliferation of potential«) und verleihen einem Satz Musik. Anapher, die Wiederholung ein- und desselben Wortes am Anfang mehrerer aufeinander folgender Sätze oder Satzteile, ist bei den meisten guten Rednern äußerst beliebt. Ein Beispiel hierfür ist Winston Churchills berühmter Ausspruch: »We shall fight on the beaches, we shall fight on the landing grounds, we shall fight in the fields and in the streets, we shall fight in the hills; we shall never surrender.« (»Wir werden am Strand kämpfen, wir werden an Land kämpfen, wir werden auf dem Feld und in den Straßen kämpfen, wir werden in den Bergen kämpfen; wir werden niemals aufgeben.«) Anapher helfen gewöhnlichen Rednern ebenso wie berühmten Erzählern.

Farbe durch Anekdoten. Persönliche Geschichten, die entsprechend eingesetzt werden, fesseln das Interesse des Publikums wie sonst nichts. Der Präsident eines Konzerns unterstrich seine Menschlichkeit, indem er sich in einer Rede an seine Jugend in einer heruntergekommenen Gegend erinnerte: »Mein Held war ein Junge, der den Ball drei Gullys weit schlagen konnte.«

Zitate und Anekdoten informieren und interessieren. »Ich zitiere andere nur, um mich selbst besser auszudrücken«, sagte Montaigne. Greifen Sie auf Analogien zurück, um Ihren Punkt zu unterstreichen. Fesseln Sie, wann immer möglich, die visuellen Sinne Ihrer Zuhörer. Es ist besser zu sagen: »Das Arbeitsgebiet umfaßt fünftausend Quadratmeter« als »Das Arbeitsgebiet ist riesig.« Aber nichts ist so gut, als wenn Sie sagen: »Das Arbeitsgebiet ist so groß wie unser Fußballplatz.« Als ich mit Premierminister Begins Leuten arbeitete, erklärte ich ihnen, es sei ihre Aufgabe, den Premierminister bei seinen Auftritten in diesem Land mit Analogien arbeiten zu lassen, die Amerikaner auch verstehen konnten. »Wenn Sie Israel an seiner schmalsten Stelle mit den Worten beschreiben: ›Israel ist so schmal, daß wir angegriffen werden können‹, begreifen die Amerikaner das nicht«, erklärte ich. »Sagen Sie statt dessen: ›Israel ist so schmal, daß Sie, würden Sie auf einem amerikanischen Highway fahren, nur zwanzig Minuten benötigen würden, um von einem Ende Israels zum anderen zu gelangen.‹«

Wenn Sie eine Verallgemeinerung einsetzen, unterstützen Sie sie mit einem Detail, das das geistige Auge sich vorstellen kann. Dasselbe gilt für Abstraktionen. Die Inflation wird für einen Zuhörer nicht greifbar, wenn Sie in Milliarden von Dollars rechnen, sondern beim Preis für einen halben Liter Milch.

Runde Schlußsätze

Wie bei einer Liebesgeschichte oder einem Dreiakter fällt auch bei einer Rede der Anfang nicht schwer; der Schluß erfordert jedoch einiges Geschick. Wenn Sie sich ausblenden, verwässern Sie damit die Reaktion auf eine ansonsten starke Rede. Selbst eine nur mittelmäßige Rede wird von einem starken Abschluß enorm verbessert.

Zitate geben oftmals ausgezeichnete Schlußformeln ab. Bei einem Spendenaufruf benutzte ich einmal folgendes:

> Hier die letzten Zeilen, die Oscar Hammerstein verfaßte. Er schrieb sie, ehe er zum letzten Mal ins Krankenhaus ging:
>
> *A song is no song 'til you sing it*
> *A bell is no bell 'til you ring it*
> *And love in your heart*
> *Wasn't put there to stay*
> *Love isn't love*
> *'Til you give it away.*
>
> Ein Lied wird erst zum Lied, wenn man es singt,
> eine Glocke zur Glocke, wenn sie erklingt,
> und die Liebe wurde nicht in dein Herz gepflanzt,
> um dort zu bleiben.
> Liebe ist erst Liebe,
> wenn man sie verschenkt.)

Nach einer kurzen Pause schloß ich: »Ich danke Ihnen dafür, daß Sie heute dieser guten Sache Ihre Zeit und Ihre Liebe geschenkt haben.«

Eine aufwühlende Rede verdient einen aufwühlenden Schluß wie den folgenden:

> Beim Betreten der Arena müssen Sie sich fragen: »Will ich mich mit dem bequemen, ausgetretenen Weg in die Mittelmäßigkeit zufrieden geben? Oder will ich versuchen, ganz nach oben zu kommen, Risiken einzugehen, etwas Wichtiges zu tun? Will ich ein produktives, aufregendes Leben, das mich bereichert – ein einziges Abenteuer?« Wenn Ihre Antwort hierauf ›Ja‹ ist, dann müssen Sie jetzt dort hinaus gehen und etwas riskieren. Denn wenn Sie nichts riskieren und die Gelegenheit nicht beim Schopf packen, ist das Leben langweilig. Erfüllung, Aufregung und Glück warten auf Sie, wenn Sie bei jedem Gipfel Schwung für einen noch ferneren Gipfel holen.

Ebenso wirksam ist das Diminuendo, die auflösende Endung, das ›Sich-Ausblenden‹ sozusagen. Bei der Inszenierung eines Liedes, das tiefe Gefühle ansprechen soll und auf einen tiefen Ton endet, eines ›Soul Songs‹, verblaßt das Scheinwerferlicht, das den Sänger anstrahlt, langsam und verlöscht beim letzten Ton des Liedes. Dasselbe gilt für einen intensiven, gefühlvollen Abschluß einer Ansprache:

> Bislang haben wir ausgesprochen gute Arbeit geleistet. Tausende von ungewöhnlichen Männern und Frauen haben unserer Gesellschaft zum Erfolg verholfen. Ralph Waldo Emerson hat einmal gesagt, es gäbe fünf Schlüssel zum Erfolg: Die Welt ein bißchen besser zu machen, durch eine gut gemachte Arbeit oder durch verbesserte soziale Bedingungen. Den Respekt intelligenter Menschen zu gewinnen, die Anerkennung der Kritiker. Das Beste an anderen herauszufinden. Und zu wissen, daß auch nur ein Mensch leichter atmen konnte, weil Sie gelebt haben.

Die abschließenden Worte verblassen wie Scheinwerferlicht, halten die Zuhörer noch einen Augenblick lang fest. (Weitere Beispiele guter Schlußformulierungen finden Sie im Anhang.)

Eine letzte Warnung noch – vermeiden Sie zu dick aufgetragene Dramatik. Franz Liszt wird nachgesagt, er hätte Frauen dafür bezahlt, in seinen Konzerten ohnmächtig zu werden. Die Ohnmacht war immer so angesetzt, daß sie kurz vor dem Höhepunkt seiner beliebtesten Kadenzen eintrat. Liszt sprang dann vom Klavierschemel auf, packte die Ohnmächtige und ließ das Publikum beeindruckt von seiner Brillanz und enttäuscht über die eigene Unfähigkeit zurück. Doch einmal vergaß die angeheuerte Frau, ohnmächtig zu werden. Als Liszts Finger über die Tasten glitten stellte er fest, daß er kein Ende finden konnte. Also fiel er selbst in Ohnmacht.

Richtlinien von Experten

Ich habe dieses Material schon in meinem früheren Buch verwendet. Doch gibt es immer noch keine besseren Grundsätze für das Aufsetzen einer Rede als diese Regeln, die Theodore Sorensen anführte, als er die Arbeitsbeziehung zwischen sich selbst und Präsident John F. Kennedy beschrieb:

Wir waren uns nicht bewußt, die ausgefeilten Techniken zu befolgen, die diesen Reden später von Literaturanalytikern zugeschrieben wurden. Keiner von uns hatte eine besondere Ausbildung in Komposition, Sprachwissenschaft oder Semantik. Unser Hauptkriterium war immer das Verständnis des Publikums und seine Bequemlichkeit, und das hieß: 1. kurze Reden, kurze Sätze und kurze Wörter, wo immer möglich; 2. eine Reihe von Vorschlägen in numerierter oder logischer Folge, wo immer angemessen; und 3. die Konstruktion von Sätzen, Satzteilen und Absätzen auf eine Art und Weise, die vereinfachte, verdeutlichte und unterstrich.

Ein Text wurde nicht danach geprüft, wie er vor dem Auge erschien, sondern wie er im Ohr klang. Seine besten Absätze erinnerten laut gelesen häufig an Verse – tatsächlich reimten sich manchmal sogar Schlüsselworte. Er liebte Alliterationen nicht nur aus Gründen der Rhetorik, sondern auch, um das Publikum zu zwingen, sich wieder an seine Begründung zu erinnern...

Worte wurden als Präzisionswerkzeuge angesehen, mußten mit der Sorgfalt eines Künstlers ausgewählt und eingesetzt werden, je nachdem, wie es die Situation erforderte. Er war gern genau. Doch wenn die Situation eine gewisse Unklarheit verlangte, dann wählte er bewußt ein mehrdeutiges Wort, anstatt seine Ungenauigkeit in ausschweifende Phrasen zu hüllen.

Er verabscheute Weitschweifigkeit und Schwülstigkeit bei seinen eigenen Bemerkungen ebenso wie bei anderen. Er wollte, daß seine Botschaft ebenso wie seine Sprache schlicht und einfach waren, aber nie herablassend. Er wünschte sich seine wichtigsten Aussagen positiv, spezifiziert und definitiv, mied den Gebrauch von ›vorschlagen‹, ›vielleicht‹ und ›Alternativen zur gefälligen Beachtung‹...

Er benutzte wenig oder gar keinen Slang, Dialekt, juristische Ausdrücke, Kurzworte, Klischees, ausgefeilte Metaphern oder kunstvolle Sprachmuster. Er lehnte es ab, volkstümelnd zu sein oder einen Ausdruck oder ein Bild in seine Rede einzuflechten, den er für geschmacklos oder platt hielt. Nur selten benutzte er Worte, die seines Erachtens abgedroschen waren: ›bescheiden‹, dynamisch‹, ›glorreich‹. Er benutzte keinen der üblichen Lückenbüßer (wie z. B. »Und ich sage Ihnen, das ist eine berechtigte Frage, und hier ist meine Antwort«). Und er zögerte nicht, die grammatikalischen Regeln der englischen Sprache zu verletzen, wenn er glaubte, so die Aufmerksamkeit seiner Zuhörer zu gewinnen (z. B. »our agenda *are* long«)...

Er war der Ansicht, daß geschmackvoller, spitzer Humor zu Beginn seiner Bemerkungen eines der Hauptmittel darstellte, um eine Beziehung zu seinem Publikum herzustellen: und er arbeitete mit mir genauso ehrgeizig an dem richtigen Eröffnungswitz, war am nächsten Tag genauso stolz auf eine spontane Spitze, die er abgeschlossen hatte, als ginge es um einen der wichtigeren Abschnitte in seinem Text.

Kombinieren Sie diesen Rat mit den Vorschlägen von Jock Elliott, dem Vorsitzenden von Ogilvy & Mather und einem der besten Redner, die ich je gehört habe, und Sie haben ein vollständiges Handbuch zum Aufsetzen einer Rede:

Letzten Monat bekam ich den Brief eines Vizepräsidenten einer großen Management Consultant Firma. Lassen Sie mich Ihnen zwei Absätze vorlesen. Der erste:

»Kürzlich wurden die Gesellschaften unserer Marketing Service Gruppe von einer der größten Konsumforschungsfirmen der Vereinigten Staaten erworben. Während dieser Schritt sehr gut in die Geschäfte der übernommenen MSG-Gesellschaften paßt, ist er für den einzelnen restriktiv. Deshalb ziehe ich es vor, meine Management-Möglichkeiten zu vergrößern, indem ich in die Industrie überwechsle.«

Was er meinte war: »Die Sache ist in Ordnung für meine Firma, aber nicht so gut für mich. Ich suche eine andere Stellung.« Zweiter Absatz:

»Die Basis des auf verwaltendem und technischem Gebiet Erreichten, die der beigefügte Lebenslauf widerspiegelt, legt vielleicht die Möglichkeit nahe, dem Bedarf eines Ihrer Kunden zu entsprechen. Meine Erfahrung verspricht gewiß eine äußerst produktive Geschwindigkeit im Erkennen der Anforderungen und Details in jeglicher neuen Stellung, die ich antrete.«

Was er meinte war: »Wie Sie aus meinem Lebenslauf ersehen, habe ich eine Menge guter Erfahrungen. Ich verfüge über eine schnelle Auffassungsgabe. Glauben Sie, daß einer Ihrer Kunden an mir interessiert sein könnte?«

Zumindest glaube ich, daß er das meinte. Der Brief dieses Knaben weist ihn als aufgeblasenen Wichtigtuer aus. Er *ist* vielleicht kein aufgeblasener Wichtigtuer. Möglicherweise kann er nur nicht schreiben. Aber ich habe weder das Interesse noch die Zeit herauszufinden, welches von beiden zutrifft. Es gibt so viele Leute, die Jobs suchen und sich *nicht* anhören wie aufgeblasene Wichtigtuer. Sein schlechter Schreibstil hat ihm das Genick gebrochen – zumindest bei mir.

Unser geschriebenes und gesprochenes Wort spiegelt wider, was wir sind. Wenn wir brillant sprechen oder schreiben, präzise, gut geordnet und human, dann werden wir auch so gesehen. Wenn wir uns langweilen, durcheinander und aufgeblasen anhören oder lesen, dann sieht man uns so.

Beim Schreiben müssen Sie sich ständig fragen: Was versuche ich zu sagen? Wenn Sie das gewissenhaft durchziehen, werden

Sie überrascht sein, wie oft Sie nicht wissen, was Sie sagen wollen.

Sie müssen *nachdenken*, ehe Sie mit einem Satz anfangen, und Sie müssen über jedes einzelne Wort *nachdenken*. Dann müssen Sie sich ansehen, was Sie geschrieben haben, und sich fragen: Habe ich es gesagt? Ist es klar für jemanden, der mit diesem Thema zum ersten Mal konfrontiert wird? Wenn nicht, dann liegt es daran, daß Sand ins Getriebe geraten ist. Ein guter Autor verfügt über genug gesunden Menschenverstand, um wirres Zeug sofort als solches zu erkennen. Sie können nicht klar schreiben, wenn Sie nicht zuerst klar denken.

Es ist nicht leicht, einen einfachen Aussagesatz zu schreiben. Man kann dabei so vorgehen: Denken Sie nach, was Sie sagen wollen. Schreiben Sie Ihren Satz auf. Dann entblößen Sie ihn von allen Adverben und Adjektiven. Reduzieren Sie den Satz auf sein Skelett. Überlassen Sie die Arbeit den Verben und den Substantiven.

Wenn Ihr Satzskelett Ihren Gedanken nicht ganz genau ausdrückt, haben Sie das falsche Verb oder das falsche Substantiv. Suchen Sie nach dem richtigen. Substantive und Verben sind die Soldaten beim guten Schreiben; Adjektive und Adverbien sind nur dekorative Gefolge.

Wenn Sie etwas geschrieben haben und dafür acht Seiten gebraucht haben, versuchen Sie, es auf vier Seiten zu kürzen. Das wird Sie zwingen nachzudenken, zwingen, Wiederholungen zu streichen, einfacher zu schreiben. Ich garantiere Ihnen, daß es auf vier Seiten besser ist.

Dann kommt der harte Teil. Schreiben Sie es nochmals – auf drei Seiten. Vereinfachen Sie. Vereinfachen Sie.

Wenn Sie es neu schreiben – und das müssen Sie tun – vergessen Sie nicht, wie die Worte *klingen*, die Sie aneinanderreihen. Sie sollten gut klingen, sollten Rhythmus haben. Und was noch wichtiger ist, sie sollten klingen wie *Sie*. Sie müssen Worte und Ausdrücke verwenden, die Sie auch sonst benützen. Der Hörer muß sich sagen: »Ja, das ist Charlie wie er leibt und lebt.«

Die größten Schriftsteller waren Sklaven ihrer Arbeit. Charles Dickens war einer der grandiosesten, ideenreichsten Geschichtenerzähler aller Zeiten. Mühelos schienen die Geschichten aus seiner Feder zu fließen. Aber wie mühelos war es wirklich? Wenn Sie sich die erste Manuskriptseite des Meisterwerkes *Eine Weihnachtsgeschichte* ansehen, so sind die beiden ersten Sätze sauber. Von da an wird fast jeder Satz von Dickens' späteren Gedanken verbessert. Weiter oben habe ich vorgeschlagen, daß Sie das, was Sie auf acht Seiten verfaßt haben, auf vier Seiten zusammenfassen. Und dann auf drei. Vielleicht halten Sie das für unmöglich, glauben vielleicht, daß ich übertrieben habe. Ich greife nochmals auf Dickens zurück.

Seine jährliche Tournee durch die Vereinigten Staaten war ein Höhepunkt der Theatersaison. Eine der beliebtesten Lesungen war *Eine Weihnachtsgeschichte*. Aus Zeitgründen mußte er sie auf *weniger als die Hälfte kürzen*.

Ja, es ist möglich, *Ihre* – und auch meine – unsterblichen Worte auf die Hälfte zu reduzieren, und noch weniger.

Ich kann zu Mr. Elliotts Worten nur Hallelujah und Amen sagen und noch ein paar wenige Punkte bezüglich der Bearbeitung einer Rede hinzufügen.

Ihr bester Kritiker, der Kassettenrekorder

So wie eine schriftliche Abhandlung am besten auf dem Papier überarbeitet wird, so ist das Ohr der beste Kritiker einer Rede. Sprechen Sie den ersten Entwurf Ihrer Rede auf Band. Denken Sie jetzt nicht über Ihren Vortrag nach; hier geht es um den Inhalt, nicht um den Stil. Stellen Sie sich vor, Sie würden der Rede eines Fremden im Radio zuhören. (Wenden Sie dem Rekorder den Rücken zu. Das hilft Ihnen, objektiv zu sein.) Beim Zuhören ertappen Sie sich vielleicht bei dem Gedanken »Ich wünschte, er würde endlich zur Sache kommen« oder »Das ist doch unwichtig.« Fragen Sie sich, ob die Rede einen Sinn ergibt, ob die Übergänge glatt sind. Hören sich die Worte wie gesprochene Sprache an? Fehlt irgend etwas?

Überarbeiten und kürzen Sie Ihre Ansprache mindestens viermal. Lassen Sie zwischen den Sitzungen jeweils ein, zwei Tage vergehen, um Ihre Objektivität zu erhalten. Versuchen Sie ständig, unnötige Worte zu streichen. Ich bin grundsätzlich gegen das »Erzählen Sie ihnen, was Sie ihnen sagen werden; sagen Sie ihnen, was Sie ihnen sagen möchten; sagen Sie ihnen, was Sie ihnen gesagt haben.« Überarbeiten Sie die Länge ebenso wie die Ausdruckskraft – sonst geht es Ihnen wie dem Sprecher, der endlos weiterfaselte, während seine Zuhörer entflohen. Draußen in der Halle traf einer der letzten Flüchtlinge auf einen Mann, der sich schon früher verzogen hatte, und der fragte: »Ist er fertig?« »Ja«, sagte der Mann, der gerade gekommen war, »schon lange. Aber er weiß es nicht.«

Überprüfen Sie Ihren letzten Entwurf mit Hilfe dieser Checkliste:

1. Habe ich alle Anforderungen der Rede erfüllt?
2. Habe ich das Thema gründlich genug recherchiert? Alle Quellen überprüft?
3. Habe ich die Natur des Publikums berücksichtigt – sein gesellschaftliches Niveau, den Grad an Bildung und Kultur, Alter, Geschlecht, Erfahrung?
4. Habe ich mich mit dem Lokalkolorit vertraut gemacht, mit den Idiomen und Neuigkeiten?
5. Habe ich mich nochmals vergewissert, daß die Rede die vorgegebene Zeit nicht überschreitet?
6. Habe ich den Umfang des Themas auf die mir zugestandene Zeit beschränkt?
7. Habe ich die Rede so abgefaßt, daß sie einen klaren Sinn hat, eine Aussage, und zu einem Schluß kommt?
8. Enthält die Rede genügend Ideen und sind sie ausreichend entwickelt?
9. Habe ich die Punkte gut geordnet?
10. Habe ich genügend Fragen gestellt, das Wort ›Sie‹ ausreichend oft benützt?
11. Habe ich eine geeignete Einführung?
12. Habe ich eine starke Schlußformel?
13. Habe ich ausreichend Abwechslung, Details und Kontinuität?
14. Spricht meine Sprache Augen, Ohren, Geruchs-, Geschmacks- und Tastsinn an?
15. Habe ich zu viele Zahlen oder Statistiken verwendet?
16. Habe ich die Rede in gesprochener und nicht in geschriebener Sprache vorbereitet?

Kapitel 4

Üben wie ein Profi

Ein Redeskript zusammenstellen
Ihr Redeskript mit Anmerkungen versehen
Proben, die erste Stufe
Visuelle Hilfsmittel
Sich selbst einschätzen

Das stumme Gebet fast eines jeden, der sich erhebt, um vor einem Publikum zu sprechen, geben die folgenden Zeilen aus Jesaja wieder:

> Also soll das Wort, so aus meinem Munde geht, auch sein. Es soll nicht wieder zu mir leer kommen, sondern tun, was mir gefällt, und soll ihm gelingen, dazu ich's sende.

Gebete mögen vielleicht helfen, aber Sie übertragen Gott die Verantwortung. Die Sicherheit entsteht aus dem Bewußtsein, daß Sie selbst es tun können. Der Grund dafür, daß es so wenige gute Redner gibt, ist der, daß es so wenige Menschen gibt, die vorher üben.

Denken Sie einmal an die Redner, die Sie gehört haben, die eine so große Anziehungskraft auf Sie ausgeübt haben, daß Ihre Aufmerksamkeit nie nachließ, und an die Redner (unweigerlich eine weit längere Liste), die Sie enttäuscht oder gelangweilt haben. Mitreißende Redner verfügen über Wärme, Enthusiasmus, Lebhaftigkeit, Eindringlichkeit – Energie. Sie halten Augenkontakt mit ihrem Publikum und erzeugen Vertrauen; man glaubt, was sie sagen. Schlechte Redner hingegen wirken kalt, hölzern, als nähmen sie das Thema nicht ernst. Mitreißende Redner scheinen sich wohl zu fühlen; sie strahlen Zuversicht, Autorität und Überzeugung aus und so entspannen sich die Zuhörer und werden empfänglicher. Wogegen schlechte Redner schrecklich nervös wirken und es zur Qual wird, ihnen zuzuhören.

Einer der wichtigsten Schritte auf dem Weg von der zweiten in die erste Gruppe ist es, mit der Rede völlig vertraut zu werden. Es ist der Prozeß, Ihre Rede vom Papier in Ihren Kopf zu übertragen und dann von Ihrem Kopf aufs Publikum.

Es gibt drei Gründe dafür, warum die Reden Präsident Reagans so gut ankommen: seine Reden sind gut geschrieben; als ehemaliger Schauspieler weiß er, wie er zu phrasieren hat; und, was das wichtigste ist, er kennt den Wert der Proben. Vor seiner Rede zur Annahme der Wahl und den anschließenden Einführungsansprachen verkroch er sich mit einer Reihe von Kameras in seiner Garage in Virginia und probte, probte und probte. Vor der großen Diskussion tat er dasselbe.

Betrachten wir einmal das englische Wort für proben: ›Rehearse‹. Darin steckt das Wort Rehear, noch einmal hören. Und darum geht es doch bei der Probe. Sie sollten Ihre Ansprache nicht zum ersten Mal hören, wenn Sie vor dem Publikum stehen. Sich einfach nur anzuschauen, was Sie sagen wollen, ersetzt das Sprechen genausowenig, als wenn Sie über ferne Städte lesen, anstatt sie zu besuchen. Ich kann es nicht oft genug wiederholen: Tun Sie so, üben Sie, als befänden Sie sich in der realen Situation. Stehen Sie auf. Sprechen Sie laut. Stellen Sie sich die skeptischsten Gesichter vor.

Sollen Sie Ihre Rede ablesen? Auswendig lernen? Nach Notizen sprechen, nach Schlüsselkarten? Jede dieser Methoden hat ihre Vor- und Nachteile. Einige wenige Menschen können reden, ohne auf einen Text oder Notizen zurückgreifen zu müssen. Präsident Kennedy war einer von ihnen; Reginald Jones, der frühere Geschäftsführer von General Electric, und John Connolly sind zwei andere. Doch diese Männer verfügen – bzw. verfügten – über die Gabe eines fotografischen Gedächtnisses.

Wenn Sie auswendig lernen, wirken Ihre Augen glasig. Das verhindert den wertvollen Blickkontakt zum Publikum. Wenn Sie von einem vorbereiteten Text ablesen und Ihre Ansprache an das Rednerpult richten, können Sie ebenso gut gleich daheim bleiben und eine Kassette schicken.

Stichworte oder Sätze können Sie verunsichern und zum Stottern bringen. Sie suchen nach Worten und schreiben Ihre Sätze aufs Papier, anstatt sich einzig und allein auf Ihren Vortrag zu konzentrieren und mit Ihrem Publikum zu spielen. Die Benutzer von Stichworten verlieren an Eindringlichkeit, Intensität; sie neigen dazu, abzuschweifen. Ihre Aufgabe auf dem Podium besteht darin, eine Rede *vorzutragen*, nicht darin, sie zu schaffen. Sie können sicher sein, daß Churchill die Worte »Ich habe nichts weiter zu bieten als Blut, Schweiß und Tränen« nicht am Rednerpult erfunden hat.

Die beste Art, eine Rede zu halten, sieht folgendermaßen aus: Sie haben den gesamten Text vor sich liegen, aber so, daß Sie ihn frei sprechen können, nicht ablesen, was es Ihnen ermöglicht, in 80 Prozent der Zeit den Blickkontakt mit den Zuhörern aufrecht zu erhalten.

Ein Redeskript zusammenstellen

Fangen Sie mit einem vollständigen Text Ihrer Ansprache an, schreiben Sie sich Wort für Wort auf. Während Sie die Worte laut lesen, machen Sie sich mit einem roten Stift überall dort Zeichen, wo Sie Atem holen. Normalerweise wird das am Ende der Sätze oder Satzteile sein. Das Ergebnis sollte etwa so aussehen:

> Lassen Sie uns mit der Behauptung anfangen / daß eine private Gesellschaft ins Geschäft kommt / um Geld zu machen. / Es läuft zwar nicht immer so, / aber das ist das Ziel dieses Spielchens. / Nun ist es sicher möglich / Geld zu verlieren, / selbst bei Unmengen von Kunden. / Aber es ist rundheraus unmöglich / ohne einen einzigen Kunden Geld zu machen.
>
> Also braucht unser Geschäft Kunden. / Und wenn wir vorhaben, sehr lange im Geschäft zu bleiben / dann brauchen wir mehr als nur ›Kunden‹ / wir brauchen zufriedene Kunden.

Jetzt tippen Sie die endgültige Fassung noch einmal in Großbuchstaben, damit sie besser zu lesen ist (Wenn Sie mit der

Hand schreiben, nehmen Sie liniertes Papier und einen schwarzen Filzstift. Schreiben Sie so groß, daß die Buchstaben eine Linie ausfüllen.) Schreiben Sie nur einen Satz oder Satzteil pro Zeile, und lassen Sie zwischen den Zeilen eine leer. Verwenden Sie Abkürzungen, aber nur solche, die sofort zu verstehen sind. Ihr Skript sollte ungefähr so aussehen:

LASSEN SIE UNS MIT DER BEHAUPTUNG ANFANGEN

DASS EINE PRIVATE GESELLSCHAFT INS GESCHÄFT

KOMMT, UM GELD ZU MACHEN

ES LÄUFT ZWAR NICHT IMMER SO

ABER DAS IST DAS ZIEL DIESES SPIELCHENS

NUN IST ES SICHER MÖGLICH

GELD ZU VERLIEREN

SELBST BEI UNMENGEN VON KUNDEN

ABER ES IST RUNDHERAUS UNMÖGLICH

OHNE EINEN EINZIGEN KUNDEN GELD ZU MACHEN.

Um festzustellen, wie gut es mit diesem Skript funktioniert, müssen Sie aufstehen und so tun, als ständen Sie an einem Rednerpult. (Sie wirken weder pompös noch zurückhaltend, wenn Sie ein Pult benutzen. Ein Rednerpult kann für einen Redner das bedeuten, was ein Podest für eine Statue ist. Es verleiht dem, was Sie sagen, Wichtigkeit. Außerdem hält es Sie davon ab, hin- und herzulaufen.) Bauen Sie sich zum üben ein Rednerpult, indem Sie Telefonbücher und Lexika auf einem Tisch vor einem Spiegel stapeln. Der Spiegel wird Ihnen dabei helfen, Ihr Verhalten, Ihr Auftreten zu überprüfen. Stapeln Sie genügend Bücher aufeinander, damit Sie sich, wenn Sie in den Spiegel blicken, nur noch vom Brustkorb an sehen können.

Wenn Sie nun am Pult stehen, lesen Sie die beiden ersten Sätze Ihres Skripts wieder und wieder, saugen Sie sie förmlich ein. Meißeln Sie diese Sätze in Ihr Gedächtnis. Jetzt sprechen Sie die Zeilen laut, damit Sie das Gefälle der Sätze hören können. Dadurch können Sie sich später sowohl visuell als auch dem Gehör nach erinnern und orientieren.

Schauen Sie beim Reden in Ihre eigenen Augen im Spiegel. Lassen Sie den Zeigefinger Ihrer linken Hand am linken Rand der Seite heruntergleiten, während Sie reden. So führt Ihr Finger Ihre Blicke zu der Stelle, wo Sie den nächsten Satz aufnehmen.

Hier nun der Ablauf dessen, was Sie tun (versuchen Sie, ihn fließend zu halten): Finger zeigt auf die Stelle, zu der Ihre Blicke wandern. Greifen Sie den Satz auf. Blick wandert zum Spiegel. Satz wird weitergegeben. Finger gleitet zur nächsten Zeile. Saugen Sie den Satz auf. Blick wandert zum Spiegel. Weitergeben.

Üben Sie mit Hilfe Ihres Skripts so lange, bis Sie den gleichmäßig-fließenden Rhythmus eines Kraulschwimmers übernommen haben.

Jetzt gehen Sie einen Schritt weiter. Stellen Sie sich vor, das Publikum im Spiegel wären drei Leute – Sie selbst und je eine Person auf jeder Seite von Ihnen. Lesen Sie das Skript wieder, lassen Sie den Blick von einer Person zur anderen wandern, nehmen Sie einen Satz auf und geben Sie ihn an die Augen der Person zu Ihrer Linken weiter, dann an Ihre eigenen Augen, schließlich an die Augen der Person zu Ihrer Rechten. Die Bewegung Ihrer Augen sollte glatt, sanft sein, wie ein waagerechter Scheibenwischer, der hin- und herwischt.

Ihr Redeskript mit Anmerkungen versehen

Jetzt müssen Sie das Manuskript so markieren, daß Sie beim Vortrag damit arbeiten können. Das wird Ihren Vortrag farbiger, impulsiver, mitreißender machen. Wollen Sie etwas leicht hervorheben, setzen Sie Bindestriche zwischen die Worte:

Es gibt nichts, was wir nicht-erreichen-können!

Um es stärker hervorzuheben, verwenden Sie Bindestriche zwischen den Worten und eine Wellenlinie unter dem Satzteil:

ES-GIBT-NICHTS-WAS-WIR-NICHT-ERREICHEN-KÖNNEN!

Die Bindestriche markieren die Worte, die mit Energie und Intensität miteinander verbunden werden sollen. Die Wellenlinie bedeutet Ihnen, Spannung in den Satz zu bringen, diesen Satzteil zu dehnen wie ein dickes Gummiband. Setzen Sie einen Schrägstrich, um die Pause am Ende des Satzteiles zu markieren, einen doppelten Schrägstrich an jedem Satzende.

- Warnungen: »WIR-WERDEN-ÄRGER-BEKOMMEN / WENN-WIR-WEITERHIN GELD-LEIHEN / UM-DIE-RECHNUNGEN-DER-STADT-ZU-BEZAHLEN.«
- Erklärungen: »WIR-KÖNNEN-ES-SCHAFFEN / WENN-WIR-ENTSCHLOSSEN-SIND / ES-ZU-SCHAFFEN.«
- Anschuldigungen: MEIN-WERTER-GEGNER-WAR-IN-ZWEIUNDDREISSIG-VON-FÜNFUNDVIERZIG-SITZUNGEN-DES-HAUSES-ABWESEND.«
- Aufforderungen: ICH-BITTE-SIE / EINEN BEITRAG-ZU-DIESER-WERTVOLLEN-ORGANISATION-ZU-LEISTEN.«

Der ganze Text sollte in zu dehnende und zu betonende Bestandteile zergliedert und mit Bindestrichen oder Unterstreichungen versehen werden:

> WIR SIND DIE FÜHRER UNSERER FIRMA
> & ES WIRD LANGSAM ZEIT /
> DIE QUALITÄTEN & EIGENSCHAFTEN ZU ZEIGEN
> FÜR DIE WIR BEZAHLT WERDEN. / /
> ICH WERDE ETWAS ZU UNSERER SACHE
> BEITRAGEN /
> & SIE TRAGEN ETWAS ZU IHRER SACHE BEI. / /
> WIR MÜSSEN LOB-&-TADEL TEILEN
> EBENSO WIE FREUD-&-LEID.

Vergessen Sie nicht: Wenn Sie die Stimme am Satzende senken, verleiht Ihnen das größere Autorität. Heben Sie die Stimme dagegen, so klingt das nach Singsang und Unsicherheit. Markieren Sie Ihr Arbeitsskript mit Pfeilen, die Sie daran erinnern, am

Ende von Satzteilen und Sätzen die Stimme zu senken, ebenso nach Fragen, bei Adjektiven, Adverbien und Worten vor Kommas und bei allem, was Sie hervorheben möchten.

DER WUNSCH NACH LEBENSQUALITÄT ↓
SIND SIE ES MÜDE AUSGENOMMEN ZU WERDEN? ↓
MONUMENTALE GLEICHGÜLTIGKEIT ↓
WIR WERDEN FOLGENDES ÜBERPRÜFEN:
KOSTEN ↓
GEWINNE ↓
STEUERN ↓
MOTIVATION ↓

Als Erinnerungsstütze daran, daß Sie während Ihres Vortrags Ihren Blick wandern lassen und Ihre Eröffnungs- und Abschlußbemerkungen immer mit auf das Publikum gerichtetem Blick machen sollten, zeichnen Sie ein symbolisches Auge  an den Anfang der ersten Seite, hier und dort auf den Rand und ans Ende der Rede. Wenn Sie dazu neigen, ein verkniffenes Gesicht zu machen, zeichnen Sie lächelnde Münder  an den Rand, um daran erinnert zu werden, freundlicher zu schauen.

Proben, die erste Stufe

Wenn Sie Ihr Arbeitsmanuskript vorbereitet haben, sind Sie bereit, erneut zu proben. Sprechen Sie laut und im Stehen, mindestens viermal. Der Präsident der Vereinigten Staaten kann eine Rede vielleicht nicht viermal üben, aber ich denke, Sie können es.

Im Januar 1980 flog ich nach Washington. Es war am Vorabend der Ansprache des Präsidenten zur Lage der Nation. Um acht Uhr trafen wir uns im Verhandlungssaal, einem wunderschönen, ehrfurchtgebietenden Raum mit Lincolns Konferenztisch in der Mitte und brokatbespannten Wänden, an denen die wichtigsten Verträge unseres Landes hingen.

Der Präsident trat ein; er trug Jeans. Er hatte eine Kopie des voraussichtlich letzten Entwurfs dabei, die er gerade erst fertiggestellt hatte, weil immer wieder neue Änderungen hinzukamen. Eine Stunde lang gingen wir die Ansprache immer wieder durch, kürzten zu lange Sätze, markierten Pausen und Betonungen.

»Haben Sie schon gegessen?« erkundigte er sich. Ich bejahte. Er ging trotzdem hinaus und brachte mir ein Sandwich mit Rindfleisch und Käse, ein paar Erdnüsse und Käsesnacks und einen Strang Weintrauben. Er wollte nicht, daß ich im Verlauf dieser Nacht, die lang zu werden versprach, Hunger bekam. Dann ging er, um selbst zu essen. Ich machte mich an die Arbeit und kürzte die Sätze. Bis nach Mitternacht blieb ich an Lincolns Tisch sitzen – und fror erbärmlich. Im Weißen Haus wird *wirklich* Energie gespart.

Vergleichen Sie nun einen durchschnittlichen Tag in Ihrem Leben mit dem eines Präsidenten, und Sie werden erkennen, warum Sie keine Entschuldigung dafür haben, ausreichend zu üben.

Präsident Carter stand um sechs Uhr auf, um den letzten Entwurf zu überprüfen (den ein Schreiber um halb sechs Uhr morgens fertiggestellt hatte). Zum Frühstück traf er sich mit einer Gruppe evangelischer Pfarrer, nach dem Frühstück besprach er sich mit seinen Angestellten, traf Politiker und Abgeordnete. Ehe er zum Begräbnis von Richter William O. Douglas aufbrach, trug er Susan Clough auf, möglichst zu verhindern, daß noch irgend jemand größere Veränderungen der Rede vornahm. Um ein Uhr fünfzehn kehrte er zurück. Um welche Zeit ich proben wollte, erkundigte er sich. Ich sagte zwei. Er sagte drei. Ich sagte, zwei Uhr fünfzehn; er sagte zwei Uhr fünfundvierzig. Wir trafen uns um halb drei im Kino.

Nur sechs Seiten des Arbeitsmanuskripts waren fertig. Wir fingen trotzdem an. Jede Seite kam gerade rechtzeitig, daß wir damit arbeiten konnten.

Ständig wurden wir unterbrochen, doch der Präsident verriet keinerlei Zorn darüber. Sein Sinn für Humor verließ ihn niemals. Er ließ sogar sein tägliches Jogging ausfallen, um mehr Zeit zum Üben zu haben. Um sieben Uhr vierzig waren wir fertig; seine Augen waren trübe, er wirkte erschöpft. Ihm blieb noch gerade genug Zeit, um sich anzukleiden und zum Capitol fahren zu lassen, wo er um neun Uhr seine Rede halten sollte.

Aber die Proben, auch wenn es nur zwei gewesen waren, hatten sich gelohnt – kein Grinsen, straffe Haltung, bessere Phrasierung, mehr Energie – die am besten vorgetragene Ansprache in seiner ganzen Amtszeit.

Wenn Sie proben, stellen Sie sich ein Publikum vor. Nehmen Sie jeden Vortrag auf und spielen Sie ihn sich vor, versuchen Sie, objektiv zuzuhören, als hörten Sie jemand anderen. Sie müssen nicht so gedrängt proben wie der Präsident. Lassen Sie zwischen den einzelnen Proben ein paar Tage vergehen; und gehen Sie den Text pro Sitzung zwei-, dreimal durch.

Proben Sie so, wie es Schauspieler tun, *spielen Sie die ganze Szene durch*, vom Auftritt bis zum Abgang. Marschieren Sie resolut vor zum Rednerpult. Ihre Hände legen das Manuskript aufs Pult, wobei Ihre Augen nach vorn ins Publikum gerichtet sind, als wollten Sie sagen: »Hallo, da bin ich. Ihr könnt Euch freuen, Leute.« Nehmen Sie die Bühne ein, machen Sie eine kurze Pause, ein, zwei Herzschläge lang, und sprechen Sie dann Ihre beiden ersten Sätze, ohne einen Blick ins Manuskript zu werfen.

Verhalten am Rednerpult

Beim Proben sollten Sie einige Punkte nicht außer acht lassen:

Stützen Sie sich nicht aufs Pult.

Wechseln Sie nicht von einem Fuß auf den anderen. Ihr Gewicht sollte gleichmäßig auf beide Fußballen verteilt sein, der Körper aufrecht, der Kopf hoch erhoben.

Spielen Sie nicht mit Ihren Unterlagen, rascheln Sie auch nicht damit (das Mikrofon verstärkt Geräusche). Versehen Sie eine untere Ecke jedes Blattes mit einem Eselsohr, damit Sie es leicht beiseite schieben können. Es ist nicht nötig, ein Blatt umzudrehen. Das zieht nur die Blicke an und lenkt ab. Noch besser ist die Redner-Box, die wir vertreiben, und bei der Sie jede Seite in eine Vertiefung gleiten lassen können, wenn Sie damit fertig sind.

Bohren Sie die Hände nicht in die Hosentaschen, verschränken Sie sie auch nicht hinter dem Hals oder dem Rücken und kreuzen Sie die Arme nicht vor der Brust; in den meisten Fällen drücken diese Haltungen aus »Ich-fühle-mich-nicht-wohl« oder aber Sie wirken streng. Lassen Sie den Zeigefinger Ihrer linken Hand weiter den Rand entlangfahren. Die rechte Hand halten Sie ruhig, außer Sie bewegen ein Blatt oder unterstreichen (äußerst selten) eine Bemerkung mit einer Geste. Wenn die Geste natürlich und spontan kommt und nicht ablenkt, behalten Sie sie bei. Wenn sie einstudiert ist, wird sie falsch aussehen. Worte sprechen für sich selbst – Sie müssen nicht einen Finger in die Luft halten, wenn Sie ›eins‹ sagen, zwei Finger, wenn Sie ›zwei‹ sagen. Ich bezeichne das als ›Micky-Maus-Spielen‹. Beachten Sie die Augen Ihrer Zuhörer. Wenn deren Blicke zu Ihrer Hand wandern, statt auf Ihr Gesicht gerichtet zu sein, werden Sie von Ihrer Gestik in den Hintergrund gedrängt. Eine gute Rede braucht keine Gesten, und eine schlechte Rede wird dadurch auch nicht besser. Ich unterrichte keine Gestik.

Stellen Sie sich beim Proben skeptische Gesichter im Publikum vor. Zeigen Sie beim Sprechen Energie, Schwung, Enthusiasmus. Halten Sie zu Ihrem Publikum im Spiegel Kontakt mit den Augen, denken Sie daran, den Raum zu erfassen, wie ein waagerechter Scheibenwischer, und blicken Sie immer nur kurz nach unten, wenn Sie den nächsten Satz aufgreifen.

Vergessen Sie den Irrglauben, daß herzlicher Kontakt zu allen hergestellt wird, indem Sie in ein freundliches Gesicht schauen; in Wirklichkeit schließt das alle aus, befremdet alle mit Ausnahme der einen Person, die Sie ansehen. Stellen Sie sich den Saal vor, in dem Sie sprechen werden – vollgestopft mit Gesichtern. Wenn Sie ständig die Blicke zu allen Augenpaaren im Raum wandern lassen, verleiht das Ihrem Gesicht Bewegung. Aber lassen Sie die Blicke schweifen, nicht von einer Seite zur anderen schießen. Wenden Sie sich mit einem Satz an drei, vier Zuhörer; dann lassen Sie den Blick zur nächsten Gruppe wandern, ehe Sie den nächsten Satz sagen.

Beginnen Sie mit der ersten Reihe; Ihr Blick schweift, Sie schauen jetzt auf die linke Mitte des Publikums, dann auf diejenigen weiter hinten; vorbei an der vorderen Mitte, der hinteren Mitte, der rechten Mitte, dem rechten hinteren Teil. Während Sie zu Ihrem imaginären Publikum sprechen, denken Sie an diejenigen, die ziemlich weit hinten sitzen werden. Tun Sie so, als würden Sie auch zu ihnen den Blickkontakt herstellen, wenn Sie könnten. Sie werden Ihre Absicht für die Tat nehmen, und so können Sie sie in den Kreis der Herzlichkeit einbeziehen, den Sie geschaffen haben.

Ihr richtiges Publikum wird den Rhythmus Ihrer Augenbewegungen auffangen und einen Zuhörrhythmus daraus entwikkeln: im Augenblick sind ihre Augen zwar anderswo, aber der Zuhörer weiß, daß Sie bald wieder ihn anschauen. Dieser Rhythmus fesselt die Aufmerksamkeit des Zuhörers. Außerdem sollten Sie bei Worten wie ›ich‹, ›Sie‹, ›wir‹, ›unser‹, ›uns‹ ebenso wie bei Erklärungen, Warnungen, Anschuldigungen, Aufforderungen, Empfehlungen und Fragen immer ins Publikum schauen. Dasselbe gilt auch für Eröffnungs- und Schlußsätze.

Ihr Ziel sollte es sein, »die Wahrheit anklingen zu lassen«. Fragen Sie sich selbst: »Höre ich mich so an, wenn ich mit meinen Freunden über etwas spreche, was uns allen am Herzen liegt?« Vergessen Sie, was Sie in Redekursen gelernt haben, wenn Sie überhaupt je einen mitgemacht haben – schwafeln Sie nicht, zitieren Sie nicht. Das läßt Sie nur falsch klingen. »Sie können nicht überzeugen, wenn Sie nicht überzeugend sprechen«, sagte Lyndon B. Johnson. Wenn er nur in der Lage gewesen wäre, so zur Nation zu sprechen wie zu seinen Kumpeln im Senat.

Nehmen Sie Ihre Ansprache bei jeder Probe auf und achten Sie beim Abspielen auf alles, was von Ihrem Vortrag ablenkt. Sprechen Sie in natürlichen Sätzen. Ich habe einmal mit dem Premierminister eines fremden Landes gearbeitet, der sich auf einer Good-Will-Tour durch die Vereinigten Staaten befand, obwohl er kein Wort Englisch sprach. Ich half ihm dabei, seine Ansprachen mit Lautschrift niederzuschreiben, und dann phrasierte ich sie; er war in der Lage, die Reden im Konversationsstil vorzutragen. Kurz vor seiner Abreise rief er mich an. »Du bist ein Schatz«, sagte er. »Die haben wirklich gedacht, ich könnte Englisch.«

Innerhalb der Sätze Energie von einem Wort zum anderen zu übertragen erfordert dieselbe Art konzentrierter Kraft in Ihrem Ton, die man auch benötigen würde, um ein schweres Möbelstück zu verrücken. Ziehen Sie die Muskeln Ihres vitalen Dreiecks zusammen, um Ihrem Ton Intensität zu verleihen.

Visuelle Hilfsmittel

Die meisten Menschen arbeiten gern mit visuellen Hilfsmitteln. Sie fühlen sich weniger verletzlich, wenn Sie nicht allein im Rampenlicht stehen. Aber visuelle Hilfsmittel dienen nur zur Unterstützung Ihrer Ansprache oder Präsentation. Benutzen Sie Diagramme, Kreidetafeln oder Dias nur, wenn es keine andere Möglichkeit gibt, um Ihre Punkte zu verdeutlichen, oder aber wenn Sie einen visuellen Beruf haben, wie z. B. die Werbung. Die meisten visuellen Hilfsmittel sind wie Straßenlampen, an die sich Betrunkene lehnen – mehr als Stütze denn zur Erleuchtung gedacht. Häufiger als sie helfen, lenken sie ab. David Ogilvy bezeichnet sie als »elektronische Vampire«.

Sorgen Sie mit Hilfe von Farbe für Vielfalt bei Ihren visuellen Hilfsmitteln. Weiß auf Schwarz ist in einem dunklen Raum langweilig. Manchmal reicht schon ein blauroter Streifen am oberen Rand eines ansonsten farblosen Dias aus, um ihm Leben einzuhauchen. Zahlenkolonnen können ohne Zeigestock herangezogen werden, wenn jede eine andere Farbe hat.

Geschriebenes sollte aus einer Entfernung von zehn Metern noch gut lesbar sein. Um die Schriftgröße auf ihre Lesbarkeit hin zu überprüfen, halten Sie Ihre Dias acht oder zwölf Inches von Ihren Augen fort. Wenn Sie sie nicht lesen können, sind die Buchstaben zu klein. Wenn es nicht die unbedingte Firmenpolitik erfordert, vermeiden Sie es, genau das zu sagen, was bereits auf der Leinwand zu sehen ist. Wenn Sie es jedoch tun müssen, dann fügen Sie wenigstens Anekdoten oder zusätzliches Informationsmaterial hinzu, um die Sache zu erleichtern.

Schätzen Sie die benötigte Zeit für jedes Dia. Manche sind komplex und erschließen sich nicht auf den ersten Blick; wenn sie zu früh von der Leinwand verschwinden, ist das Publikum zornig. Andere dagegen wirken sofort und sind nach drei Sekunden tot; halten Sie sie nicht länger fest, als das Interesse des Publikums andauert. Beginnen und enden Sie mit einem optisch starken Effekt.

Visuelle Hilfsmittel erfordern ebenso viele Proben wie Sie. Überdecken Sie den Diawechsel mit Konversation. Wenden Sie sich kurz an die Leinwand, meistenteils jedoch ans Publikum.

Wenn jemand anderer den Projektor bedienen soll, planen Sie vorher eine Probe mit ihm ein. Vergewissern Sie sich, daß er die Schlüsselworte erkennt, die einen Dia-Wechsel ankündigen.

Während Sie sprechen, sollten Sie Ihren Körper die meiste Zeit dem Publikum zugewandt haben. Manche Redner scheinen von ihren Dias so fasziniert zu sein, daß sie den Blick nicht davon wenden können. Dabei sollte praktisch das Gegenteil der Fall sein. Abgesehen von einem kurzen Blick zur Leinwand hin und wieder zurück, um sich zu vergewissern, ob das richtige Dia gezeigt wird, konzentrieren Sie sich auf Ihr Publikum. Die Tatsache, daß sie mehr auf die Leinwand als auf Sie blicken werden, enthebt Sie nicht von der Verantwortung, sich an sie zu wenden. Ihr Publikum wird Ihre Präsenz spüren, selbst wenn seine Aufmerksamkeit auf die Leinwand geheftet zu sein scheint.

Wenn Ihre Ansprache eine Tafel oder Staffelei erfordert, zeigen Sie dort keinerlei Information, solange Sie sie nicht benötigen. Das lenkt nur ab. Karten von einer Staffelei zu lösen ist leichter und wirkt besser, als wenn man sie erst anbringen muß. Wenn Sie eine Tafel benutzen, schreiben Sie deutlich, damit Ihr Publikum keine Schwierigkeiten dabei hat das Geschriebene zu lesen. Sprechen Sie zu Ihrem Publikum und halten Sie den Blickkontakt aufrecht, während Sie zur Tafel hin- und von ihr fortgehen.

Sich selbst einschätzen

Bei Ihrer dritten oder vierten Sitzung schätzen Sie sich selbst ein. Achten Sie auf die Eigenschaften in Ihrem Vortrag, die wir bei den positiven Sprechern erkannt haben; achten Sie auch auf jene weniger wünschenswerten Eigenschaften, auf die Sie besser verzichten sollten, und ebenso auf die, die Sie noch ausarbeiten sollten.

Benutzen Sie dieses Selbst-Einschätzungs-Formular, um sich durch Ihre Probe führen zu lassen:

Anerkennen	Ablegen	Hinzufügen
attraktiv ____	Sie wissen schon ____	____
animiert ____	schnelles Sprechen ____	____
zuversichtlich ____	langsames Sprechen ____	____
Konversationston ____	abgehacktes Sprechen ____	____
überzeugend ____	schrille Stimmlage ____	____
farbenfroh ____	nasales Sprechen ____	____
energisch ____	Murmeln ____	____
enthusiastisch ____	Monotonie ____	____
phantasievoll ____	Langeweile ____	____
interessant ____	Mangel an Lebhaftigkeit ____	____
guter Blickkontakt ____	Nervosität ____	____
gute Stimme ____	Zappeligkeit ____	____
gutes Tempo ____	unnötige Details ____	____
gute Phrasierung ____		
gute Betonung ____		
gute Übertragung ____		
gute Haltung ____		
glaubwürdig ____		

Ich werde oft gefragt, ob man auch zuviel proben könnte. Die Antwort ist ein klares Nein – so lange Sie jedes Mal mit Eifer und Energie proben und nicht zulassen, daß Sie in langweiliges Routine-Aufsagen verfallen. Schauspieler drücken das so aus: »Schenken Sie ihm die Erfahrung des ersten Mal.« Das Proben – der Haltung ebenso wie der Rede selbst – das ist das Geheimnis, die Agonien der Nervosität gegen die Ekstase über eine geglückte Rede eintauscht, die das Publikum in den Bann schlägt.

Ihre letzte Probe sollte so kurz wie möglich vor dem eigentlichen Vortrag angesetzt sein; sonst wird das Arbeitsskript kalt und überträgt sich nicht auf Sie. Vergewissern Sie sich, daß Sie einen sauberen Text haben – nichts Durchgestrichenes, keine Korrekturen, die Sie ablenken könnten. Nehmen Sie Tipp-ex oder ein Korrekturband und einen schwarzen Filzschreiber für Änderungen in letzter Minute mit.

Prägen Sie sich die Eröffnungs- und Abschlußbemerkungen ein, damit Sie sie vortragen können, ohne auch nur ein einziges Mal die Augen niederzuschlagen. Wenn Sie das Ende Ihrer Ansprache erreichen, ›kadenzieren‹ Sie. Damit meine ich, daß Sie fast unmerklich langsamer werden, wie ein Auto, ehe es zum Stillstand kommt, die letzten wenigen Phrasen ausdehnen und somit dem Publikum signalisieren, daß Sie zum Schluß kommen.

Die vier Sitzungen, mit deren Hilfe Sie sich mit der Rede vertraut machen sollten, sollten dazu geführt haben, daß Sie nicht mehr vom Text abhängig sind. Sie können jetzt ein, zwei Satzabschnitte mit einem einzigen Blick erfassen, vielleicht sogar einen ganzen Satz. Ihr Finger, der am linken Rand entlanggleitet, läßt Sie die Satzteile erkennen und verleiht Ihnen ein enormes Gefühl der Sicherheit.

Die gute Vorbereitung nimmt Ihnen den einzigen Grund zu negativen Gedanken oder der Frage, wie Sie es schaffen werden. Jetzt sind Sie bereit für die restlichen Schritte, die Ihnen helfen werden, Lampenfieber für alle Zeiten abzulegen.

Kapitel 5

Bye-bye, Schmetterlinge, Hallo, Zuversicht

Physische Kontrolle der Nervosität
Geistige Kontrolle der Nervosität
Der Vortragssaal
Sie sind dran!
Der Umgang mit Zwischenrufern
Fragen und Antworten
Das Planen einer großen Veranstaltung

Wiederholen Sie im Geiste eine streßreiche Situation – ein wichtiges Vorstellungsgespräch, eine Kundenpräsentation, eine Unterredung mit dem Präsidenten Ihrer Gesellschaft. Rufen Sie sich die Anzeichen von Unwohlsein in Erinnerung, die Sie zeigten, als Sie erkannten, daß Sie sich Ihrem Gegenüber unter Ihrer Norm präsentierten. Ihre für gewöhnlich ruhigen Hände zitterten; Ihre Stimme war ein bebendes, hohes, fast schrilles Abbild Ihres normalen Selbst; Ihre Worte drückten nicht aus, was sie sollten. Irgendein Idiot brabbelte etwas, und dieser Idiot schienen Sie zu sein. Schuld daran waren die Nerven.

Es gibt zwei Arten von Nervosität. Positive Nervosität, die Nervosität eines Rennpferdes, ein fast bebender Eifer, endlich losspurten zu dürfen – das ist produktiv. Das Adrenalin fließt, das Gehirn arbeitet, die Reflexe kommen schnell, die Augen leuchten. Diese Art der Erregung verleiht Ihrer Präsentation Glanz.

Negative Nervosität hingegen lähmt. Das ist der Knoten in Ihrem Magen, das Gefühl des Untergehens. Sie sorgt dafür, daß Ihre Handflächen feucht werden, Ihre Kehle und Ihre Lippen trocken. Ihr Gesicht erstarrt, in Ihren Blick tritt Panik, Ihr Herz droht zu zerspringen. Negative Nervosität verlangsamt Wahrnehmungen und Reaktionen, betäubt das Urteilsvermögen, verwandelt den Körper in einen ungeschickten, unfähigen Verräter. Sie erzeugt das überwältigende Bedürfnis davonzulaufen. Sie beschützt Sie, wenn Sie eine Straße überqueren und einen LKW auf sich zukommen sehen; sie bringt Sie um, wenn Sie vor einem Raum voller Menschen stehen. Negative Nervosität raubt Ihnen Autorität, Effektivität und Haltung gerade dann, wenn Sie sie am dringendsten brauchen.

Wenn ich die Leute frage, was ihrer Meinung nach die Ursache für ihre Nervosität ist, dann tauchen fast immer dieselben Erklärungen auf der Liste auf: unvorbereitet sein; sich unfähig, dumm, nicht attraktiv oder uninteressant fühlen; nichts zu sagen haben.

Aber eine Angst überschattet alle anderen – die Angst, auf andere lächerlich zu wirken. Was Sie fürchten, ist die Schande, von den anderen nicht so gesehen zu werden, wie Sie gern gesehen werden möchten.

Ich habe eine gute Nachricht für Sie: mit Hilfe einer Kombination aus physischer und geistiger Kontrolle läßt sich Nervosität verhindern.

Physische Kontrolle der Nervosität

Ich fing an, dieses Rezept auszuarbeiten, als ich die Rolle der Lady Thiang, der Königin von Siam, in dem Stück *The King And I* spielte. Yul Brynner hatte ein allabendliches Ritual hinter der Bühne. Sekunden, ehe der Vorhang sich öffnete, trat er in den Seitenflügel, pflanzte sich auf Armeslänge vor der Ziegelmauer auf, stemmte seine Hände gegen die Wand und preßte mit solcher Kraft dagegen, daß die Adern auf seinem rasierten Kopf hervortraten.

Ich fragte ihn nach dem Grund dafür. Durch zusammengebissene Zähne antwortete er: »Das hält mich davon ab, nervös zu werden.« Also versuchte ich es auch. Da standen wir nun, der König und die Königin von Siam, in Gold und Seide gekleidet, und drückten heftig gegen die Wand.

Etwas Erstaunliches geschah. Die Übelkeit, das Zittern vor Lampenfieber, das die Klänge der Ouvertüre immer begleitet hatte, trat nicht ein. Ich erkannte, daß die Muskelanspannung beides fernhielt.

Das Dreieck der Muskeln, die die Nervosität auf physische Art kontrollieren, ist dasselbe, welches auch Ihre Stimme trägt. Um es sich ins Gedächtnis zurückzurufen, lesen Sie noch einmal Kapitel 2. Hier nun drei Arten herauszufinden, wie sich die Muskeln Ihres Vitalen Dreiecks zusammenziehen sollten, um die Nervosität zu beherrschen:

1. *Der Teekessel* (Kapitel 2).

2. *Der siamesische Tänzer.* Stellen Sie sich hin, die Beine leicht gespreizt, das Gewicht gleichmäßig auf beiden Fußballen verteilt, die Handflächen auf Brusthöhe gegeneinander gelegt, mit erhobenen Ellbogen, so daß sich Ihre Arme parallel zum Boden befinden. Atmen Sie kurz durch den Mund ein und pressen Sie dann, während Sie mit einem langgezogenen schschschsch ausatmen, die Handflächen mit aller Kraft zusammen. Gleichzeitig ziehen Sie die Muskeln Ihres vitalen Dreiecks zusammen.

3. *Der Ballon.* Ballen Sie die Hand zu einer festen Faust und tun Sie so, als wäre es ein halb aufgeblasener Ballon. Es erfordert enorme Anstrengung, ihn vollends aufzublasen. Legen Sie Ihre Faust an den Mund und blasen Sie mit allem Druck, den Sie aufbringen können. Mit der anderen Hand fühlen Sie, wie sich die Muskeln Ihres vitalen Dreiecks anspannen. Können Sie spüren, wie sie sich Z-U-R-Ü-C-K, Z-U-R-Ü-C-K ziehen?

Die Muskeln Ihres vitalen Dreiecks kontrollieren die Nervosität, weil der Solarplexus, eines der wichtigsten Nervenkontrollzentren Ihres Körpers, hinter diesem Dreieck liegt. Er beeinflußt die Adrenalinproduktion dieses Stoffes, der Sie im Falle der positiven Nervosität zum Handeln treibt. Aber der Solarplexus kann auch Noradrenalin oder Norepinephrin produzieren, diesen Stoff, der in Ihnen Panik erzeugt.

Das Kontrahieren der Muskeln des vitalen Dreiecks reduziert oder bremst die Produktion von Norepinephrin. Das Kontrollieren dieses Prozesses tötet fast jedes negative Gefühl ab – nicht nur Angst und Sorge, sondern auch Zorn, Schmerz und Depression – jedes Gefühl, das Sie besiegen könnte. Sie können diese emotionale Bremse einsetzen, wenn Sie beim Zahnarzt im Behandlungsstuhl sitzen, wenn Sie müde sind oder sich einfach schlecht fühlen.

Die Kontrolle über den Solarplexus macht Sie auch unempfindlich gegen Kälte. (Versuchen Sie einmal, ein kurzes Stück Weg schnell zurückzulegen und dabei nur ein einziges Mal auszuatmen.) Wenn Sie eine bessere Aufmunterung wollen als einen Martini, lassen Sie sich kaltes Wasser in die Badewanne, atmen kurz ein und tauchen hinein. Dann zählen Sie bis sechzig, während Sie ein einziges Mal ausatmen, und springen mit dem nächsten Atemzug wieder heraus. Wenn Sie die Nerven haben, das zu versuchen, werden Sie feststellen, daß Sie danach nicht zittern, sondern sich frisch und energisch fühlen. (Noch einmal: Dieser Trick ist nichts für Sie, wenn Sie auch nur den Schatten eines Problems mit dem Herzen haben!)

Das Kontrahieren Ihres vitalen Dreiecks schafft Energien. Wenn Sie eine Treppe emporlaufen, steigen Sie so weit wie möglich mit einmaligem Ausatmen. Sie erreichen das nächste Stockwerk nicht etwa erschöpft und außer Atem. Mein Mann und ich machen es beim Golfspielen immer so, wenn wir uns einem Tee auf der Kuppe einer steilen Anhöhe nähern. Wir atmen immer normal, wenn wir oben ankommen.

Die positiven Nebenwirkungen der Kontraktion beim Ausatmen könnte ich noch seitenweise weiterführen. Sie wirkt wie Zauberei in der Vermeidung von Übelkeit, denn das Einziehen der Muskeln verhindert die umgekehrte Peristaltik, die aus der durch Bewegung hervorgerufenen Übelkeit resultiert. Versuchen Sie das nächste Mal, wenn das Flugzeug, in dem Sie sich befinden, in Turbulenzen gerät, Ihr vitales Dreieck anzuspannen.

Sie können die Muskeln Ihres vitalen Dreiecks jederzeit und überall zusammenziehen. Sie können es tun, wenn Sie um Gehaltserhöhung bitten, wenn Sie darauf warten, eine Ansprache zu halten, wenn Sie auf einer Party mit ein paar wichtigen Leuten plaudern, wenn Sie vor einem Untersuchungsausschuß des Senats erscheinen. Wann immer Sie es tun, werden Sie Ihre Nervosität unter Kontrolle bekommen.

Wenn Sie diese Kontraktion zusammen mit einem anderen kleinen Trick einsetzen, erreichen Sie viel mehr als nur den Sieg über die Nervosität.

Geistige Kontrolle der Nervosität

Spinoza vertrat die Theorie, daß ein Gefühl im Innern dadurch erzeugt werden konnte, daß man diese Emotion auf dem Gesicht zeigte; so wird Zorn durch einen wütenden Gesichtsausdruck verstärkt, und Freude ebenso. Vielleicht erinnern Sie sich noch an den Song *Put On A Happy Face*. Glückliche Gesichter haben einen Bumerang-Effekt. Wenn Sie Glück ausstrahlen, neigen die Leute dazu, zurückzulächeln, und dadurch fühlen sie sich besser. Wenn Sie Zuversicht und Freude ausstrahlen, verändern Sie die Stimmung um sich her genauso sicher, wie eine sauertöpfische Person die Stimmung eines ganzen Büros oder einer Party zerstören kann.

Können Sie eine positive Ausstrahlung haben, wenn Sie niedergeschlagen sind? Schauspieler lernen, wie man eine stumme Botschaft übermittelt, indem man sich selbst wieder und wieder die Worte vorsagt, die eine Stimmung oder ein Gefühl übertragen. Wir nennen das ›Motivieren‹. Sie konzentrieren sich so intensiv auf einen Gedanken, daß das Publikum ein Gefühl oder eine Stimmung übermittelt bekommt. Im letzten Akt von *The King And I*, in dem ich ohne ein Wort zu sagen Kummer ausdrücken mußte, brachte ich es fertig, allabendlich Tränen hervorzurufen, nur indem ich mich intensiv auf einen traurigen Gedanken konzentrierte. Diese Tränen brachten mir einen Vertrag mit Hollywood ein.

Sie können Freude, Freundlichkeit und Einfühlungsvermögen ausstrahlen, indem Sie sich auf vier Sätze konzentrieren, die positive Schwingungen aussenden. Jedes Mal, wenn ich die folgende Technik weltgewandten, gebildeten höheren Angestellten beibringen soll, schicke ich eine ironische Entschuldigung voraus. »Es klingt vielleicht wie Hokuspokus«, sage ich, »aber gerade Hokuspokus funktioniert schließlich.« Meine Klienten versuchen es, und es funktioniert. Es wird nie als albern angesehen.

Die ersten beiden Sätze »Ich freue mich, daß ich hier bin! Ich freue mich, daß Sie hier sind!« vermitteln Freude und Wohlgefühl. Der dritte »Sie sind mir wichtig!« übermittelt Sorge. »Ich weiß, daß ich weiß!« strahlt Autorität aus.

Betrachten Sie das folgende Diagramm:

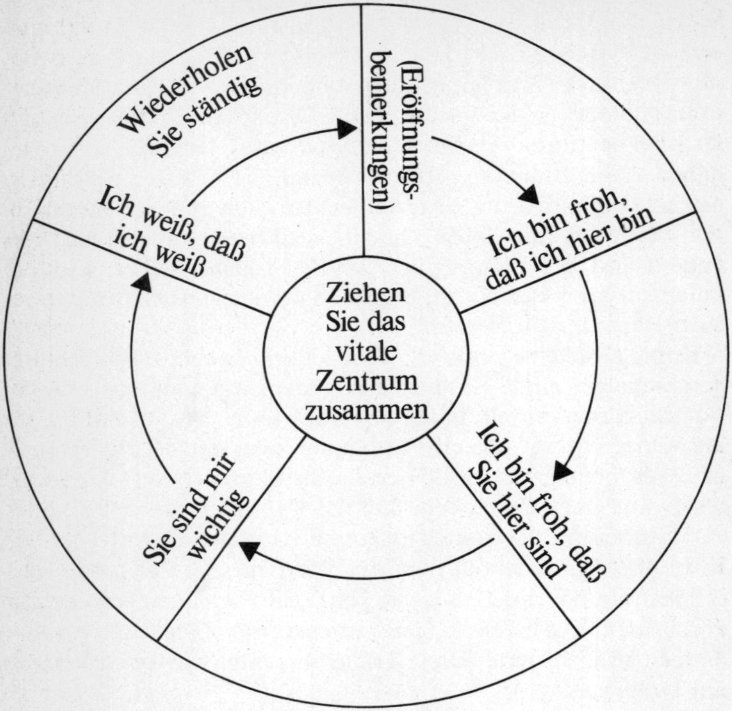

Legen Sie die Scheibe wie eine Schallplatte auf den Plattenteller Ihres Geistes und spielen Sie sie, während Sie die Sätze nonstop wieder und wieder sprechen. Sie müssen fühlen, was Sie sagen. Diese Taktik funktioniert auf dieselbe magische Weise, auf die das Singen eines fröhlichen Liedes Ihre Laune bessert.

Wiederholen Sie die Sätze so lange, bis Sie sie automatisch nonstop wie einen Gesang aufsagen können. Sprechen Sie die gesamte Litanei zwei-, dreimal mit nur einem Atemzug. Wenn Sie sich zwingen, die Sätze schnell und ohne Pause aufzusagen, treibt das Ihren Körper an, erzeugt positive Energie und verleiht Ihnen Intensität.

Jetzt kombinieren Sie das Zusammenziehen Ihrer Muskeln

des Vitalen Dreiecks mit einer Wiederholung – erst laut, dann leise – der Satzscheibe. Die Kombination aus der Wiederholung der Sätze und dem Zusammenziehen der Muskeln des vitalen Dreiecks beschäftigt Sie so sehr, daß Ihnen keine Zeit bleibt, sich zu fragen, wie Sie auf andere wirken mögen. Dieses Zeitrad erzeugt positive Schwingungen, Präsenz und Macht. Es hilft Ihnen, allen negativen Gedanken zu widerstehen.

Mit der letzten Zutat zum Rezept »Wie kontrolliere ich Nervosität« kehren wir noch einmal zum Konzept »Voraussicht walten lassen« zurück. Fangen Sie niemals eine Sache an, die Ihnen wichtig ist, ohne vorher intensiv und ausführlich unter Zuhilfenahme aller Phantasie einen Katalog all dessen zusammenzustellen, was passieren könnte. Wie sieht das schlimmstmögliche Szenario aus? Nachdem Sie sich vorgestellt haben, wie Sie damit fertiggeworden sind, schreiben Sie Ihr Skript neu, auf verschiedene Arten. Wenn Ihr Gegner, Ihr schlimmster Feind in der ersten Reihe sitzt, wie beherrschen Sie dann sich selbst – und ihn? Wenn Ihre Zeit plötzlich auf zehn Minuten begrenzt wird, wie schaffen Sie es zu sagen, was Sie sagen wollen?

Ahnen Sie es voraus. Passen Sie sich an. Seien Sie flexibel. Ein paar Minuten Improvisation sind besser, als wenn Sie vorbereitetes Material wiederholen, mit dem Ihnen jemand anders zuvorgekommen ist.

Die Rede vorbereiten heißt ›Auf die Plätze‹; sie zu üben ist ›Fertig‹. Sie müssen alles fertig haben, ehe Sie am Start erscheinen und loslaufen, um das Rennen zu gewinnen.

Der Vortragssaal

Begeben Sie sich schon lange vor der Zeit, zu der das Publikum erwartet wird, in den Saal, in dem Sie sprechen werden. Stühle, die in geraden Reihen aufgestellt sind, sorgen für eine frostige Atmosphäre. Es ist die Mühe wert, die Stühle in geschwungenen Reihen zu ordnen. So können die Leute gegenseitig ihre Reaktionen sehen; die Griechen wußten genau, was sie taten, als sie die Amphitheater schufen. Die ersten Stuhlreihen sollten so nah wie möglich an der Bühne sein; das verleiht allem etwas Intimität und gibt dem Publikum das Gefühl, daß man mit ihm spricht, nicht zu ihm. Sie können den Anschein erwecken, vor ausverkauftem Haus zu sprechen, wenn Sie weniger Stühle zur Verfügung stellen, als Hörer erwartet werden. Klappen Sie, wenn nötig, Stühle zusammen und stellen Sie sie an die Wand. Oder teilen Sie mit Seilen die hinteren Reihen ab, wenn die Stühle fest montiert sind, und füllen Sie den vorderen Teil des Saales.

Überprüfen Sie die gesamte Ausrüstung. Sorgen Sie dafür, daß Sie ausreichend Licht auf Ihrem Text haben. Vorsicht: Die Beleuchtung an Rednerpulten fällt häufig eher auf Adamsäpfel und Doppelkinn als auf die Blätter. Sie können ein leeres Blatt Papier über die Lampe kleben, um das Strahlen abzuschwächen. Überprüfen Sie auch die Höhe des Rednerpults selbst. Sie wirken knochig und ungelenk, wenn Sie es überragen, und wie ein Zwerg, wenn es für Sie zu hoch ist. Im Idealfall sollte das Pult ungefähr bis zum unteren Rand Ihres Brustkorbs reichen. Wenn das Pult nicht angepaßt werden kann, sollten Sie versuchen einen Tritt zu finden, auf dem entweder Sie oder das Pult stehen werden. Bei einem Seminar, an dem ich teilnahm, wurde Gianni Agnelli, der Fiat-Chef, von Clare Boothe Luce charmant vorgestellt. Mr. Agnelli überquerte die Bühne, küßte Mrs. Luce galant die Hand und dankte ihr für ihre Einführung. Dann trat er hinter das Pult, und alles, was wir während seiner Ansprache von ihm sehen konnten, war sein Kopf, der hinter dem Pult auf- und abhüpfte wie ein Korken im Ozean.

Plazieren Sie Ihren Text so weit oben wie möglich, damit Ihre Augen nur einen kurzen Weg zurückzulegen haben, wenn Ihr Blick vom Text zum Publikum wandert. Wenn die Papiere herunterrutschen, weil das Pult so steil ist, hilft Ihnen ein Buch am unteren Rand, sie oben zu halten.

Wenn Sie bei Ihrer Ansprache visuelle Hilfsmittel benutzen, bitten Sie darum, den Saal so hell wie möglich zu halten, ohne die Schärfe der Bilder auf der Leinwand zu opfern. Die Leute werden schläfrig, wenn es im Raum dunkel ist. Der für die Beleuchtung Zuständige sollte ein Manuskript erhalten, in dem Sie angezeichnet haben, wann der Dimmer betätigt und der Saal erhellt werden kann.

Fragen Sie nach dem Toningenieur, damit Sie das Mikrofon testen können. Der Toningenieur kann es auf die für Sie richtige Lautstärke einstellen und den Ton so ausrichten, daß er schmeichelhaft für Sie ist. (Wenn Ihre Stimme sehr hoch ist, bitten Sie darum, die Schalter ein wenig mehr auf ›Bass‹ zu stellen.) Haben Sie keine Hemmungen, im Verlauf Ihrer Ansprache den Toningenieur zu rufen (es wäre günstig, wenn Sie sich seinen Namen gemerkt hätten), wenn die Lautstärke zu hoch eingestellt ist oder wenn das Publikum Sie nicht hören kann. Er ist auch da, um Ihnen zu helfen und die Klimaanlage einzuschalten, wenn Sie bemerken, daß Leute sich Luft zufächern oder nicken.

Probieren Sie das Mikrofon aus. Stellen Sie sich ungefähr fünfzehn Zentimeter entfernt auf, näher, wenn Ihre Stimme leise ist oder wenn Sie einen warmen, freundschaftlichen Ton anstreben, weiter fort, wenn Sie dazu neigen, zu brüllen. Gehen Sie einige wenige Zentimeter zurück, wenn Sie laute Sätze sprechen; wenn Sie bei den ›Ps‹ oder ›Ts‹ zu hart anstoßen, sprechen Sie nicht direkt, sondern seitlich ins Mikrofon. Wenn das Mikrofon pfeift oder quietscht, haben Sie es vielleicht berührt – manche Mikros mögen das genauso wenig wie manche Hunde oder Kinder. Ganz allgemein gesagt: Machen Sie sich mit der Anlage vertraut, damit Sie sie schnell einstellen können, wenn Ihr Vorredner das Mikrofon in einer Position zurückgelassen hat, die zwar gut für ihn, aber schlecht für Sie ist.

Wenn Sie etwas trinken müssen, dann beschränken Sie sich auf ein einziges Glas. Essen Sie wenig, damit Sie sich nicht träge fühlen.

Mustern Sie das Publikum, während andere reden. Reagiert es schnell? Langsam? Negativ? Lacht es leicht? Ist seine Haltung so wie erwartet? Vielleicht wollen Sie noch eine Aussage ändern, ein Argument abschwächen, einen Witz einflechten oder auslassen. (Wenn Sie nicht ganz, ganz sicher sind, nehmen Sie keine Änderungen mehr an der Basisstruktur Ihrer Rede vor.) Sie sollten so aussehen, als würden Sie den anderen Rednern zuhören. Das Publikum wird Ihnen diese Höflichkeit hoch anrechnen. Außerdem hören Sie vielleicht etwas, auf das Sie in Ihrer eigenen Rede eingehen wollen.

Vergewissern Sie sich, daß Ihre Unterlagen in Ordnung sind. Ich habe schon unerfahrene Redner erlebt, die aus dem Konzept gekommen und in Panik geraten sind.

Wenn die Brille nicht zu Ihrem Image gehört und Sie ohne sie nicht fast blind sind, sollten Sie sie nicht tragen. Wenn Sie sie unbedingt tragen müssen, setzen Sie sie erst auf, nachdem Sie Ihre einführenden Sätze gesprochen haben.

Als Tracy Austin überraschend Chris Evert-Lloyd in den U.S. Open geschlagen hatte und damit die jüngste Tennisspielerin geworden war, die jemals diese Meisterschaft gewonnen hatte, wurde sie gefragt, wie sie sich als jüngster Champion fühlte. Tracy grinste breit. »Ich habe überhaupt nicht darüber nachgedacht, daß ich die jüngste bin«, antwortete sie. »Ich dachte bloß daran, daß ich Champion bin.« Während Sie noch darauf warten, weiterzumachen, passen Sie Ihre Haltung ständig an. Drehen Sie ständig im Geist die Scheibe: Ihre Eröffnungssätze plus »Ich bin froh, daß ich hier bin, ich bin froh, daß Sie hier sind, Sie sind mir wichtig, ich weiß, daß ich weiß.« Und ziehen Sie weiterhin Ihr Vitales Dreieck zusammen.

> »Guten Tag. Ein weiser Mann hat einmal gesagt, wenn man einem Menschen Kultur beibringen will, sollte man mit seiner Großmutter anfangen. Ich bin froh, daß ich hier bin, ich bin froh, daß Sie hier sind...« Und wieder und wieder, bis Sie vorgestellt worden sind. (Der weise Mann war übrigens Victor Hugo.)

Wenn Sie die Sätze und Ihre Eröffnungszeilen wieder und wieder hersagen, arbeitet Ihr Gedächtnis für Sie, nicht gegen Sie. Sie pumpen sich voll mit Energie, Enthusiasmus und Zuversicht. Setzen Sie sich aufrecht hin – wenn Sie auf dem Stuhl zusammensacken, kostet das Ihren Körper Intensität und Sie den Anschein von Präsenz. Außerdem sind Sie so nicht in der Lage, die Muskeln Ihres Vitalen Dreiecks zu kontrollieren. Ziehen Sie auch weiterhin Ihr Vitales Dreieck zusammen, während Sie langsam ausatmen und die Luft durch Ihre unteren Zähne entweichen lassen.

Sie sind dran!

Marschieren Sie energisch zum Rednerpult. Strahlen Sie Freude, Autorität und Zuversicht aus. Sie haben keinen Grund, das nicht zu tun – Sie sind durch und durch vertraut mit Ihrem Text und Ihrem Vortrag. Wenn Sie den Eindruck erwecken, sich wohl zu fühlen, wird sich auch Ihr Publikum wohl fühlen. Das Publikum spiegelt Ihre Haltung und Ihr Gesicht wider. Es ist mit dem Wunsch gekommen, Sie zu mögen.

Zuhörer sind bemerkenswert hilfsbereit. Ich habe einmal gesehen, wie das Mitgefühl des Publikums arbeitet. Es war anläßlich eines internationalen Kongresses. Ein Vizepräsident, ein schüchterner Mann, der dazu neigte, bei Meetings den Kopf über seine Kritzeleien zu beugen, erhob sich, um zu sprechen. Wie gelähmt stand er am Rednerpult, vollkommen stumm, lief rot an und blätterte in seinem Text, als könnte er die richtige Stelle nicht finden. Wir alle, die im Publikum saßen, konnten seine Qual spüren, als er schließlich den Kopf hob und mit einem galanten Versuch, humorvoll zu sein, leise sagte: »Ich hätte Dorothy Sarnoff konsultieren sollen, ehe ich das hier versuchte.«

Ich sprang auf. »Es ist noch nicht zu spät«, rief ich. Ich eilte den Gang entlang und legte meine Arme um seine Taille. Das lenkte die Aufmerksamkeit des Publikums von ihm ab, und ich konnte seine Erleichterung spüren. »Das wichtigste, was Sie jetzt wissen müssen«, sagte ich zu ihm, »ist, daß wir Sie lieben, richtig?« Das Publikum brüllte zustimmend.

Ich drückte die Taille des Mannes ganz fest, um einen Ring um die Muskeln seines Vitalen Dreiecks zu erzeugen. Dann erklärte ich ihm mit fester Stimme: »Ziehen Sie jetzt diese Muskeln zusammen; so fest Sie können, wie einen Gürtel. Tun Sie das?«

Er nickte. Hoffnung zeigte sich auf seinem Gesicht. »Also gut, dann los!« sagte ich und kehrte zu meinem Platz zurück. Er nahm seinen Bericht auf, las ihn ohne zu zögern in normalem Ton und erhielt tosenden Applaus.

Sie werden eine derartige Hilfe niemals benötigen, denn die Stunden Ihrer Vorahnungen, Vorbereitungen und Proben werden sich bezahlt machen. Sie wissen, was Sie sagen werden, und Sie wissen, wie Sie es sagen werden.

Wenn Sie ans Pult kommen, legen Sie Ihre Notizen so hoch wie möglich. Ein, zwei Herzschläge lang lassen Sie Ihren Blick über das Publikum schweifen; lassen Sie Ihre Augen sagen: »Ich bin froh, daß ich hier bin; ich bin froh, daß Sie hier sind...« Beleben Sie Ihr Gesicht. Strahlen Sie Freude aus. Stehen Sie mit herausgestreckter Brust, eingezogenem Bauch, das Gewicht gleichmäßig auf beide Füße verteilt. Fühlen Sie Ihre Präsenz und Macht. Sie kontrollieren sich selbst und das Publikum.

Ihre Augen und Ihr animiertes Gesicht stellen den ersten Kontakt her. Sehen Sie die Leute nicht einfach nur an; sehen Sie in ihre Augen. Ihre Augen werden dafür sorgen, daß ihre Ohren empfangen.

Während Sie reden, halten Sie Ihre Antenne hoch. Wenn Sie verwirrte Augen sehen, sprechen Sie entweder zu schnell oder zu langsam. Passen Sie sich an. Wenn Augen zu zucken scheinen, ist das Mikrofon vielleicht zu laut; treten Sie ein wenig zurück. Wenn Sie sehen, daß Augen auf Ihre Hände gerichtet sind, gestikulieren Sie möglicherweise zu viel.

Achten Sie auf die Geräusche, die Stille im Publikum; sie verraten viel. Unruhiges Hin- und Herrutschen auf den Sitzen, Flüstern, Husten kann bedeuten, daß Sie nicht energiegeladen genug sind und Ihr Publikum verlieren.

Nach dem ersten Akt einer Vorstellung von *The King And I* beklagte sich Yul Brynner bei Oscar Hammerstein, daß das Publikum langweilig wäre. »Gib die Schuld niemals dem Publikum«, erwiderte Oscar. Yul kehrte nach der Pause zurück und legte all seine Energie in seine Vorstellung, und das Publikum reagierte entsprechend.

Werfen Sie ab und zu einen Blick auf die Uhr, um sich zu vergewissern, daß Sie die Zeit einhalten. Prägen Sie sich Passagen ein, die Sie auslassen können, falls Sie überziehen. Sprechen Sie die letzten Bemerkungen, wie auch die ersten, mit voll ins Publikum gerichtetem Blick. Nach Ihrem letzten Wort halten Sie nochmals den Blick Ihrer Zuhörer einen Herzschlag lang fest, ehe Sie ein leises ›Danke schön‹ murmeln.

Der Umgang mit Zwischenrufern

Es kommt außerordentlich selten vor, daß ein Sprecher durch einen Zwischenruf unterbrochen wird, selbst wenn das Thema strittig ist. Aber gelegentlich kommt es doch einmal dazu, vor allem bei Aktionärsversammlungen. Wenn Sie so einen Zwischenrufer haben, strahlen Sie ihn wohlwollend an. Behandeln Sie ihn vorsichtig und höflich, so halten Sie das Publikum auf Ihrer Seite. Wenn Sie ihn herabsetzen, kann Sie das die Sympathie Ihres Publikums kosten. Sehen Sie dem Zwischenrufer voll in die Augen, wenn Sie ihm antworten, und beugen Sie sich ein wenig auf ihn zu. Dadurch heftet sich die Aufmerksamkeit des Publikums auf ihn und läßt ihn erstarren. Bieten Sie dem Zwischenrufer Gelegenheit, während der Frage- und Antwortperiode zu Wort zu kommen, wenn Sie eine solche haben, oder trösten Sie ihn damit, daß Sie auf seine Bemerkungen antworten werden, wenn Sie Ihre Rede beendet haben. Wenn Sie sich beherrscht verhalten und ihn mit gütigem Gesicht anschauen, wird das Publikum Ihnen helfen, mit ihm fertig zu werden.

Fragen und Antworten

Um eine Frage- und Antwortzeit sicherzustellen, sollten Sie drei, vier Fragen aufwerfen. Während Sie diese Fragen beantworten, werden andere genug Mut zusammennehmen, um eigene Fragen zu stellen. Sollte eine Pause entstehen, füllen Sie sie aus, indem Sie selbst Fragen stellen: »Neulich fragte mich jemand...« »Die Leute fragen sich oft, ob...«

Halten Sie Ihre Antworten kurz, wiederholen Sie eine Frage nur, wenn Sie glauben, das Publikum habe sie nicht gehört oder verstanden. Wenn eine Frage zu lang ist oder aber nur dazu dienen soll, eine eigene Ansprache des Fragenden zu decken, schneiden Sie sie taktvoll ab und fassen die Frage zusammen, die er zu stellen scheint.

Wenn Sie auf eine Frage keine Antwort haben, sagen Sie das. Ich habe einmal erlebt, wie ein politischer Kandidat seinen ansonsten hervorragenden Auftritt in der Frage- und Antwortperiode zerstörte. Ein Reporter wollte von ihm wissen, was er davon halte, daß Thomas Watson kürzlich als Abgesandter nach Rußland geschickt worden sei. Der Kandidat schien einen Moment verwirrt. Dann lächelte er und antwortete: »Nun, ich denke, Senator Watson wird es schon lernen.« Dem Publikum verschlug es den Atem. Thomas Watson war Vorsitzender von IBM.

Passen Sie auf, daß die Frage- und Antwortperiode sich nicht zu lang hinzieht. Wenn Sie das Gefühl haben, einen Höhepunkt erreicht zu haben, sollten Sie die Sitzung, ehe das Interesse nachläßt, herzlich beenden und dem Publikum für seine Aufmerksamkeit wärmstens danken.

Das Planen einer grossen Veranstaltung

Ich plane und entwickle viele große Veranstaltungen und Konferenzen für Gesellschaften. Mein erster Gedanke gilt dabei dem Ambiente des Raumes, das zum großen Teil von der Verteilung der Möbel abhängt. Den üblichen langen, geraden Tisch für die Diskussionsteilnehmer, der sich im vorderen Bereich des Saales befindet, vermeide ich für gewöhnlich, ebenso wie ich das Rednerpult niemals an eine Seite schiebe. So sieht der Redner die Diskussionsteilnehmer, mit denen er vielleicht interagieren soll, meistens im Profil und diejenigen am Ende überhaupt nicht. Die Diskussionsteilnehmer können sich gegenseitig auch nicht sehen, außer sie recken die Hälse und rücken die Stühle.

Ideal für eine Gruppe von Sprechern ist es, wenn das Rednerpult in der Mitte steht und sich zu beiden Seiten davon Tische für die Diskussionsteilnehmer befinden. Die Tische sollten in einem Bumerang-ähnlichen Winkel stehen, damit sich die Teilnehmer sehen und durch Augensprache verständigen können. Auch hier gilt, ganz gleich, welche Form oder Größe Ihre Versammlung haben wird, daß die Atmosphäre angenehmer ist, wenn die Stühle des Publikums nicht in geraden, sondern in geschwungenen Reihen aufgestellt werden und außerdem so nah wie möglich an der Bühne. Die beste Gruppe, in der die Leute am ehesten mitgehen, ist die, in der sie einander sehen können.

Erklären Sie im Hotel oder Zentrum schon im vorhinein, wie Sie den Raum für Ihre Versammlung gestaltet haben wollen; schicken Sie zusammen mit Ihren Wünschen eine Skizze. Wenn Ihr Programm eine Diskussionsrunde einschließt, bestellen Sie ausreichend Mikrofone – es verlangsamt nur alles, wenn die Diskussionsteilnehmer das Mikro herumgehen lassen oder aufspringen und zum Rednerpult gehen müssen. Grünpflanzen lokkern die Bühne für eine Versammlung auf. Auf die Teilnehmer gerichtete Spots ermöglichen es dem Publikum, Ihre Augen zu sehen. Meiden Sie kalte Leuchtstofflampen von oben; sie schmeicheln niemandem, schon gar nicht Frauen – Make-up verwandelt sich in gräßliche Schattierungen. Wenn Sie unbedingt Leuchtstofflampen brauchen, dann verlangen Sie wenigstens warmes Licht, nicht diese üblichen eisblauen Röhren.

Wenn wir gerade beim Thema Licht sind, überlegen Sie sich bei der Planung des Programms, wie Sie visuelle Effekte einbeziehen wollen. Übertreiben Sie die Trends nicht, also nicht zuviel Ton- und Licht-Spezialeffekte wie in der Disco und auch keine Dias auf mehreren Leinwänden, wie es in letzter Zeit so modern geworden ist. Diese Epidemie von Spezialeffekten drängt den Sprecher in den Hintergrund. Bei einem Konvent in New Orleans bestand der Präsident der Gesellschaft auf einer leeren Bühne. Nach all dem Blitz und Donner des übrigen Programms war seine Ansprache eine riesige Erleichterung – endlich ein Mensch nach all dem Lärm. Meetings können sowohl informativ als auch unterhaltsam sein, aber sie sollten keiner Las-Vegas-Show Konkurrenz machen.

Die Planung der Teilnehmer ist noch wichtiger als die Planung der Umgebung. Beginnen und enden Sie mit Ihren besten Rednern. Setzen Sie sich mindestens zwei Wochen vor dem Termin mit jedem Sprecher in Verbindung und fragen Sie ihn, welche Themen er ansprechen will und welches seine Hauptpunkte sein werden. Versuchen Sie, Überlappungen zu vermeiden, ebenso wie Lücken. Intelligentes Planen und Überprüfen verhindert, daß die Sprecher nur ein Echo des Materials ihrer Vorgänger sind. Geben Sie jedem Sprecher eine zeitliche Grenze vor, wenn Sie sich das erste Mal mit ihm in Verbindung setzen. Wenn Sie später nachprüfen, fragen Sie ihn, ob er an seiner

Rede gearbeitet hat. Wenn er Ihnen erzählt, er hätte noch nicht damit angefangen, setzen Sie freundlich aber bestimmt einen Zeitpunkt einige Tage später fest, zu dem Sie sich noch einmal mit ihm kurzschließen werden. Am Ende wird er Ihnen dankbar sein.

Wenn Sie den Vorsitz haben

Bereiten Sie Ihre einführenden Bemerkungen so sorgfältig vor, als würden Sie eine komplette Ansprache einstudieren. Die ersten drei, vier Minuten eines Meetings bestimmen den Ton. Auch Ihre Zusammenfassung sollten Sie im vorhinein ausarbeiten. Sie können noch Extras einschieben, wenn Ihnen bei den Reden der Teilnehmer neue Ideen kommen. Sowohl die Eröffnungs- als auch die Abschlußsätze sollten Sie mit ins Publikum gerichtetem Blick sprechen. Vergessen Sie nicht, das will geübt sein.

Begeben Sie sich am angesetzten Tag zum Treffpunkt, ehe das Publikum eintrifft. Sie sollten früh genug dort sein, um die Sitzordnung und das Sound-System zu überprüfen. (s. hierzu die Vorschläge für Sprecher im letzten Abschnitt.) Im allgemeinen ist es besser, das Licht in einem Vortragssaal auf die Hälfte oder drei Viertel seiner vollen Stärke zu reduzieren. Warmes Licht verbessert die Reaktion; Dunkelheit läßt die Leute schläfrig werden. Prüfen Sie auch die Temperatur des Raumes. Ein zu warmer Raum macht alle träge; ein kühler Raum – unter 20° C – erweckt in den Zuhörern den Wunsch, woanders zu sein, wo es wärmer ist. (Nicht immer eine schlechte Idee; eine Gesellschaft läßt den Saal bei Aktionärsversammlungen nie wärmer als 19° C werden; man hat festgestellt, daß das die Anwesenheit der lauten und mürrischen Aktionäre auf ein Minimum reduziert. Eine andere Gesellschaft löst dieses Problem, indem sie die Aktionäre, die Einspruch erhoben haben, vor dem Meeting zum Lunch einlädt, ihnen ein paar Drinks serviert, um sie zu verwirren und herauszufinden, was sie im Sinn haben. Wenn Sie feindselige Aktionäre erwarten, sollten Sie einmal in Erwägung ziehen, Ihre Meetings um halb drei anzusetzen, oder so spät am Tag, wie Sie es gerade noch durchsetzen können; Meetings fallen immer kürzer aus, wenn die Leute heim müssen.)

Meine Lieblingsgeschichte, was das Ansetzen von Meetings betrifft, handelt von Tallulah Bankhead. Wir beide gehörten einem Schauspielerausschuß an, und der Vorsitzende schlug einen Montag als Termin für das nächste Meeting vor. Tallulah, von der bekannt war, daß sie am Wochenende immer ein wenig zuviel trank, lehnte das wimpernklimpernd ab. »Oh, Schätzchen, doch nicht am Montag. Niemals am Montag. Montag ist mein Sinus-Tag.«

Versammeln Sie Ihre Teilnehmer schon vor dem Meeting. Führen Sie auf, in welcher Reihenfolge sie sprechen werden und weisen Sie sie nochmals darauf hin, daß es Ihnen mit der Einhaltung der Zeitlimits ernst ist. Setzen Sie ein Signal fest, mit dem Sie ihnen andeuten, daß ihre Zeit fast abgelaufen ist; das könnte ein leises Klopfen an Ihr Glas sein oder auch ein Tippen auf Ihre Armbanduhr. (Bei einem Bankett zu Ehren einer Berühmtheit waren zwanzig Personen eingeladen, die alle eine Minute Zeit erhielten, um dem Ehrengast Tribut zu zollen. Man warnte sie, daß der Scheinwerfer nach Ablauf dieser Zeit auf den nächsten Sprecher gerichtet werden würde. Es funktionierte.) Lassen Sie Ihren eigenen Zeitplan sauber tippen, mit den Anfangs- und Schlußzeiten jedes Segments in Rot, wie auf einem Fahrplan.

Zu Beginn des Programms klopfen Sie mit dem Finger fest aufs Mikrofon. Klopfen Sie mit aller Autorität – ein-, zwei-, dreimal. Schimpfen Sie nicht, wenn die Leute nicht sofort verstummen; sie wollen nun einmal ihren Satz zu Ende sprechen. Wenn Sie Probleme damit haben, Ruhe herzustellen: das Kratzen mit einem Fingernagel auf dem Mikro erzeugt einen schrecklichen Ton, der augenblicklich Aufmerksamkeit auf sich lenkt.

Mit derselben Energie im Körper, die Sie für den Aufschlag beim Tennis aufbringen, sagen Sie herzlich ›Guten Morgen!‹ und heißen die Teilnehmer kurz willkommen. Wenn Sie sich bei jemandem bedanken müssen, sprechen Sie eine Blankodanksagung aus, wenn es möglich ist: »Unser Dank gilt allen, die so hart gearbeitet haben, damit dieses Meeting ein Erfolg wird.« Wenn individuelle Danksagungen erforderlich sind, bitten Sie das Publikum, mit seinem Applaus bis zum Schluß zu warten. Stellen Sie Würdenträger vielleicht so vor: »Da unsere Zeit kurz ist und wir Gelegenheit haben möchten, all unsere Redner zu hören, werde ich die Gäste am Kopfende der Tafel nonstop vorstellen. Bitte halten Sie sich mit Ihrem Applaus zurück, bis alle genannt worden sind.« Sprechen Sie den Namen jedes einzelnen so aus, als wäre es der wichtigste auf der Welt. Für den Betreffenden ist er es. Und schmücken Sie jede Person mit einem bunten Adjektiv oder Satz. (Bei einem Arbeitsessen stellte die Gattin des Präsidenten von Smith Barney den ehrenwerten Merrill Lynch mit der Bemerkung vor, er sei der einzige Mensch, den sie kenne, der das Rauchen tatsächlich nur zehn Minuten nach seiner diesbezüglichen Ankündigung aufgegeben hätte.)

Verleihen Sie der Bitte, mit dem Applaus noch zu warten, erneut Nachdruck, indem Sie die Vorstellungen rhythmisch sprechen. Wenn Sie zwischen zwei Namen auch nur einen Herzschlag lang aussetzen, wird das Publikum glauben, es solle nun endlich applaudieren. Ihr Tempo, Ihr Ton, Ihre Energie, Ihr Schwung müssen ausdrücken: »Das ist ein Schnellzug – keine Zwischenstops.«

Wichtige Redner erfordern mehr als nur ein, zwei Sätze, aber nur heimkehrende Helden verdienen mehr als eine Minute (etwa 170 geschriebene Worte). Die Hälfte dieser Zeit reicht im allgemeinen aus – wenn man es richtig macht. Ich kann mich an ein Bankett im Waldorf-Astoria erinnern, vor vielen Jahren. Damals stellte Grover Whelan, der offiziell von der Stadt New York mit den Vorstellungen beauftragte Mann, David Dubinsky vor, den Führer der International Ladies Garment Workers Union (Internationale Gewerkschaft für Damenoberbekleidungsindustrie). Whelan erging sich in einer langatmigen, extravaganten Vorstellung, die schon einer Laudatio glich, und dann, gerade als er hätte sagen sollen »David Dubinsky!« – stockte er, sah sich entsetzt um und wandte sich dem Redner zu. »Wie war gleich wieder Ihr Name?« erkundigte er sich verzweifelt.

Wenn Ihr Programm eine Reihe von Sprechern umfaßt, danken Sie jedem kurz für seinen Beitrag und leiten dann zum nächsten Redner über. »Vielen Dank, Jane Fowler, daß Sie uns geholfen haben, besser zu verstehen, wie komplex der Bereich des Museum of Man ist und wie heroisch Ihre Gruppe um Unterstützung kämpft. Unser nächster Sprecher, James Owen, geht das Thema von einem anderen Punkt aus an. Er kann uns nämlich erzählen, woher unsere Ausstellungsstücke stammen...«

Wenn es sich bei Ihrem Programm um eine Podiumsdiskussion handelt, bitten Sie die Teilnehmer, schon Fragen vorzubereiten, die sie ihren Kollegen stellen wollen, aber nicht zu unterbrechen, ehe alles gesagt worden ist. Heizen Sie die folgende Diskussion an, indem Sie zwei Teilnehmer heranziehen: »Jim Owen, Ihr Kommentar schien anzudeuten, daß Jane Fowlers Gruppe eine schier unmögliche Aufgabe zu bewältigen hat, wenn sie hofft, eine umfassende Ausstellung zusammenzustellen. Wie sehen Sie beide das?« Brechen Sie die Diskussion ab, ehe das Interesse nachläßt, solange sie sich noch auf ihrem Gipfel befindet.

Wenn zu Ihrem Programm eine Frage- und Antwortzeit für das Publikum gehört, erklären Sie die Grundregeln. Verlangen Sie, daß die Fragen kurz gefaßt werden. »Auf diese Weise können wir so viele wie möglich von Ihnen hören.« Ich habe festgestellt, daß Frage- und Antwortperioden von der Bühne gelenkt werden müssen, um glatt zu verlaufen. Bei einem Seminar, an dem ich teilnahm, gehörten Henry Kissinger und John Connally zur Diskussionsrunde. Die meisten Fragen waren an Kissinger gerichtet, und Connally wurde fast aus den Augen verloren. Wenn ein oder zwei Ihrer Redner den Löwenanteil beanspruchen, geben Sie ein paar Fragen an die vernachlässigten Teilnehmer weiter oder fragen Sie selbst einen der ausgeschlossenen Sprecher, bitten Sie ihn eventuell auch um seinen Kommentar zu der Antwort eines anderen Diskussionsteilnehmers.

Eine Minute, ehe die Zeit für die Frage- und Antwortperiode abgelaufen ist, verkünden Sie, daß Sie nur noch ein oder zwei weitere Fragen anhören werden. Halten Sie sich daran und machen Sie pünktlich Schluß.

Geben Sie nun Ihre vorfabrizierte Zusammenfassung, danken Sie den Rednern, danken Sie dem Publikum. Fassen Sie sich kurz: »Sie waren ein wunderbares Publikum. Wir freuen uns schon darauf, Sie im nächsten Jahr wiederzusehen.«

Wenn Sie die o. g. Vorschläge befolgt haben, wird sich auch Ihr Publikum auf ein Wiedersehen freuen.

Falls Sie häufiger große Meetings organisieren, werden Sie es wahrscheinlich nützlich finden, wenn die Teilnehmer auf einem Formular ihr Urteil über die Versammlung abgeben. Diese Formulare, die Unterkunft, Workshops, Geselligkeit ebenso wie die einzelnen Redner ansprechen können, versorgen den Programmplaner mit wertvollem Feedback. Ein Muster eines solchen Formulars finden Sie hier:

Name des Redners ____________ Tag oder Datum ____________

A. Bitte beurteilen Sie

1. Rede

Geschickte Präsentation des Materials,
Stimme und Präsenz ausgezeichnet ____________ 1
Adäquat, schadet der Sitzung nicht ____________ 2
Schlechter Redner, schadet der Sitzung ____________ 3
Schlechte Redetechniken, ein ernsthaftes
Handicap, wenn man etwas lernen will ____________ 4

2. Erklärungen

Erklärungen außerordentlich klar und genau ____________ 1
Ausreichende Erklärungen ____________ 2
Nicht ausreichende Erklärungen ____________ 3
Auf Fragen wurden nur selten Erklärungen
abgegeben ____________ 4
Frage paßt nicht ____________ 5

3. Kenntnis des Themas

Außerordentlich gut auf diesem Gebiet
informiert ____________ 1
Ausreichend informiert ____________ 2
Nicht gut informiert ____________ 3

Name des Redners ____________ Tag oder Datum ____________

A. Bitte beurteilen Sie

4. Haltung gegenüber den Teilnehmern

Enthusiastisch, sehr hilfsbereit und bemüht ____________ 1
Durchschnittlich hilfsbereit und interessiert ____________ 2
Routinehaltung – kaum individueller Kontakt ____________ 3
In sich gekehrt, kühl, geringes Interesse ____________ 4

5. Miteinbeziehen der Teilnehmer

Engagement wird sehr ermutigt und geschätzt ____________ 1
Schätzt Engagement, ermutigt es aber nicht aktiv ____________ 2
Engagement der anderen scheint ihm gleichgültig ____________ 3
Bremst Engagement ____________ 4

6. Erkenntniserweiterung durch die Rede

Sehr wertvoll ____________ 1
Wertvoll ____________ 2
Ansatzweise ____________ 3
Nutzlos ____________ 4

7. Berücksichtigung der Vorkenntnisse

Auf den Punkt genau ____________ 1
Im allgemeinen richtig ____________ 2
Ansatzweise ____________ 3
Unzureichend ____________ 4

Als alternativen Redner und/oder folgende Sitzung würde ich vorschlagen:

____

____

Titel der Sitzung ______________________________

Name des Redners ____________ Tag oder Datum ____________

B. Bitte beurteilen Sie von dieser Sitzung:

1. Organisation

Systematisch und gut durchorganisiert __________ 1
Ausreichend, könnte besser sein __________ 2
Mangelhaft, schadet der Sitzung __________ 3
Wirre und unsystematische Präsentation __________ 4

2. Niveau des Inhalts

Für Anfänger __________ 1
Für Anfänger und Anfänger mit Vorkenntnissen __________ 2
Für Anfänger mit Vorkenntnissen und Fortgeschrittene __________ 3
Für Fortgeschrittene __________ 4

3. Potentielles Publikum

Allgemein von Interesse für die meisten Teilnehmer und ihre Ehegatten __________ 1
Von allgemeinem Interesse nur für die Teilnehmer __________ 2
Von allgemeinem Interesse nur für die Ehegatten __________ 3
Von Interesse für eine kleine Anzahl von Teilnehmern und/oder Ehegatten __________ 4

4. Inhalt

Ausgesprochen wichtig und zeitgemäß __________ 1
Wichtig __________ 2
Etwas veraltet __________ 3
Im Grunde ein ›alter Hut‹ __________ 4

5. Anregung von neuen Ideen

Ausgesprochen anregend __________ 1
Anregend __________ 2
Nicht sonderlich anregend __________ 3

Name des Redners ____________ Tag oder Datum ____________

B. Bitte beurteilen Sie von dieser Sitzung:

6. Erfüllung Ihrer Erwartungen

Habe mehr bekommen, als ich erwartet habe	________ 1
Habe bekommen, was ich erwartet habe	________ 2
Habe weniger bekommen, als ich erwartet habe	________ 3

Sonstiges ________________________________

____

7. Wert dessen, was Sie mit heimnehmen

Ausgesprochen nützlich, läßt sich direkt anwenden	________ 1
Keine sofortige Anwendung, aber generell nützlich	________ 2
Weder anwendbar noch nützlich	________ 3

Sonstiges ________________________________

____

Die Effektivität dieser Sitzung könnte verbessert werden, wenn:

____

____

Kapitel 6

Den gewünschten Job bekommen

Der erste Eindruck
Vorbereitung
Die Wirklichkeit
Der Lebenslauf
Wenn Sie die Fragen stellen

Ich hatte gerade eine Unterredung mit dem Chefingenieur einer Automobilgesellschaft abgeschlossen und öffnete die Tür, um meinen nächsten Gast einzulassen. Er hatte sich auf einen schwarzen Plüschsessel geflegelt. Alles, was ich sah, war ein riesiger Bauch. Dann nahm ich auch den Rest wahr – ein schlampig wirkender Mann mittleren Alters mit traurigem Gesicht: zwei winzige, resigniert blickende Augen, eingebettet in Fett, ein Mund, der nur mehr ein Schlitz war, ein vom Kinn bis zum Hemdkragen faltiger Hals.

Auf Zehenspitzen schlich er in mein Fernsehstudio. Seine Frau habe ihm befohlen, mich aufzusuchen, erklärte er. Er war der Kopf einer Videofilmabteilung eines großen Konzerns gewesen. Vor zwei Jahren war sein Zuständigkeitsbereich aufgelöst worden, und sechs Monate lang hatte er nur an seinem Schreibtisch gesessen und Zeitung gelesen, bis die Gesellschaft ihn hatte gehen lassen. Ein Jahr lang hatte er auf freiberuflicher Basis gearbeitet. Jetzt hatte ihn ein *Headhunter* zu verschiedenen Vorstellungsgesprächen geschickt. Nichts.

Howard erzählte mir, daß er seit sechs Jahren eine Analyse machte und gerade erst Selbstvertrauen gefunden hätte. Ich forderte ihn auf, die Fragen niederzuschreiben, die ein möglicher Arbeitgeber ihm stellen könnte und die ihm Unbehagen verursachten. Die Fragen, die er niederschrieb, waren die üblichen: Warum haben Sie Ihre letzte Stellung verlassen? Wie sehen Ihre Gehaltsvorstellungen aus?

Wir spielten ein Vorstellungsgespräch mit verteilten Rollen

durch. Er beantwortete meine Fragen stockend und ungeschickt, fühlte sich ganz offensichtlich nicht wohl, wie er da so hing, mit seinem dicken Bauch, der aussah wie ein Berg aus zitterndem Wackelpudding. Wenn ich ihm das Band anschließend vorgespielt hätte, hätte ihn das zerstört. Ich wollte aber konstruktiv sein, wollte ihm zeigen, daß er sich auf andere, positive Art präsentieren könnte.

Bei der zweiten Aufnahme saß er leicht vornübergebeugt auf dem Stuhl, drückte Aufmerksamkeit und Lebhaftigkeit aus, hatte das Jackett zugeknöpft. Er wirkte ordentlicher, schlanker, tüchtiger. Ich forderte ihn auf, mit seinen Augen und seinem Gesicht zu mir zu sprechen und sich zu bemühen, jeden Satz zu beenden, nicht alle ein, zwei Minuten abzubrechen, um seine Gedanken zu sammeln.

Dann spielte ich Howard beide Versionen vor und bat ihn, sich den Mann auf dem Bildschirm mit den Augen eines Arbeitgebers anzusehen. »Ich würde den nicht anstellen«, sagte er nach der ersten Version. »Er sieht fett und faul und schlampig aus – und schüchtern und verängstigt.« Der Mann aus der zweiten Version war »schon eher jemand, den ich einstellen würde.«

Wir brauchten noch zwei weitere Sitzungen – und rote Klebepunkte für Howards Armbanduhr und Kühlschrank, die ihn auf eine strenge Diät setzten – bis wir beide das letzte Video voll ehrlicher Begeisterung anschauen konnten.

Der erste Eindruck

Ein Stellenvermittlungsunternehmen für Führungskräfte hat sechs Hauptpunkte ausgearbeitet, warum 234 Bewerber, die den Vorsitz von sechzehn Körperschaften anstrebten, erfolglos waren und den Job, hinter dem sie her waren, nicht bekommen haben. Herbert T. Mines, der Präsident des Vermittlungsunternehmens, sagt, daß diese sechs Gründe auch zu erklären scheinen, warum es den Kandidaten nicht gelingt, Führungspositionen zu erlangen, die noch unterhalb des Vorsitzes liegen.

Die Gründe:

- Unfähigkeit, eine spezielle Kompetenz während des Vorstellungsgesprächs zu projizieren
- Häufiger Stellenwechsel ohne deutliche Verbesserungen in Gehalt oder Verantwortungsbereich
- Fehlende Deutlichkeit beim Darstellen seiner Ansichten
- Überkritisieren früherer Arbeitgeber
- Schlechte Erscheinung, Kleidung oder Frisur

Wenn auch einige dieser Gründe von untergeordneter Bedeutung zu sein scheinen, sagt Mr. Mines, so kann es doch für den Bewerber wichtig sein, auch nicht den geringsten Anlaß zur Zurückweisung zu geben. Ein Kandidat wurde nur deshalb abgelehnt, weil sein kostspieliger Westenanzug ihn übergewichtig erscheinen ließ.

Von einer gewissen Menge an Gehalt und Verantwortung an spricht man nicht mehr von einem Vorstellungsgespräch, sondern von einem Bewerbungsgespräch; oberhalb dieses Niveaus wird aus dem Vorstellungsgespräch ein Arbeitsessen. Im Theater nennt man das ›Audition‹, das Vorsprechen. Wie auch immer wir es nennen, irgendwann in unserem Leben müssen wir uns alle einer Beurteilung stellen, weil wir etwas unbedingt haben wollen. Für viele Leute ist ein Vorstellungsgespräch streßreicher als ein Fernsehinterview. Es kann weit mehr davon abhängen.

Die meisten von uns haben keine Ahnung, wie wir uns vorteilhaft darstellen können. Wir drücken die Daumen und hoffen, daß wir dem Gegenüber gefallen, daß unsere Qualifikationen uns den Job schon einbringen, daß kein besserer Bewerber auftaucht.

Ann war typisch dafür. »Die Leute sagen mir immer wieder, daß ich nicht sehr selbstsicher wirke«, flüsterte sie atemlos. Sie hatte bei jedem Vorstellungsgespräch versagt. Ann war fünfundzwanzig, hatte die Ausbildung mit magna cum laude abgeschlossen, und war – wenn sie die riesige, schwarzgerahmte Brille abnahm und aufhörte, mit den Augen zu rollen, sobald sie eine Frage beantwortete – recht attraktiv.

Wir machten uns an die Arbeit. Beim ersten Video-Playback

sah sie sich so, wie die anderen sie sahen – mit nach unten gerichteten, rollenden Augen, einem vor Angst spitzen Gesicht und männlich-strenger Kleidung. Als wir fertig waren, strahlte Ann Präsenz und Autorität aus, trug ein chices Kostüm, schob die Brille oben auf die lockigen Haare, zeigte ein animiertes Gesicht und trug alles mit fester, melodiöser Stimme vor. Sie vereinte Schönheit, Geist und Talent.

Jerry war brillant, aber frustriert, weil ihm die Gesprächspartner immer wieder erklärten, daß für die freie Stelle jemand mit weniger eindrucksvollen Zeugnissen gesucht werde. Er war aggressiv und unbeholfen. Als wir unser Band zurückspielten, sah er es sofort. »Ich bin nicht überqualifiziert«, sagte er, »ich bin über-abscheulich.« Jerry mußte seine Selbst-Präsentation zurückschrauben.

Nachdem sie es gelernt hatten, sich selbst bei einem Vorstellungsgespräch maximal herauszustellen, landeten sowohl Ann als auch Jerry in Spitzenpositionen. Ann wurde Vizepräsidentin einer großen Anlagengesellschaft und schickte mir ihren Boß, den Präsidenten, als Kunden.

Vorbereitung

Zuerst verkaufen Sie sich selbst, dann verkaufen Sie Ihre Fähigkeiten oder Ihre Idee. Sie verfügen vielleicht über außergewöhnliche Erfahrung, neue Ideen, Super-Talent, aber wenn Ihre persönliche Präsentation zu wünschen übrig läßt, ist Ihnen Ihr ganzes Potential vielleicht nicht bewußt.

Sobald es Ihnen gelungen ist, ein Einstellungsgespräch für einen Job an Land zu ziehen, den Sie haben wollen, dann ist die Zeit der Erwartung und Vorbereitung gekommen. Bringen Sie soviel wie möglich über die Stelle und die Firma in Erfahrung. Dabei können Ihnen Bibliotheken hilfreich sein, in denen Sie etwas über Körperschaften und industrielle Trends erfahren. Ihr Börsenmakler hat möglicherweise noch zusätzliche Informationen.

Angestellte der Gesellschaft oder Leute, die auf demselben Gebiet arbeiten, sind eine gute Quelle. Finden Sie mit ihrer Hilfe etwas über das Management heraus – sind die Angestellten im allgemeinen zufrieden? Unterstützt die Firma den Aufstieg ihrer Mitarbeiter? In welchen Abteilungen gibt es die besten Möglichkeiten voranzukommen? Es kann Ihnen helfen zu entscheiden, ob Sie für eine Firma arbeiten möchten oder nicht, wenn Sie genügend über sie in Erfahrung bringen; außerdem können Sie Ihren Gesprächspartner mit Ihrem Interesse und Ihrer Intelligenz beeindrucken, wenn Sie eine Situation so angehen.

Von den vierzehn Faktoren, die einer anderen Untersuchung zur Folge zur Ablehnung eines Bewerbers führen, haben sieben mit dem Gespräch zu tun. Der Hauptpunkt, der in einer Studie der Northwestern University angeführt wird, bei der 186 Gesellschaften untersucht wurden, ist die Unfähigkeit, Selbstvertrauen, Begeisterungsfähigkeit und klare Zielsetzungen zu vermitteln. Wenngleich es kein typisches Job-Interview gibt, sind Personalexperten doch übereinstimmend der Meinung, daß es Gemeinsamkeiten gibt und daß die meisten Fragen dazu bestimmt sind, mehr über Sie in Erfahrung zu bringen, als aus den trockenen Daten hervorgeht.

Die Fragen lassen sich in verschiedene Kategorien unterteilen:

- **Arbeitserfahrung:** Fragen nach Ihrer vorherigen Stellung sind ein Versuch, über Ihren Lebenslauf hinauszugehen. Warum haben Sie Ihre letzte Stelle verlassen – die Frage, die immer am schwierigsten zu beantworten ist. Zeigen Sie keine Bitterkeit über einen früheren Arbeitgeber – das läßt auf wenig Diskretion Ihrerseits schließen. Welche Berufsziele haben Sie? Manchmal fragt man Sie rundheraus danach, aber meistens versteckt sich diese Frage dahinter: »Warum interessiert Sie diese Stellung?« Sie werden vielleicht gefragt, was Sie am liebsten tun, was am wenigsten, und ob Sie gern oder ungern in einem Team arbeiten. Der Interviewer sucht nach Beweisen für Anpassungsfähigkeit, Kompetenz, Motivation, Führungseigenschaften, der Fähigkeit, mit anderen umgehen zu können.

  Ein Interviewer fragt Sie vielleicht nach Ihren Stärken und Schwächen. Passen Sie Ihre Antworten dem Job an, den Sie suchen. Wenn Sie hinter einem Job im Bereich Verkauf her sind, unterstreichen Sie Ihre Überzeugungskraft; wenn Sie die Position eines Zeitschriftenredakteurs anstreben, sprechen Sie vielleicht lieber über Ihre Fähigkeit, mit immer neuen Ideen zu kommen.

Das Reden über Ihre Schwächen sollte für Sie nur eine weitere Gelegenheit bedeuten, Ihre Stärken zu zeigen. »Ich neige zum Perfektionismus«, klingt wie das Eingeständnis einer Schwäche, ist aber etwas, das die meisten Arbeitgeber begrüßen. »Ich bin leider so etwas wie ein Workaholic« ist ein anderes. Arbeitgeber lieben Workaholics.

- **Ausbildung:** Offene Fragen nach Ihren besten und schlechtesten Fächern, danach, wie Sie Ihre Ausbildung finanziert haben, nach Ihren Freizeitaktivitäten sind ein Versuch, mehr über Ihre Gefühle hinsichtlich Autorität, Ihre Fähigkeit, Wissen zu erwerben, Ihre Geschicklichkeit und Ihre Führungseigenschaften zu erfahren.
- **Familie und Kindheit:** Fragen nach der Familie sollen klären helfen, wieviel Verantwortung Sie übernehmen und wie Sie damit fertig werden. Manchmal handelt es sich nicht um Small Talk, wenn ein Interviewer sich nach Ihrer Kindheit erkundigt – nach der Stadt, in der Sie aufgewachsen sind, nach der Familienstruktur. Indem sie die Stabilität Ihrer Kindheit überprüfen, glauben sie, könnten sie Ihr Selbstbild bestimmen, Ihren Grad an Motivation, an emotionaler und sozialer Anpassungsfähigkeit.
- **Präsentieren Sie Aktivitäten und Interessen:** Fragen nach Ihren Hobbies und Ihrer Freizeit erlauben dem Interviewer Einblicke in Ihr Urteil, die Spannweite Ihrer Interessen, Ihre gesellschaftlichen Fähigkeiten. Heutzutage sehen es Arbeitgeber gern, wenn man sich für ein paar (aber nicht zu viele) politische und andere Aktivitäten außerhalb der Arbeit einspannen läßt, besonders dann, wenn sie sich dem Arbeitsbereich gut anpassen.

Typische Fragen:

- Wie war Ihr letzter Vorgesetzter als Arbeitgeber?
- Was vermißten Sie in Ihrer letzten Stellung?

- Welche Aspekte Ihrer letzten Stellung gefielen Ihnen am wenigsten?
- Wenn Sie dem Management in Ihrer letzten Stellung einen Vorschlag hätten machen können, welcher wäre das gewesen?
- Erzählen Sie mir von dem besten Chef, den Sie je gehabt haben? Und von Ihrem schlechtesten?
- Was war das Schwierigste, was Sie je getan haben?
- Wenn Sie Ihr Leben noch einmal leben könnten, was würden Sie verändern?
- Welche Eigenschaften sollte ein Mensch in dieser Position haben?
- Würden Sie mir erzählen, was Sie letzte Woche in Ihrer Freizeit gemacht haben?
- Was macht Ihrer Meinung nach wahrscheinlich den Unterschied zwischen Erfolg und Mißerfolg in dieser Position aus?
- Erzählen Sie mir über Ihre Gesundheit in den letzten Jahren?
- Was ist Ihrer Meinung nach das Größte, was Sie im Leben bislang erreicht haben?
- Welches war Ihre größte Enttäuschung?
- Was kann das Management tun, um Sie bei Ihrer Arbeit als Angestellter zu unterstützen?
- Was haben Sie im letzten Jahr getan, um besser zu werden?
- Was hält Ihr Partner davon, daß Sie diese Stelle annehmen?
- Wie sehen Sie Ihre Zukunft bei dieser Gesellschaft, wenn Sie angestellt werden?
- Was halten Sie für Ihre größten Stärken und Ihre größten Schwächen?
- Was ärgert Sie am meisten? Regt Sie am meisten auf?
- Wie läßt sich diese Position mit anderen vergleichen, die Sie in Betracht ziehen?
- Welches sind Ihre eigenen Kriterien für den Erfolg?
- Wofür werden Sie am häufigsten kritisiert?
- Wofür kritisieren Sie andere am häufigsten?
- Welche Faktoren in Ihrer Vergangenheit waren für Ihre Entwicklung am wichtigsten?
- Was würden Sie sagen, welche Faktoren Sie auf einem schnelleren Weg nach vorn behinderten?

- Was sollte ich Ihrer Meinung nach sonst noch über Ihre Qualifizierungen wissen?
- Was möchten Sie mir sonst noch über sich erzählen?

Einer meiner Aufsichtsratsvorsitzenden liebt folgende Frage: »Wer ist Ihr ›Walter Mitty‹?« Hierbei handelt es sich um eine Version der, wie man mir sagte, ›In-Frage‹: »Wenn Sie nicht Sie selbst wären, wer wären Sie dann am liebsten?« Winston Churchill beantwortete dies schon vor Jahren, allerdings bei einer Dinner-Party und nicht in einem Einstellungsgespräch. »Wenn ich nicht der sein könnte, der ich bin«, antwortete er, »dann wäre ich am liebsten Lady Churchills zweiter Ehemann.«

Heikle Fragen. Es sind Gesetze erlassen worden, die es den Arbeitgebern untersagen, weibliche Bewerber nach Familienstand, Familienplanung und ähnlichem zu fragen, was sie männliche Bewerber nicht auch fragen. Aber viele Arbeitgeber stellen diese Fragen auch weiterhin. Sie haben jedes Recht, nicht zu antworten (können die Firma sogar der *Equal Employment Opportunity Commission* melden – eine Art Gesellschaft zur Gleichstellung der Arbeitnehmer, Anm. d. Ü.), aber das Ergebnis ist möglicherweise nur ein rechtschaffener Arbeitsloser. Wenn Sie sich entschließen, derartige Fragen zu beantworten (oder die Antworten ungefragt und freiwillig zu geben) wird die direkte Erklärung, daß sich eine Haushälterin um Ihre Kinder kümmert oder daß Ihre Scheidung in weiter Vergangenheit liegt, sowohl die gestellten Fragen beantworten als auch diejenigen, die sich dahinter verbergen.

Geld – vor allem wieviel Sie derzeit verdienen und wieviel Sie in diesem Job bekommen möchten – ist das schwierigste Thema. Was Ihr gegenwärtiges Gehalt angeht, so raten viele Personalexperten dazu, die Wahrheit nicht zu eng zu sehen. Es ist höchst unwahrscheinlich, daß man Ihnen auf die Schliche kommt, wenn Sie übertreiben. Keine Personalabteilung wird Gehaltsinformationen an einen möglichen Arbeitgeber weitergeben. (Um die Haltung Ihrer eigenen Firma herauszufinden, rufen Sie in der Personalabteilung an und geben Sie sich als jemand aus, der einen ehemaligen Angestellten einstellen will.) Und wenn Sie ein Vorstellungsgespräch führen, so lange Sie in ungekündigter Stellung sind, wird Ihr Gesprächspartner sich wahrscheinlich nicht einmal die Mühe machen anzurufen, wenn Sie ihm erzählen, daß Ihr derzeitiger Arbeitgeber nichts von Ihrer Stellensuche weiß. Es ist wichtig, daß Sie den Höchstlohn für die Position kennen, um die Sie sich bewerben. »Was gedachten Sie für diese Stelle zu zahlen?« ist die Frage, mit der Sie eine Frage nach dem Gehalt kontern können. Ein kühles: »Das liegt im Bereich meiner Vorstellung« ist die beste Antwort, wenn es Ihnen gelingt, aus dem Interviewer eine Zahl herauszubekommen.

Rollenspiel

Um sich richtig auf ein Vorstellungsgespräch vorzubereiten, sollten Sie proben und Rollenspiele veranstalten. Dafür brauchen Sie einen Freund und einen Kassettenrekorder. Geben Sie Ihrem Freund die o. g. Liste, oder eine, die Sie zusammengestellt haben. Fangen Sie, wie bei einem richtigen Interview, mit einer Eröffnungsphrase an. Sagen Sie etwas zu der herrlichen Aussicht, über die Freundlichkeit der Angestellten, über eine kürzliche Fusion oder ein neues Produkt. Die Leichtigkeit beim Reden über sich selbst, als wenn man über ein Produkt sprechen würde, kann den Unterschied ausmachen, daß man ein Angebot erhält. Einer meiner Klienten erzählte bei einem Gespräch, in dem er sich um einen Job als Zeitschriftenreporter bewarb, daß er sein eigenes kleines Flugzeug flog. Er deutete an, daß er leicht selbst hinfliegen könnte, wenn es um Stories ging, an die man schwer kommen konnte. Er bekam den Job.

Lassen Sie sich von demjenigen, der die Arbeitgeberrolle spielt, die Fragen zuerst so stellen, als wäre er ein mitfühlender Gesprächspartner, dann auf die hochmütige, kalte Art, als wollte er versuchen, Sie durcheinander zu bringen. Lassen Sie ihn Fragen nach dem College stellen und dann plötzlich einen Haken schlagen, wie: »Leben Sie mit jemandem zusammen?« Versuchen Sie, persönliche Fragen, die Sie lieber nicht beantworten möchten, vorauszuahnen. Stellen Sie sich jetzt schon eine Auswahl an Antworten zusammen, die Sie später, beim eigentlichen Interview, gefaßt erscheinen läßt.

Ihr Kassettenrekorder kann Ihnen bei Ihren Proben helfen. Klingen Sie selbstsicher und kenntnisreich? Beantworten Sie Fragen präzise, oder stammeln Sie? Ist es Ihnen gelungen, Ihre Stärken und Ihre Eignung für diesen Job zu übermitteln?

Sie sollten eine Auswahl an abschließenden Bemerkungen parat haben. Üben Sie es, mit dem Interviewer ein Datum festzulegen, an welchem Sie von ihm hören oder ihn anrufen können.

Wenn ein Interviewer einen Schwachpunkt von Ihnen trifft, kann das Ihr Ende bedeuten. Hatten Sie jemals Probleme mit dem Alkohol? Einen Nervenzusammenbruch? Eine Vorstrafe? Sind Sie Wehrdienstverweigerer? Häufig ist es Ihre Einstellung einem Problem gegenüber und nicht das Problem an sich, die den Ausschlag gibt. »Ich wette, ich bin der erste, den Sie interviewen, der regelmäßig an der künstlichen Niere hängt«, meinte lächelnd ein Bewerber um den Posten eines Vizepräsidenten gleich zu Anfang seines Gesprächs. So brach er dem, was zu einer problematischen Frage hätte werden können, die Spitze ab – und bekam die Stellung. Eine schmerzhafte Wahrheit sollte besser ans Licht des Tages gebracht werden – und anschneiden sollten Sie selbst sie. Aber nur Sie allein können wissen, ob es Sie mehr kosten wird, ein scheinbares Handicap bekannt zu machen, oder sich zu bemühen, es verborgen zu halten. Wenn Sie sich entschließen, offen zu sein, versuchen Sie es mit verschiedenen Antworten und proben Sie sorgfältig, was Sie sagen wollen. Überlegen Sie, ob Sie die Enthüllung in positives Licht setzen können, wie etwas, das Sie noch stärker macht. Sehen Sie Ihrem Gesprächspartner die ganze Zeit über in die Augen, selbst wenn er sich abwendet.

Die Wirklichkeit

Der gesunde Menschenverstand rät, sich so zu kleiden wie die Mehrzahl der Angestellten in dem Betrieb, in dem Sie zu arbeiten hoffen. Entscheiden Sie schon ein paar Tage vorher, was Sie zu tragen beabsichtigen. So können Sie nicht an Ihrem großen Tag durch einen unerwarteten Fleck, Riß oder ungeputzte Schuhe aus dem Gleichgewicht gebracht werden.

Seien Sie pünktlich. Planen Sie zusätzliche Fahrzeit ein, fünfzehn Minuten extra. Zu spät zu kommen ist immer ein großes Minus – es macht einen schlechten Eindruck; es macht Sie nervös. Sie erscheinen verwirrt und voller Entschuldigungen, anstatt ruhig und vorbereitet, wenn Sie Ihren Gesprächspartner begrüßen. Außerdem ist das der Minuspunkt, der am leichtesten zu vermeiden ist. Wenn es sich um eine große Gesellschaft handelt, geben Sie noch extra Zeit zu, um das richtige Büro zu finden.

Erkundigen Sie sich bei der Empfangsdame nach der richtigen Aussprache des Namens Ihres Interviewers, wenn Sie sich nicht sicher sind. Während Sie warten, sollten Sie schon einen Eröffnungssatz parat haben. Richten Sie Ihre Haltung aus, lassen Sie die positiven Sätze auf Ihrem geistigen Plattenteller rotieren und kontrahieren Sie Ihr vitales Dreieck beim Ausatmen.

Ihr Eintreten sollte einem Auftritt gleichkommen! Betreten Sie den Raum energisch, lebhaft, mit hoch erhobenem Kopf und vorgereckter Brust. Bei einer Bewerbung geht es immer auch darum, daß man gern mit jemandem zusammen ist. Sie haben keine zweite Chance, einen ersten Eindruck zu machen!

Sehen Sie dem Interviewer in die Augen und schütteln Sie ihm fest die Hand. Ein feucht-schlaffer Händedruck macht einen schlechten Eindruck. Gehen Sie zu einem hochlehnigen Stuhl; wenn Sie keine Wahl haben, widerstehen Sie dem Wunsch, es sich auf einem dick gepolsterten Sessel oder Sofa gemütlich zu machen. Sitzen Sie angespannt, nur der untere Teil Ihrer Wirbelsäule ist angelehnt.

Denken Sie daran, daß das Zupfen am Ohr, das Pendeln mit den Beinen ablenkt und daß Sie Ihre Spannung beherrschen können, indem Sie den Daumennagel fest in die Handfläche der anderen Hand drücken. In 90 Prozent der Zeit halten Sie den Blickkontakt.

Planlose Schwätzer kosten eine Gesellschaft zuviel Zeit und Geld. Andererseits lassen einsilbige Antworten Sie unartikuliert erscheinen. Meiden Sie Geschichten über Pech, Krankheiten aus der Vergangenheit und Entschuldigungen – der Interviewer soll Sie nicht mit negativen Erinnerungen in Verbindung bringen. Hören Sie aufmerksam zu und stellen Sie selbst beharrlich Fragen, ohne jedoch zu provozieren.

Wenn Sie das Gefühl haben, das Gespräch ginge seinem Ende entgegen, beenden Sie das Interview selbst. Das zeigt, daß Sie Zeit zu schätzen wissen und ein Gefühl für die Struktur eines Meetings mitbringen. Schütteln Sie Ihrem Gesprächspartner lächelnd die Hand, danken Sie ihm und gehen Sie entschlossen davon – statt sich verstohlen davon zu schleichen.

Wenn einige oder sogar all Ihre Interviews beim Essen stattfinden, hier noch ein paar zusätzliche Ratschläge. Ich habe einmal den Maler André Brasilier in seinem Schloß in Frankreich besucht. Stolz zeigte er mir sein Eßzimmer und wies besonders auf den riesigen Spiegel aus dem 14. Jahrhundert hin, der über dem Büffet hing. »Wissen Sie«, erklärte er, »die Franzosen hatten fast nie Spiegel in der Augenhöhe eines Sitzenden im Eßzimmer. Sie fanden, ein Gesicht wäre niemals häßlicher als beim Kauen.«

Da kann ich ihnen nur zustimmen. Wenn Sie an einem ›Arbeitsessen‹ teilnehmen, bei dem Essen und Gespräch an einer Tafel zusammenkommen, meiden Sie ›Kau‹-Speisen. Wählen Sie statt dessen weiche Speisen: Fisch, Quiche Lorraine, Omelett, Eiscreme. Meiden Sie auch Suppen, da wird geschlürft; Salate, das könnte tropfen; Spaghetti, die machen Flecken. Und wo wir schon vom Kauen sprechen: Kaugummi ist out.

Der Lebenslauf

Vor, während oder nach Ihrem Interview brauchen Sie einen Lebenslauf. Höchstwahrscheinlich vorher, denn in den meisten Fällen geht ein Lebenslauf einem Gespräch unter vier Augen voraus. Es sind zahlreiche Bücher erschienen, aus denen Sie lernen können, wie Sie Ihre Fähigkeiten erkennen, wie Sie sich auf dem Papier am besten verkaufen, und ein kurzer Besuch Ihrer Bibliothek sollte Sie mit nützlichem Material versorgen. Es gibt aber auch ein paar Tips, die Sie in diesen Büchern möglicherweise nicht finden.

1. Wenn Sie eine ganze Kanonade an Lebensläufen an Firmen schicken, zu denen Sie keinen Kontakt haben, dann erhöht ein Begleitbrief – individuell getippt und an eine spezifische Person adressiert, nicht allgemein an eine Gruppe – Ihre Chance, daß Ihr Lebenslauf nicht im Papierkorb landet, sondern Ihnen sogar zu einem Gespräch verhilft. Manche Experten schlagen vor, daß man den Brief und den Lebenslauf an den Präsidenten der Gesellschaft richtet, selbst wenn man sich nur um eine untergeordnete Stellung mit Aufstiegsmöglichkeiten bewirbt. Solche Briefe werden für gewöhnlich an das Personal oder die entsprechende Abteilung weitergegeben, dort aber vielleicht auf besondere Weise bearbeitet. Wer immer dort Ihren Lebenslauf zur Bearbeitung erhält, weiß schließlich nicht, ob der Präsident nicht vielleicht ein Auge darauf hat, vor allem, wenn Ihre Vorbildung eindrucksvoll ist.
2. Wie Ansprachen sollen auch Begleitbriefe und Lebensläufe informieren und einen Kontakt herstellen; sie sollten dieselben Elemente enthalten wie eine überzeugende Ansprache. Viele der Regeln, die für das Aufsetzen einer Rede Gültigkeit haben, gelten ebenso für das Schreiben eines Lebenslaufes und des Begleitbriefes. Erforschen Sie die Firma gründlich, damit Sie in Ihrem Begleitschreiben ausdrücklich und präzise darauf hinweisen können, was Sie für die Gesellschaft tun können. Verwenden Sie keinen Jargon – der Personalchef versteht ihn vielleicht nicht; der fünfzigjährige Vizepräsident ist vielleicht verschreckt, wenn ihm klar wird, wie weit er sich von der Entwicklung auf seinem Fachgebiet entfernt hat. Und es besteht immer die Möglichkeit, daß irgendein Leser des Lebenslaufes die deutsche Sprache so sehr liebt, daß er Ihren Lebenslauf einfach wegen eines Übermaßes an Jargon in den Papierkorb wirft.

Halten Sie Ihre Sätze kurz, wählen Sie einfache Worte, aktive Verben. Selbst wenn Sie Deutsch studiert haben, sollten Sie jemanden Ihren Brief auf Schreibfehler, Grammatik, Tippfehler, auf ungeschickte oder wiederholte Wortwahl durchsehen lassen.

3. Bitten Sie in Ihrem Begleitschreiben immer um ein Gespräch, aber wenn möglich verwenden Sie dazu nicht dieses Wort. Fragen Sie statt dessen, wann Sie zu einem kurzen Treffen vorbeikommen könnten. Schreiben Sie so, als würden Sie erwarten, daß dieses Treffen zustande kommt. Teilen Sie mit, wann Sie in der Stadt sein werden, wenn es sich nicht um Ihren Wohnort handelt. Lassen Sie dem ganzen einen Anruf folgen, um eine geeignete Zeit auszumachen.
4. Meiden Sie es, in Ihrem Lebenslauf oder Brief eine bestimmte Berufsbezeichnung zu verwenden. Eine allgemeinere Bezeichnung, z. B. Personalmanagement anstelle des Wortes ›Personalchef‹, ermöglicht es Ihnen, für eine breitere Spannbreite von offenen Stellen in Erwägung gezogen zu werden.
5. Es ist natürlich nicht nötig, daß Sie Ihren Lebenslauf ausbreiten, aber wenn Sie einer Minderheit angehören und glauben, daß diese Tatsache Ihre Chancen vergrößert, dann ist es wirksamer, Ihren Status durch eine Auflistung der Organisationen, denen Sie angehören, anzuzeigen, als dadurch, daß Sie Ihr Alter und Ihren Gesundheitszustand erwähnen.
6. Da wir gerade vom Alter sprechen: Sie möchten diesen Punkt vielleicht unerwähnt lassen, wenn Sie über fünfundfünfzig sind. Wenn Sie jedoch zwischen fünfundvierzig und fünfundfünfzig sind, sollten Sie darauf achten, ihn ganz bestimmt zu erwähnen. Sonst halten die Leute Sie möglicherweise für älter, als Sie tatsächlich sind. Geben Sie Ihr Alter auf jeden Fall mit Ihrem Geburtsdatum an. Andernfalls stimmt Ihr Lebenslauf nicht mehr, sobald Sie Geburtstag hatten.
7. Erwähnen Sie in Ihrem Lebenslauf weder Ihre Gehaltsvorstellung noch Ihr derzeitiges oder vorhergehendes Einkommen. Dieser Punkt bleibt dem Gespräch überlassen; Sie können nicht mit einem Stück Papier verhandeln. Wenn Sie Ihre Gehaltsvorstellungen aufführen, kann das der Grund dafür sein, daß Sie eine Stelle nicht erhalten, für die Sie sehr gut geeignet wären, vielleicht wirken Sie auch überqualifiziert.

8. Wenn Ihre Körpermaße (Größe und Gewicht) schwarz auf weiß aufgeführt das Bild eines gutgebauten menschlichen Wesens heraufbeschwören, dann geben Sie sie, um Himmels willen, an. Dasselbe gilt, wenn Sie dadurch den körperlichen Anforderungen der gewünschten Stelle gerecht werden, wenn Sie sich z. B. als Jockey bewerben wollen. Andernfalls haben sie in Ihren Unterlagen nichts zu suchen.
9. Dasselbe gilt für Ihren Familienstand und die Anzahl Ihrer Kinder, wenn Sie eine Frau sind und vermuten, daß in den Firmen, bei denen Sie sich bewerben, noch ein Rest Sexismus vorhanden ist. Es könnte günstiger für Sie sein, wenn Sie diese Information erst während des persönlichen Gesprächs geben.
10. Wenn Sie nicht über längere Zeiträume hinweg aus Krankheitsgründen nicht arbeiten konnten, geben Sie Ihre Gesundheit mit ausgezeichnet an. Genau wie bei den Etiketten auf Olivendosen, auf denen deren Größe beschrieben wird, bedeuten Adjektive heutzutage weit weniger, als man gemeinhin annimmt. Wenn Sie nicht behaupten können, daß Ihre Gesundheit ausgezeichnet ist, sagen Sie gar nichts.
11. Gleichgültig, ob Sie Ihren Lebenslauf in der herkömmlichen chronologischen Folge aufbauen oder aber sich an die ungewöhnlichere Form halten und Ihr Können und Wissen aufführen, lassen Sie auf keinen Fall zeitliche Lücken auftreten. Lassen Sie nicht zu, daß ein möglicher künftiger Arbeitgeber glaubt, Sie hätten zwei Jahre im Gefängnis oder einer Heilanstalt verbracht, oder wären rund um Tahiti gesegelt. Sie können sich kurz fassen oder ausschmücken, aber legen Sie Rechenschaft über die ganze Zeit ab.
12. Außer wenn Sie wirklich unfähig sind, einen Lebenslauf zusammenzustellen und zu schreiben, sollten Sie auf die Dienste eines professionellen Schreibbüros verzichten, besonders dann, wenn Sie sich bei einer großen Organisation bewerben. Diese Büros liefern sehr professionell aussehende Arbeit, aber inzwischen hat man ihre Standardredewendungen und ihre Standardform so oft in den großen Firmen gesehen, daß sie häufig einfach ignoriert werden.

Wenn Sie sich jedoch für einen Lebenslauf-Dienst oder

einen Berufsberater entscheiden, stellen Sie zuerst ein paar Vergleiche an und versuchen Sie, Empfehlungen zu bekommen. Denn auf diesem Gebiet gibt es viele Scharlatane.

13. Es reicht aus, Ihren Lebenslauf auf gutem, weißem Papier zu verfassen, wenn Sie noch nicht auf einem höheren Niveau arbeiten. Wenn Ihr derzeitiges oder ferneres Ziel jedoch höher gesteckt ist, sollten Sie Ihren Lebenslauf vervielfältigen lassen (Offset), und zwar auf Qualitätspapier (mind. 70 g, holzfrei). Lassen Sie den Lebenslauf nur auf eine Seite des Papiers drucken.

Einige Experten schlagen vor, daß Sie Ihren Lebenslauf auf Bütten oder hellblauem Papier drucken lassen. So hebt er sich von den Hunderten von anderen ab, die ein Arbeitgeber erhält. Das mag wohl so sein, aber halten Sie sich doch an Weiß, wenn Sie sich um eine Stelle in der Finanz- oder Rechtswelt bewerben, wenn Sie nach Arbeit außerhalb einer Hauptstadt suchen, oder wenn die Firmen, bei denen Sie sich bewerben, auch nur ein kleines bißchen konservativ sind. Dasselbe gilt für die Schriftart. Verwenden Sie auf keinen Fall Schreibschrift.

Wenn Sie attraktiv sind und wenn die äußere Erscheinung für die Stellung von Bedeutung ist, möchten Sie vielleicht ein Foto beifügen. (Es sollte auf das Papier mit dem Lebenslauf gedruckt sein, nicht nur angeheftet.) Lassen Sie das Foto jedoch fort, wenn die Firma, bei der Sie sich bewerben, in die Kategorie der Firmen mit Lebenslauf-auf-weißem-Papier fällt.

Die feine Grenze zwischen einem charakteristischen Lebenslauf und einem, der ein ›paßt nicht zu uns‹ von möglichen Arbeitgebern hervorruft, ist schwer zu ziehen. Wenn Sie gute Qualifikationen haben und für die Stelle, um die Sie sich bewerben, geeignet sind, dann ist es vielleicht am besten, auf Nummer Sicher zu gehen. Das gilt sowohl für die Form als auch für den Stil Ihres Lebenslaufes. Benutzen Sie in diesem Fall also lieber die chronologische Standardform, bei der Sie Ihre Stellen nacheinander aufführen, und nicht die weniger übliche Form, bei der es darum geht, daß Sie Ihre Kenntnisse anführen. Je geringer die Wahrscheinlichkeit ist, daß Sie für einen Job in Betracht gezogen werden, desto mehr Grund haben Sie, sich auf irgendeine Art von den anderen zu unterscheiden – indem Sie sich auf farbigem Papier bewerben oder den Bogen mit Ihrem Lebenslauf mit einer dekorativen Borte schmücken, oder indem Sie einen humorvollen Absatz an den Anfang Ihres Begleitschreibens stellen. Sind Ihre Chancen gering, können Sie genausogut etwas zu Hilfe nehmen, um sich von den anderen abzusetzen.

Wenn Sie sich nicht sicher sind, was man unter einem ›kreativen‹ Lebenslauf versteht, dann sollten Sie zuerst ein paar an Firmen schicken, die Ihnen nicht so wichtig sind, um festzustellen, welche Art von Reaktion Sie damit erhalten. Bei guten Erfahrungen schicken Sie den Lebenslauf an Firmen, für die Sie gern arbeiten möchten.

14. Vergessen Sie nicht, jeder ist ein möglicher Arbeitgeber oder kennt einen. Geben Sie Ihren Freunden, Verwandten, Ihrem Friseur, Metzger und Kerzenmacher einen Lebenslauf. Man kann nie wissen!

Wenn Sie die Fragen stellen

Ihre Verantwortung als Fragender liegt genau entgegengesetzt zu der des Befragten. Versuchen Sie Ihr Möglichstes, um interessiert zu wirken, selbst wenn es sich um die hundertste Person handelt, die Sie an diesem Tag empfangen. Seien Sie herzlich; seien Sie dem Bewerber gegenüber nicht so frostig, daß er bei dem Versuch, Sie aufzutauen, ins Schwitzen gerät.

Bringen Sie schon im voraus so viel wie möglich über den Bewerber in Erfahrung, durch Briefe, Bewerbungsformulare und telefonische Nachfragen. Das Interview sollte nur das Tüpfelchen auf dem i sein.

Während Sie sich unterhalten, seien Sie so höflich, widmen Sie Ihrem Gesprächspartner Ihre volle Aufmerksamkeit. Nehmen Sie keine Telefongespräche entgegen, ordnen Sie keine Unterlagen, sehen Sie nicht die Post durch, deuten Sie auf keinen Fall an, daß der Kandidat nicht wichtig genug ist, um Ihre ungeteilte Aufmerksamkeit zu genießen. Versuchen Sie, es dem Bewerber leicht zu machen.

Beginnen Sie mit einer beiläufigen Bemerkung im Plauderton; erkundigen Sie sich zum Beispiel nach seiner Collegezeit oder nach Ferienjobs, wenn er die Schule gerade erst hinter sich gebracht hat, nach seinem Aufgabenbereich, wenn das nicht der Fall ist.

Wärmen Sie die wesentlichen Aussagen aus dem Lebenslauf eines Bewerbers nicht wieder auf, ebensowenig wie die Fakten seiner Laufbahn. Sie sollten statt dessen ein Gefühl für seine Einstellung zur Arbeit, zur Familie, zu seinen Hobbies und dem restlichen Hintergrund entwickeln. Schätzen Sie ihn ein. Die oben angeführten Fragen können hierbei als Hilfe dienen.

Meiden Sie Fragen, die sich nur mit ›Ja‹ oder ›Nein‹ beantworten lassen. Durch sie bekommen Sie keine Informationen. Und versetzen Sie einen Bewerber auch nicht künstlich in Streß, wie es manche Experten empfehlen. Die Art, wie ein Mensch mit dieser Art ›Druck‹ umgeht, ist kein Anzeichen dafür, wie er die Arbeit ausführt.

Stellen Sie ihm einige Fragen zur Selbsteinschätzung: was er als Pfadfinder gelernt hat, was ihn dazu bewegt hat, in eine andere Stadt zu ziehen. Wenn Sie ständig ›Wie‹ und ›Warum‹ fragen, wird Sie das ein gutes Stück weiterbringen. Halten Sie sich mit negativen Aspekten bis gegen Ende des Gesprächs zurück.

Beschreiben Sie die Stelle, für die der Bewerber in Frage kommt, so klar wie möglich. Ihre Aufgabe als Gesprächspartner besteht außerdem darin, Ihre Firma an vielversprechende Kandidaten zu verkaufen. Fragen Sie den Bewerber, was er über Ihre Firma oder den Job wissen will, und erzählen Sie ihm dann genau das.

Wenn Sie glauben, Zeit für eine Entscheidung zu benötigen, sagen Sie ihm das. Verabschieden Sie sich herzlich von ihm, selbst wenn Sie nicht beabsichtigen, ihn einzustellen, aber seien Sie nicht so überwältigend herzlich, daß er glaubt, den Job bereits in der Tasche zu haben, wenn er ihn nicht hat. Versuchen Sie, Ihre Entscheidung nach dem Gespräch zu treffen, solange Fakten und Eindrücke noch frisch in der Erinnerung sind.

Kapitel 7

Die Arbeitsszene

Kommunizieren und motivieren
Untergeordnete Diplomatie
Frauen und der Klang von Anmaßung
Stylen Sie sich neu, um neue Kraft zu bekommen
Bewerten Sie sich selbst
Machen Sie das Beste aus Meetings
Arbeitsstreß

Es heißt, Henry Kissinger hätte gewußt, wie er aus seinen Mitarbeitern die beste Arbeit holen konnte. Jedes Mal, wenn ein Assistent sich zitternd mit einem Bericht seinem Schreibtisch näherte, fixierte er ihn mit einem durchdringenden Blick und fragte: »Ist das das Beste, was Sie schaffen können?« Der Assistent zögerte, wich zurück und kehrte am nächsten Tag mit einer verbesserten Version zurück. Kissinger baute sich drohend vor ihm auf und fragte wieder: »Ist das das Beste, was Sie schaffen können?« Und wieder schlich der eingeschüchterte Assistent davon. Am dritten Tag stand er wieder da, bot seinen Bericht an und verkündete: »Das ist das Allerbeste, was ich schaffen kann.« »Gut«, lautete daraufhin Kissingers Antwort, »nun werde ich ihn lesen.«

Wie man andere dazu bringt, produktiv für sich zu arbeiten, und wie man selbst das Beste erreicht, das sind beliebte Themen bei Firmen und Personalchefs. Wenn Sie die richtigen Botschaften aussenden, wenn Sie den Wert von Erwartung und Vorbereitung schätzen gelernt haben, wenn Sie die Tricks kennen, die Nervosität zu kontrollieren und ein positives Bild von sich zu projizieren, dann haben Sie Präsenz. Und das ist der Stil, den Sie anstreben sollten.

Tunlichst vermeiden sollten Sie den Stil, dem ich die Schuld daran gebe, daß so viele junge Angestellte förmliche Krüppel sind durch ein Gefühl von Unzulänglichkeit, den Verlust des

Selbstvertrauens, Handlungsunfähigkeit und neurotische Störungen wie nervöse Tics. Ein Artikel, der kürzlich in der Zeitschrift *Fortune* veröffentlicht wurde und von den zwölf härtesten Chefs handelte, faßt dieses besondere Verhalten mit den Worten eines von ihnen zusammen: »Führungsqualität wird demonstriert, wenn die Fähigkeit, Schmerz zu erzeugen, bestätigt wird.«

Die zwölf härtesten Chefs hatten alle eines gemeinsam, so sagten ihre Angestellten: sie erzeugten Ehrfurcht, Respekt und häufig sogar Angst. Da diese Männer jedoch große Firmen leiten, muß ihr Stil auch etwas für sich haben. Doch am Ende kommt Einschüchterung teuer zu stehen. Nur wenige Menschen können ihr Bestes leisten, wenn sie in einer bedrohlichen, furchterregenden Atmosphäre arbeiten müssen. Die Mehrzahl reagiert mit Ablehnung und manchmal sogar mit aktiver oder passiver Sabotage.

»Wie erkennt man eine Führungspersönlichkeit?« will Robert Townsend wissen. Seine Antwort: »Führungspersönlichkeiten kommen in jeder Altersgruppe vor, in allen Formen und Konditionen. Ein paar sind schlechte Verwalter, andere sind nicht übermäßig hell. Der Schlüssel: der wahre Führer ist daran zu erkennen, daß seine Leute immer irgendwie die beste Arbeit liefern.«

Von den Tausenden von Präsidenten und Vorsitzenden, mit denen ich gearbeitet habe, erzielen diejenigen die besten Resultate bei ihren Angestellten, die sie mit Achtung, Fairneß und Sorge behandeln. Diese Männer und Frauen sind das, was ich ›liebevoll dogmatisch‹ nenne – eine Kombination aus Verständnis und intelligenter Konstruktivität. Sie wecken den Teamgeist. Sie glauben an das, was im Management-Jargon als Theorie Y bekannt ist:

1. Daß es genauso natürlich ist, körperliche und geistige Anstrengung in die Arbeit zu investieren wie in die Freizeit.
2. Daß die Menschen Selbstkontrolle und Selbstbestimmung einsetzen, um die Ziele zu erreichen, auf die sie sich festgelegt haben.
3. Daß Belohnungen und die Befriedigung darüber, etwas erreicht zu haben, die Angestellten dazu bringen, die Ziele der Firma zu ihren eigenen zu machen.

4. Daß die meisten Menschen Verantwortung suchen und übernehmen möchten.
5. Daß die meisten Menschen in der Lage sind, Geschicklichkeit, Phantasie und Kreativität einzusetzen, um organisatorische Probleme zu lösen.
6. Daß das intellektuelle Potential der meisten Arbeitnehmer im modernen Geschäftsleben nicht ausgeschöpft wird.

Tüchtige leitende Angestellte wissen, wie sie ihren Untergebenen realistische Ziele setzen können. Sie wissen um die Macht der Motivation und der Ermutigung. In einer Versicherungsgesellschaft wurden die Angestellten in drei Gruppen unterteilt – hohes, mittleres und niedriges Ziel. Die offiziell mit dem Erreichen des hohen Zieles betraute Gruppe übertraf noch die Erwartungen; auch die mittlere Gruppe verbesserte sich dramatisch, als Reaktion darauf, als mittelmäßig abgestempelt zu sein. Die als Versager gekennzeichnete Gruppe jedoch versagte wirklich.

Kommunizieren und Motivieren

In einer der ersten Folgen der Serie ›All in the Family‹ beklagt sich Archie beim Gemeindepfarrer, daß die italienischen Nachbarn Edith zu so vielen Veranstaltungen der örtlichen katholischen Kirche mitnehmen, als wollten sie sie missionieren. »Wenn es Edith interessiert«, sagte der Pfarrer, »dann sollte das vielleicht ein Zeichen für Sie sein. Vielleicht hapert es mit Ihrer Kommunikation?«

»Was heißt hier Kommunikation?« brummte Archie. »Wir leben doch im selben Haus.«

Ein Manager kommuniziert selbst dann, wenn er denkt, es nicht zu tun. Wenn ein Manager, wie eine schmollende Ehefrau, nichts mehr sagt, wenn er kalt und unkommunikativ wird, dann signalisiert er damit, daß er mit einem Untergebenen nicht zufrieden ist, ihn möglicherweise sogar für hoffnungslos hält. Die stumme Behandlung zeigt die eigene Unfähigkeit des Managers, mit einem Problem umzugehen. Er weiß nicht, wie er die Situation betrachten soll, so wie ein Arzt ein körperliches Fehlverhalten analysiert, diagnostiziert und dann das Gegenmittel verschreibt. Es ist für den Erfolg Ihres Büros unerläßlich, daß Sie in der Lage sind, mit Ihren Untergebenen kraft- und taktvoll umzugehen. Eine gleichgültige oder beleidigende Annäherung führt zu schlechter Arbeit von allen Beteiligten.

Es ist wichtig zuzuhören, sowohl auf das, was nicht gesagt wird, als auch auf das, was gesagt wird. Nehmen wir einmal Jerry, der einem seiner Untergebenen zuhört:

> »So, Jerry, ich hab' endlich den Auftrag der Firma X abgeschlossen. Mensch, das war vielleicht ein Wirrwarr! Aber Sie haben gesagt, es wäre ein dringender Fall, und ich hab' dafür gesorgt, daß er noch heute rausging – auf den letzten Drücker. Wissen Sie, ich war die ganze Wochen jeden Abend hier, und auch fast das ganze letzte Wochenende, um das verdammte Ding in Ordnung zu bringen. Xs Spezifikationen sind lächerlich, aber nun ist die Bestellung unterwegs, auch wenn meine Firma mich womöglich rausschmeißt. Und das eine kann ich Ihnen sagen, wenn ich nie wieder so 'nen harten Job sehe, dann bin ich verdammt froh.«

Wenn Jerry antwortet: »Prima, Joe. Dann wollen wir uns jetzt mal an die Arbeit für die Firma Y machen«, dann hat er nicht richtig zugehört. Es ist schwer zu erkennen, was Joe wirklich sagen wollte, aber er hat nicht nur einfach gesagt, daß die Bestellung der Firma X schwierig war. Wahrscheinlich hat er Jerry um ein Schulterklopfen angebettelt. Das größte Bedürfnis des Menschen auf diesem Planeten ist zu überleben; sein zweitgrößtes Bedürfnis ist, anerkannt zu werden. In vielen Büros gelingt es den Menschen gerade so zu überleben.

Feindseligkeit

Zorn ist eine wirklich nützliche Taktik um zu erreichen, was Sie brauchen. Der Regisseur meiner ersten Broadway-Show war der legendäre Max Reinhardt. Er war ein großer Lehrer und einfach süß. In einer Szene, in der ich einen Wiener Walzer wirbeln mußte, war die Schleppe meines Kleides zu lang, und während der ersten Probe stolperte ich darüber. Ich bat darum, daß es genäht würde. Das Problem blieb auch während der nächsten Probe, der übernächsten und der folgenden bestehen. Bei der letzten Probe trat ich wieder auf die Schleppe. Ich hob die Arme über den Kopf und schrie: »Stop!« In der folgenden Stille stapfte ich an den Rand der Bühne und erklärte wütend: »Wenn Sie diese Schleppe nicht auf der Stelle kürzen, probe ich nicht weiter.«

Augenblicklich erschien jemand aus der Garderobe. Reinhardt kam zu mir und murmelte mit seiner sanften Stimme: »Bravo! Aber vergessen Sie nicht: setzen Sie Zorn nur dann ein, wenn es keinen anderen Weg gibt, Ihren Willen durchzusetzen.«

Aristoteles drückte es folgendermaßen aus: »Jeder kann wütend werden – das ist einfach; aber mit der richtigen Person, zur richtigen Zeit, im richtigen Maß, zum richtigen Zweck und auf die richtige Art wütend werden – das ist nicht jedermanns Sache und es ist auch nicht einfach.«

Wütende Chefs bekommen von ihren Angestellten nur selten die beste Leistung, aber dasselbe gilt für professionell nette Jungs. Die beste Art, Angestellte zu motivieren, ist, ihnen Anerkennung zu bieten, Verantwortung, Aufstiegsmöglichkeiten und Befriedigung in der Arbeit selbst. Der Arbeitgeber, der sich auf persönliche Loyalität verläßt, verursacht oft Unbehagen und Ablehnung. Loyalität und Verantwortungsgefühl der Firma gegenüber sind es, die gefördert werden sollten. Die ›Netter-Junge‹-Arbeitgeber wechseln oft ihre Untergebenen in kurzen Abständen. Wenn man einem Untergebenen freie Hand läßt, um seine Initiative und seine Fähigkeiten zu fördern, dann ist das konstruktiv und empfehlenswert; läßt man ihm jedoch nur freie Hand, um keinen Ärger zu bekommen, dann bringt das häufig nur noch viel mehr Ärger.

Ein Kunde wurde mir geschickt, offensichtlich, damit ich ihm bei seinen Reden behilflich war. »Wenn Sie schon dabei sind«, meinte sein Chef zu mir, »versuchen Sie doch auch gleich, ob Sie nicht was an seinem Verhalten ändern können. Er ist ein guter Mann, aber er geht brutal mit den Leuten um, und das bringt Probleme mit sich.«

Der Vizepräsident entpuppte sich als ungemütlicher Kerl mit zugeknöpftem Gesicht und harten Augen. Wir fingen an, seine Ansprache auf Video mitzuschneiden; er trug sie steif und monoton vor. Um seinen natürlichen Ton herauszufinden, fragte ich Arthur nach seiner Arbeit; als er über seine Mitarbeiter sprach, lag eine Spur Verachtung in seinem Ton. Doch seinem Boß, einem Mann, der seine Angestellten unterstützte und sich für sie interessierte, brachte er offensichtlich Bewunderung entgegen.

Ich besprach mit Arthur die Prinzipien des liebevollen Dogmatismus. »Wenn ich meine Leute loslasse, dann bleiben die nicht bei der Stange.«

»Ich verlange doch gar nicht, daß Sie Ihre Prinzipien aufgeben«, sagte ich. »Sie tragen eine Menge Verantwortung, und Ihre Abteilung muß gut funktionieren. Aber Sie könnten viel glücklichere Leute haben, und damit viel bessere Resultate erzielen.«

Wir spielten den letzten Zusammenstoß durch, mit einem jungen Angestellten, der seinen Bericht zu spät fertiggestellt hatte. Als er sein Video sah, gab Arthur zu, daß sein Stil nicht gerade die Art war, die die Leute dazu brachte, gern für ihn zu arbeiten.

Wir tauschten die Rollen. Ich setzte das ein, was ich als ›umgekehrte Annäherung‹ bezeichne. Ich besprach das Problem, eher verständnisvoll und fragend als vorwurfsvoll. Ich fragte Arthur, der jetzt der Untergebene war, was schuld an dem verzögerten Bericht war. »Sie arbeiten für gewöhnlich doch so gut«, sagte ich. »Was ist passiert?«

Arthur erklärte, daß zu viele Projekte gleichzeitig fällig gewesen wären.

»Was schlagen Sie vor? Was sollten wir in Zukunft tun, damit so etwas nicht wieder vorkommt?« erkundigte ich mich freundlich.

»Um Hilfe rufen«, bot Arthur an.

»Gute Idee«, gratulierte ich. »Lassen Sie es uns so versuchen. Das nächste Mal bitten Sie Joe, Sie zu unterstützen. Es bedeutet zuviel Ärger für uns alle, wenn ein Bericht zu spät kommt.«

Wir sahen uns das Band an, und Arthur mußte es brummend loben. »Scheint ein umständlicher Weg zu sein, aber ich verstehe, was Sie meinen.«

Ich zeigte Arthur, wie er sein Temperament zügeln konnte. Immer, wenn er das Gefühl hatte, gleich zu explodieren, konnte er seine Aggression ablenken, indem er bewußt die Muskeln seines vitalen Dreiecks zusammenzog und sich so Zeit verschaffte, seine Worte sorgfältig auszuwählen.

Arthurs Chef rief an, um sich bei mir zu bedanken. »Er ist ein neuer Mann«, staunte er. »Die ganze Atmosphäre in seiner Abteilung hat sich geändert.«

Alternative Annäherungen

Arthur war kein neuer Mensch geworden, er hatte sich nur einfach für einen alternativen und besseren Weg entschieden. Ein paar Monate später sprach er mit einem seiner Untergebenen über sein verändertes Verhalten. »Wissen Sie, Sir«, sagte der Angestellte, »wir haben es zwar schon irgendwie gemerkt, aber wir können es einfach nicht glauben. Wir warten die ganze Zeit darauf, daß Sie sich wieder zurückentwickeln. Irgendwie haben wir uns vorher besser gefühlt. Da konnten wir Ihnen an so vielem die Schuld geben.«

Es gibt immer eine alternative Verhaltensweise. Eine leitende Angestellte in einer Textilfabrik hatte zwei junge Mitarbeiter in ihrer Belegschaft, die ihr Probleme machten. Der eine war außerordentlich tüchtig, überschritt aber immer wieder die Grenzen seiner Autorität, was Schwierigkeiten für Phyllis und ihre Abteilung bedeutete. Als wir die Situation durchspielten, erkannte sie, daß sie sich nicht die Zeit nahm, sich bei ihren Anweisungen deutlich genug auszudrücken. Sie führte dann später ein Gespräch mit ihrem Assistenten, in dem sie diesen zu seiner Initiative beglückwünschte, aber gleichzeitig auch klar machte, daß er seine Begeisterung würde zügeln müssen. Phyllis beschloß, ihren Untergebenen bei entscheidenden Meetings mitzunehmen, und stellte bald fest, daß er nun, wo er genauer Bescheid wußte, eher sah, wo seine Autorität endete und ihre begann. Er wurde ein produktives Mitglied ihres Teams, und sie schaffte das, ohne dabei Ärger und Abscheu hervorzurufen.

Phyllis' anderer Problemfall ließ sich nicht so einfach lösen. Marcia gab Phyllis die Schuld daran, wenn sie einen Termin verpaßte, verabscheute ihre Arbeit, die nach ihrem früheren Job eine Degradierung bedeutete, und war überhaupt in jeder nur erdenklichen Art und Weise hinderlich. Phyllis legte Marcias Verantwortlichkeiten erneut fest, setzte ganz klare, deutliche Termine, bestand darauf, daß Marcia sie im voraus informierte, wenn sie befürchtete, Schwierigkeiten mit deren Einhaltung zu bekommen. Aber nach mehreren Monaten, in denen sie mit allen Mitteln versucht hatte, sie zu motivieren, mußte Phyllis schließlich eingestehen, daß Marcia dem Fortschritt in ihrer Abteilung wie ein Felsblock im Wege stand. Sie erzählte dem Personalchef: »Ich halte es einfach nicht für meine Aufgabe, jemandem zu erzählen, wie er sich benehmen muß.« Marcia wurde versetzt.

Zu der Alternative des liebevollen Dogmatismus gehört es manchmal auch, etwas oder jemanden aufzugeben. Es ist unmöglich, die ›Chemie‹ in einem Büro zu erklären. Aber es ist auf jeden Fall besser, wenn man das hat, was ich als ›passenden Metabolismus‹ bezeichnen möchte. Ein schnell-handelnder Boß braucht eine schnell-denkende Sekretärin; eine langsame Person kann ein ganzes Team verärgern und aufhalten. Sie müssen erkennen, wenn Sie mit jemandem, der für Sie arbeitet, so wenig zurecht kommen, daß es für ihn wie für Sie und die Firma eine Verbesserung bedeutet, wenn er ersetzt wird.

Untergeordnete Diplomatie

Die Alternative des liebevollen Dogmatismus funktioniert genauso gut, wenn Sie in der untergeordneten Position sind. Eine Fernsehproduzentin spielte mit mir eine Konfrontation mit ihrem Chef durch, der sie jedesmal völlig frustriert zurückließ, wie sie erklärte.

Ich spielte die Rolle ihres Chefs. Mit blitzenden Augen verkündete sie: »Es ist unbedingt erforderlich, daß wir bei der brasilianischen Show Tänzer einsetzen. Ich habe das immer und immer wieder mit Ihnen besprochen. Ohne die wird die Show langweilig. Ich brauche Ihre Zustimmung auf der Stelle.«

»Ich hämmere auf ihn ein«, rief sie aus, als sie das Videoband sah. »Warum sollte er ja sagen? Ich bin die reinste Xanthippe!«

Wir besprachen Alternativen. Sie könnte ihrer Sorge darüber Ausdruck verleihen, daß die Show langweilig wirken könnte, und könnte ihn um Rat fragen. Sie könnte vorschlagen, auf freundliche, geschäftsmäßige Art: »Könnten wir vielleicht die Ausgaben für Special Effects kürzen, damit noch Geld für die Tänzer bleibt?« Sie sollte sich freundlich und herzlich zeigen. Im Boxkampf im Büro stellt Talent den Punchingball dar, Takt die Beinarbeit.

Festhalten, was auf Sie zukommt

Die Besetzung in einem Büro besteht oft aus zu vielen Tyrannen und zu vielen Feiglingen. Die Feiglinge fürchten die Konfrontation; sie geben mit einem entschuldigenden Lächeln selbst dann nach, wenn sie im Recht sind. Diese Feiglinge haben keine Feinde, sie haben Magengeschwüre – und die anderen auch.

Die Schwachen verdienen die Welt nicht. Wenn Sie also nicht sehr selbstbewußt sind, warum ändern Sie dann nicht Ihr Auftreten, Ihre Belohnungen. Alison war Anlageberaterin in einer Firma in Philadelphia und so außerordentlich tüchtig, daß sie die tägliche Marktanalyse der Firma verfaßte. Aber ihr Gehalt war seit Jahren nicht mehr erhöht worden.

»Was geschieht, wenn Sie um Gehaltserhöhung bitten?« wollte ich wissen.

»Sie lehnen ab.«

Als Alison eine Szene spielte, in der sie um Gehaltserhöhung bat, stellte sich heraus, daß sie nur eine Andeutung machte. Sie plapperte über die hohe Inflationsrate, erzählte, wie gern sie eine Kreuzfahrt machen würde, schwärmte von dem neuen Wagen, den sich eine andere Angestellte gekauft hatte.

Wir versuchten es auf einem anderen Weg. Zuerst nannte Alison ihr Anliegen. Dann führte sie ihre Gründe dafür an und nannte ihre gegenwärtigen Möglichkeiten. Am Ende erklärte sie, was sie wollte. Das hörte sich ungefähr so an: »Ich bin hier, um mit Ihnen über mein Gehalt zu sprechen. Als ich vor sieben Jahren in die Firma eintrat, bekam ich zwanzigtausend Dollar im Jahr. Seither haben Sie mir immer mehr Verantwortung übertragen. Die tägliche Marktanalyse geht inzwischen an zwanzigtausend Abonnenten, und das bringt der Firma einiges an Geschäften ein; sie wird in den Zeitungen erwähnt, und das ist eine Hilfe für unser Geschäft und unseren Ruf. Ich werde gebeten, Seminare zu halten und Interviews zu geben, und das alles erledige ich in meiner freien Zeit. Ich bin in diesen sieben Jahren für diese Firma sehr viel wertvoller geworden, aber mein Gehalt ist in der ganzen Zeit um nur zehn Prozent gestiegen. Ich habe ein paar Nachforschungen angestellt, wie hoch mein Marktwert zur Zeit ist; drei Firmen in New York haben mir mehr als dreißigtausend Dollar geboten. Aber ich würde lieber bei Ihnen hier in dieser Stadt bleiben.«

Nachdem sie ausreichend geprobt hatte, erhielt Alison ihre Gehaltserhöhung – und noch etwas, nach dem sie sich gesehnt hatte – Respekt.

Frauen und der Klang von Selbstsicherheit

Frauen im Berufsleben klagen häufig darüber, daß es schwer für sie ist, Respekt zu gewinnen. Manchmal liegt es daran, daß es ihnen an Selbstbewußtsein, ja Selbstsicherheit fehlt, ihnen mangelt es an Präsenz, sie scheinen unsicher. In gewisser Weise zeigt sich das sogar an ihrer Art, sich auszudrücken. Der Linguist Robin Lakoff ist der Ansicht, daß die Sprachmuster von Frauen und Männern aufgrund ihrer unterschiedlichen Rollen in der Gesellschaft so verschieden sind, daß man sie als zwei Dialekte betrachten könnte. Seiner Meinung nach weist die Sprache der Frauen – eine Sprache, die typischerweise aber nicht ausschließlich von Frauen verwendet wird – folgende Eigenschaften auf:

1. Gebrauch von ›leeren‹ Adjektiven, wie z. B. ›göttlich‹, ›reizend‹, die keinerlei Macht oder Kraft beinhalten.

2. Häufiger Gebrauch von Besänftigungen, Abmilderungen wie z. B. ›eine Art von‹, ›nehme ich an‹.
3. Gebrauch einer fragenden Betonung am Ende eines Aussagesatzes, was ihrer Stimme eine Singsang-Melodie verleiht, sowie der häufigere Gebrauch von Fragen wie: ›Finden Sie nicht auch?‹
4. Übermäßiger Gebrauch von ›so‹ im Zusammenhang mit einem Adjektiv, wie in ›so viele Leute‹.
5. Gebrauch von überkorrekter Grammatik und übertrieben höflicher Sprache.

Diese Eigenschaften machen die Sprache der Frauen ausdrucksvoll und höflich, aber nicht direkt und informativ. Sie ist definitiv wenig selbstbewußt.

Die Psychologinnen Faye Crosby und Linda Nyquist von der Boston University machten ein Experiment, das auf Lakoffs Erkenntnissen fußte. Sie studierten Gespräche auf Polizeirevieren, zwischen den Beamten und ihren Klienten; die meisten Klienten waren gekommen, um Erkundigungen einzuholen. Crosby und Nyquist stellten fest, daß die Klienten, sowohl männlich wie weiblich, ›Frauensprache‹ benutzten, mehr als die männlichen oder weiblichen Polizeibeamten. Sie kamen zu der Schlußfolgerung, daß ›Frauensprache‹ von Menschen benutzt wird, denen es an Macht fehlt.

Frauen scheint eine Konfrontation größere Schwierigkeiten zu machen als Männern, aber auch für Männer ist eine Konfrontation nicht leicht, vor allem nicht im Büro. Überlegen Sie einmal, schreiben Sie es dann sogar auf, was Sie an Ihrem Job ändern möchten. Was haben Sie in dieser Hinsicht schon zu tun versucht? Welche Ergebnisse haben Sie erzielt? Versuchen Sie, ein Szenario zu entwickeln, was Sie beim nächsten Mal, wenn Sie einem Problem gegenüberstehen, tun und sagen wollen. Dann schätzen Sie, welche Reaktion Sie bekommen werden, und wenn nötig entwickeln Sie noch Alternativen. Spielen Sie die Sache mit einem Freund/einer Freundin durch. Zuerst spielen Sie selbst die Rolle desjenigen, der Sie einschüchtert, damit Ihr Freund/Ihre Freundin eine Vorstellung davon bekommt, wie er sie oder ihn darstellen muß. Zeichnen Sie Ihr Spiel auf und betrachten Sie sich objektiv. Hat dieser Mensch seinen Standpunkt vertreten?

Stylen Sie sich neu, um neue Kraft zu bekommen

Bei einem Dinner in Hollywood unterhielt Charlie Chaplin die Gäste einmal, indem er Leute imitierte, die sie kannten – Männer, Frauen, Kinder, seinen Chauffeur, seine Diener, seine Sekretärinnen. Schließlich sang er aus vollem Hals eine Arie aus einer italienischen Oper – sang sie hervorragend. »Himmel, Charlie, ich wußte ja gar nicht, daß du so gut singen kannst«, rief jemand. »Ich kann überhaupt nicht singen«, widersprach Chaplin. »Ich habe nur Caruso nachgeahmt.«

Wenn Sie ein selbstbewußteres Bild von sich abgeben wollen, dann spielen Sie ein kleines Spielchen mit sich selbst. Bauen Sie sich vor einem mannshohen Spiegel auf und tun Sie so, als wären Sie die Person, die Sie immer einschüchtert. Imitieren Sie den Klang der Stimme, das Verhalten, den Ausdruck der Augen und des Gesichts.

Sehen Sie, wie stark und zuversichtlich Sie sich fühlen, wenn Sie diese Person spielen. Sie können diesen Trick immer anwenden – wenn Sie vor eine Versammlung treten, spielen Sie einfach, Sie wären Margaret Thatcher oder der Vorstandsvorsitzende. Übernehmen Sie ihre Charakteristiken und übertragen Sie sie auf eine andere Person – auf sich selbst.

Nehmen Sie sie an, um sich mächtiger zu fühlen. Wenig selbstbewußten Personen entgehen häufig Gelegenheiten, bei denen sie sich von ihrer besten Seite zeigen können. Bob erlitt einen Rückschlag, als er in eine neue Abteilung versetzt wurde, in der sein neuer Vorgesetzter, ein Erzrivale seines alten Chefs, ihn ausschaltete. Bob wurde eingeschüchtert. Wir beschlossen, daß er sich darauf vorbereiten sollte, bei jedem Meeting einen erstklassigen Beitrag zu leisten. Bei jeder Sitzung brachte er einen Punkt auf den Tisch, der es wert war, bedacht zu werden, und bald hatte er sich jedermanns Respekt verdient, einschließlich seines eigenen.

Zeigen Sie sich stark, indem Sie sich die Zeit nehmen, neue Ideen zu entwickeln oder Möglichkeiten zur Problemlösung zu entwerfen, oder einfach, indem Sie mehr tun, als von Ihnen erwartet wird. Ihr Ziel sollte es sein, jedes Mal, wenn Sie gehen, ein Stückchen von sich selbst zurückzulassen.

Boß: Ich möchte, daß Sie Material zusammentragen, damit wir die Planung der Kampagne für die nächste Saison in Angriff nehmen können.
Sie: Ich habe über die Marktanalyse nachgedacht, die in der vergangenen Woche herausgekommen ist. Es gibt einen leichten Trend in Richtung nicht-sprudelnder Getränke, den ich für wichtig halte. Die Menschen ändern sich. Ich habe das Gefühl, Getränke wie Eistee haben eine große Zukunft vor sich. Ihm fehlen die Zusätze, die einige andere Getränke haben. Das ist ein attraktives Plus und...

Ihre Einstellung sich selbst und anderen gegenüber zeigt eine bemerkenswerte Wirkung in entscheidenden Situationen. Ich mußte einmal einen Vortrag vor Clubmitgliedern halten, die unter Vortragenden als ›die entsetzlichen Folterer‹ bekannt waren, ein Alptraum aus hölzernen Gesichtern, zappelnden, nicht reagierenden Leuten. Ich musterte sie, während ich im Seitenflügel wartete. »Zeig's mir«, stand auf ihren Gesichtern geschrieben. »Ihr werdet tausendmal besser aussehen, wenn ich mit euch fertig bin«, beschloß ich innerlich.

Ich sprang ans Lesepult und rüttelte sie mit Energie und Enthusiasmus wach. Innerhalb von zehn Minuten wirkten sie lebendig und glücklich und um Jahre jünger. Die Vitalität, die ich ausstrahlte, erzeugte Vitalität in ihnen, und am Ende belohnte mich herzlicher Applaus.

In fast jedem Augenblick haben Sie mehr Alternativen, als Ihnen bewußt sind; kontrollieren Sie Ihre Haltung sich selbst und Ihrer Arbeit gegenüber, und das beeinflußt die Haltung der anderen Ihnen gegenüber. Phillip war ein gitarrespielendes Collegekind, noch Jahre, nachdem er das College abgeschlossen hatte, bis er schließlich kein Geld mehr hatte und in die Kleiderfabrik seines Vaters eintrat. Er verachtete seinen Job, und das erkannten die Einkäufer der großen Kaufhäuser. Seine Mutter, eine frühere Klientin von mir, fragte, ob ich ihnen helfen könnte – ihr Mann war kurz davor, ihren Sohn hinauszuwerfen.

Ich bat Phillip, so zu tun, als wäre ich eine Kundin, und mir ein paar Kleider zu verkaufen. Er war gleichgültig und wenig enthusiastisch, während er mir jedes vorgestellte Kleid in die Hand drückte. Er mußte nicht sagen, daß er es haßte, Kleider zu verkaufen; das war deutlich zu sehen. »Versuchen Sie es einmal so zu sehen«, schlug ich ihm vor. »Jedesmal, wenn Sie den Arm mit einem Kleid in der Hand ausstrecken, dann denken Sie nicht daran, daß Sie das Kleid verkaufen sollen. Denken Sie daran, daß Sie Ihre Zukunft sichern.« Das vertrieb die Abneigung aus seiner Haltung. Allmählich machte ihm Freude, was er tat, und schließlich wurde er der Kopf der Firma.

Sie können Ihre Einstellung genauso auswählen, wie Sie am Morgen Ihre Krawatte oder Ihr Kleid aussuchen. Konzentrieren Sie sich auf die positiven Aspekte Ihres Jobs – die Erfahrung, die Sie früher oder später einsetzen können, auf die eine oder andere Art; es ist ein Sprungbrett zu einem besseren Job; und im schlechtesten Fall ermöglicht er Ihnen Essen und Wohnen.

Bewerten Sie sich selbst

Welche Stellung im Geschäftsleben Sie auch innehaben, Sie werden ständig eingeschätzt. Sie sind sich der Eigenschaften, aufgrund derer Sie beurteilt werden, vielleicht nicht einmal bewußt. Die folgende Liste eines großen Unternehmens führt die Bewertungskategorien auf. Ziehen Sie sie heran, um sich selbst zu bewerten und um festzustellen, wo Sie sich noch verbessern müssen:

	außergewöhnlich stark	gut	Entwicklung nötig	unzufriedenstellend
1. Beaufsichtigt die Abteilung gut im alltäglichen Bereich:				
a) Organisiert die Arbeitsmenge; setzt Prioritäten und hält Fristen ein.	______	______	______	______
b) Reagiert mit einem Sinn für Dringlichkeit; zieht eine Sache gut durch.	______	______	______	______
c) Keine anhaltenden strategischen Probleme.	______	______	______	______
2. Fördert Leute:				
a) Sorgt dafür, daß jeder einen Entwicklungsplan hat.	______	______	______	______
b) Erlaubt es den Leuten, unabhängig zu arbeiten.	______	______	______	______
3. Verhältnis zu Klienten:				
a) Versteht das Geschäft, die Situation am Markt und die damit verbundenen Probleme.	______	______	______	______
b) Gibt einen partnerschaftlichen Ton an.	______	______	______	______
c) Lenkt die Aufmerksamkeit auf wesentliche Punkte.	______	______	______	______
d) Hört gut zu.	______	______	______	______
e) Schmiedet wirksame persönliche Beziehungen.	______	______	______	______

	außergewöhnlich stark	gut	Entwicklung nötig	unzufriedenstellend
4. Führungsqualitäten:				
a) Greift auf Forschungsquellen zurück, um gesunde Strategien zu entwickeln.	______	______	______	______
b) Macht den Leuten Themen und Streitpunkte deutlich klar.	______	______	______	______
c) Verfügt über Präsenz.	______	______	______	______
d) Setzt Forschungsergebnisse ein, besitzt Urteilsvermögen.	______	______	______	______
5. Geschäftswachstum:				
a) Initiiert und entwickelt geschäftsfördernde Strategien.	______	______	______	______
b) Leistet einen Beitrag zu den Plänen der Klienten. Hilft dabei, programmliche Prioritäten zu setzen.	______	______	______	______

Was immer Sie von Bewertungsformularen halten mögen – selbst die Experten sind nicht einer Meinung, was ihren Wert für eine Firma angeht – sie werden in immer größerem Maße eingesetzt.

Machen Sie das Beste aus Meetings

Einer kürzlich veröffentlichten Studie über Managerarbeit von Professor Henry Mintzberg von der McGill Universität zufolge, verbringen leitende Angestellte durchschnittlich 69 Prozent ihres Arbeitslebens in Meetings der einen oder anderen Art. In einem anderen Bericht, der 1979 von Alec MacKenzie herausgegeben wurde, erklären leitende Angestellte Meetings zum viertgrößten Zeitverschwender – die drei ersten waren Zeit am Telefon, unangemeldete Besucher und nicht erfolgreich delegierte Aufgaben. Ross Barzelay, Präsident von General Foods und einer meiner liebsten Klienten, sagt, daß er weiß, daß er den falschen Mann eingestellt hat, wenn er gebeten wird, an zu vielen Meetings auf einer niedrigeren Stufe teilzunehmen.

Herbert Meyer erklärt in *Fortune*, daß leitende Angestellte im allgemeinen darin übereinstimmen, daß das »eigentliche Problem der Meetings nicht so sehr die Zeit ist, die sie erfordern, sondern die Zeit, die sie verschwenden. Genauer gesagt, die leitenden Angestellten stimmen darüber überein, daß die Unfähigkeit der anderen Teilnehmer, effektiv und präzise vor einem Publikum ihre Ansicht zu äußern, so viele Meetings kaputt macht.« Mr. Meyer kommt zu dem Schluß, daß man, um ein erfolgreiches Meeting zu führen, in der Lage sein muß, die richtigen Teilnehmer auszuwählen, sie auf die schnelle durch das anstehende Problem zu führen und sie dann wieder an ihre Arbeit zurückzuschicken. In Frankreich nennt man den Leiter eines Meetings *Animateur;* seine Aufgabe besteht darin, einem Meeting oder einer Konferenz Leben zu verleihen.

Wie man bei Meetings Zeit sparen kann

Eine klare Strategie für entscheidende Meetings kann Ihnen und Ihrer Firma Zeit und Geld sparen. Jim Kerley, der Vizepräsident von Monsanto, verlangt von jedem Belegschaftsmitglied, zu einem Meeting ein Memorandum mitzubringen, das nicht mehr als zwei Seiten umfassen darf. Auf diesem sind festgehalten: 1) das Thema, das er zur Sprache bringen will; 2) die Frage, um die es dabei geht; 3) Informationen zu dieser Frage; 4) ein persönlicher Vorschlag (dieser darf nicht mehr als sechs Zentimeter auf der beschriebenen Seite einnehmen); 5) eine Schlußfolgerung.

Fangen Sie schon vor dem Meeting an, indem Sie jedem Teilnehmer eine Tagesordnung schicken, aus der das Thema oder der Gegenstand des Meetings ersichtlich ist und in dem (knapp) der derzeitige Status des Problems geschildert wird. Geben Sie an, wie lang das Meeting dauern wird, wer anwesend sein wird und wie lange die einzelnen Personen reden werden.

Versuchen Sie, die Anzahl der Teilnehmer an einem entscheidenden Meeting auf nicht mehr als fünfzehn zu begrenzen. (Verdoppeln Sie das – und holen Sie den Abteilungsleiter und seinen Stellvertreter hinzu – und Sie haben ein häufiges Hindernis für wirksame Entscheidungen.)

Der Abgesandte sollte über genügend Autorität verfügen, um für seine Abteilung Entscheidungen zu treffen; entscheidende Meetings können nicht erfolgreich sein, wenn ihre Mitglieder nicht die Macht haben, Entscheidungen zu fällen.

Wenn Sie eine größere Gruppe haben müssen – über fünfundzwanzig – dann unterteilen Sie sie in Gruppen von etwa sechs Personen. Jede Gruppe sollte das Problem separat angehen und zu einer Entscheidung kommen.

Anschließend schickt jede Gruppe einen Vertreter zu einem abschließenden Meeting, an dem die anderen nur als Zuhörer teilnehmen.

Die Sitzordnung bei Ihrem Meeting

Ein ovaler oder runder Tisch macht es möglich, daß jeder jeden sehen kann, und der Vorsitzende kann merken, wer nervös oder verwirrt, wer zornig oder froh ist, wer zum Essen geht. Wenn Sie den üblichen, rechteckigen Konferenztisch haben, ist der beste Platz der an einer Ecke, denn von dort aus können Sie alle Gesichter sehen.

Je mehr Augen Sie sehen können, desto mehr Botschaften können Sie mit Blicken aussenden, und um so besser können Sie das Meeting unter Kontrolle behalten.

Gleich zu Anfang erklären Sie den Teilnehmern, wie lange das Meeting Ihrer Meinung nach dauern sollte. Fangen Sie pünktlich an – gegen diese Regel wird wohl von allen Regeln für ein erfolgreiches Meeting am häufigsten verstoßen. Warten Sie nicht auf Spätankömmlinge; denken Sie an die Leute, die pünktlich gekommen sind.

Der Schwung eines Meetings

Ein Meeting sollte Schwung haben. Wenn es gut geplant ist, können Sie in kurzer Zeit eine Menge erledigen. Überlange Meetings sind für gewöhnlich die Folge mangelnder Disziplin seitens des Vorsitzenden. Wenn Sie den Vorsitz haben, sollten Sie auch aussehen wie ein Führer. Die Stühle in Konferenzsälen sind häufig Feinde von Autorität und Aufmerksamkeit. Wenn Sie sich halb waagerecht zurücklehnen, sehen Sie zu lässig aus. Eine aufrechte Haltung läßt Sie aufmerksamer erscheinen und verleiht Ihnen mehr Präsenz. Das wirkt sich günstig auf eine energiereiche Kommunikation aus. Das Klimpern und Spielen mit Kulis und Klammern, das Reinigen von Fingernägeln lenkt die anderen ab. Selbst wenn der Sprecher Sie nicht ansieht, seien Sie höflich und schenken Sie ihm Ihre volle Aufmerksamkeit. Wenn Sie reden, sehen Sie allen Anwesenden nacheinander in die Augen, lassen Sie niemanden aus. Selbst wenn es sich um ein ernstes Thema handelt, können Sie lebhaft wirken.

Beurteilen Sie mit Hilfe der Blicke und Körperhaltung der anderen, wie Sie ankommen. Gelangweilte Leute wirken apathisch. Verlangsamt sich das Tempo des Meetings, geschieht dasselbe mit dem Denkvermögen der Leute. Sie sind der *Animateur,* der Ringrichter; leiten Sie das Meeting mit Energie und Schwung.

Während die anderen sprechen, notieren Sie sich die Punkte, die sie erwähnen, auf die Sie später zurückkommen wollen. Ich werde oft gefragt, wie man einen langatmigen Redner ausbooten kann. Beobachten Sie seinen Atemrhythmus beim Reden. Sie müssen sein Timing spüren. Sie müssen vorausahnen, wann er Luft holen muß, und dann werfen Sie eine Bemerkung ein.

Zuhören

Unterbrechen Sie andere jedoch nicht zu schnell. Da könnte noch etwas Wichtiges zu hören sein. Der Respekt allen anderen Meinungen gegenüber fördert ein produktives und konstruktives Meeting. Vorstellungen, die als Zukunftsmusik abgelehnt worden sind, wurden schon häufig in die Praxis umgesetzt. Bewerten Sie. Fragen Sie sich selbst: Warum hat der Mensch, der diesen Vorschlag gemacht hat, ihn für wert gehalten, genannt zu werden? Hat seine Idee irgend etwas an sich, das Sie anerkennen können, selbst wenn Sie den Vorschlag möglicherweise ablehnen?

Nehmen wir einmal an, Sie würden sagen: »Tom, Sie möchten damit wohl andeuten, daß diese beiden Prozesse erfolgreicher ausfallen würden, wenn sie zu einer einzigen Operation zusammengefaßt würden. Ich habe nie daran gedacht, dieses Problem so anzugehen. Das könnte zu einigen ausgesprochen interessanten Möglichkeiten führen.« Hierauf können Sie aufbauen. Wenn Sie es so ausdrücken, erweckt das nicht den Eindruck, Sie wären gegen den Vorschlag, sondern es zeigt, daß Sie empfänglich sind und versetzt jeden beim Meeting Anwesenden in die richtige Stimmung, um das Beste aus diesem Vorschlag zu machen.

Was tun Sie, wenn die ganze Gruppe bewußt und konstruktiv an einer Idee gearbeitet hat, diese aber immer noch nicht stark genug ist, um übernommen zu werden? Versuchen Sie es einmal mit einer anderen Version von Kissingers »Ist das das Beste, was Sie tun können?« Das Beste, um weiterhin harmonisch arbeiten zu können ist, den Vorschlag für den Augenblick beiseite zu legen, ihn aber nicht endgültig abzulehnen. Geben Sie zu bedenken, daß die Idee Ansätze hat, die bei der Lösung eines späteren Problems nützlich sein können. So wahren Sie das Gesicht desjenigen, der den Vorschlag gemacht hat. Außerdem ersparen Sie vielleicht den anderen, die ihr Bestes gegeben haben, das Gefühl, im Stich gelassen worden zu sein. Und möglicherweise ist die Idee zu einem späteren Zeitpunkt wirklich hilfreich.

Ermutigen Sie gewinnbringende Diskussionen und hören Sie sich Punkte, in denen man nicht einer Meinung ist, bis zum Ende an. Wie ein alter Professor so schön zu einem neuen Assistenten sagte: »Ich kann Ihnen keinen theoretischen Rat zur Pädagogik geben, aber eines kann ich Ihnen aus Erfahrung sagen: es wird häufig vorkommen, daß irgendein Junge in der Klasse anderer Meinung ist als Sie. Wahrscheinlich wird er heftig den Kopf schütteln. Sie werden versucht sein, sich auf der Stelle auf ihn zu stürzen. Tun Sie's nicht. Wahrscheinlich ist er der einzige, der Ihnen zugehört hat.«

Arbeitsstreß

Klienten, die aus eigenem Antrieb in mein Büro kommen, kommen häufig direkt aus einer Streßsituation heraus. Das zeigt sich an der Art, wie sie reden, wie sie sich benehmen, wie sie ihre Ziele beschreiben. Streß ist nicht einfach nur ein anderes Wort für Nervosität. Nervosität ist akut und für gewöhnlich auf eine bestimmte Situation beschränkt – eine Vorstellung, die man machen soll, das Erscheinen im Fernsehen, die Handhabung eines kniffligen, persönlichen Problems. Streß hingegen ist im allgemeinen ein chronischer Zustand. Wir leben alle mit einer gewissen Menge an Streß. Wie positive Nervosität kann auch eine vernünftige Menge Streß produktiv sein. Manchmal jedoch steigt das Streßlevel so sehr an, daß es unangenehm wird. Der unten aufgeführte, von dem Psychologen Frances Merritt Stern, dem Direktor des *Institute for Behavioral Awareness* in Springfield, New Jersey, entwickelte Test soll Ihnen helfen, das Streßniveau herauszufinden, dem Sie bei der Arbeit ausgesetzt sind.

Zur Benotung schreiben Sie 1 (für das geringste), 2 oder 3 (für das höchste) hinter jede der folgenden Aussagen. Um zu entscheiden, welche Ziffer Sie wählen sollen, bedenken Sie, wie intensiv Ihr Unbehagen ist und wie häufig eine derartige Situation auftritt. Ein häufig auftretender, intensiver Streßfaktor würde demnach mit einer 3 bewertet werden, ein selten auftretender Faktor, der nicht so intensiv empfunden wird, mit einer 1.

1. Ich leide unter Schlaflosigkeit aufgrund von Problemen, die mit der Arbeit zusammenhängen. ________
2. Ich glaube, ich bin mehr wert, als aus meinem Gehalt ersichtlich ist. ________
3. Ich habe Angst davor, von einem Vorgesetzten beurteilt zu werden. ________
4. Ich mache mir Sorgen darüber, wie ich mit Terminen umgehen soll, die ich nicht einhalten kann. ________
5. Ich fürchte, die Erwartungen, die die anderen in meinem jetzigen Job an mich stellen, sind nicht klar umrissen. ________

6. Es fällt mir schwer, die Arbeit eines anderen zu kritisieren. ________
7. Ich habe nicht genug Selbstbewußtsein, was meine Arbeit angeht. ________
8. Es ist frustrierend, nicht an den Entscheidungen teilzuhaben, die den Umfang meines Jobs ändern. ________
9. Mein Rücken und/oder mein Nacken versteifen sich, während ich arbeite. ________
10. Ich fühle mich unwohl, weil ich eng mit Leuten zusammen arbeiten muß, mit denen ich nicht gut auskomme. ________
11. Ich habe Schwierigkeiten dabei, mit den mir aufgetragenen überwachenden Funktionen umzugehen. ________
12. Ich fühle mich bei der Arbeit stark unter Druck gesetzt. ________
13. Bei der Arbeit zieht sich mein Magen zusammen. ________
14. Ich denke darüber nach, mir eine andere Stellung zu suchen. ________
15. Mein Körper verspannt sich, während ich arbeite. ________
16. Ich glaube, die Zeit reicht nicht aus, um alles zu erledigen. ________
17. Ich habe das Gefühl, meine Arbeit verursacht mir Kopfschmerzen. ________
18. Es ist enervierend, mit den unrealistischen Anforderungen umzugehen, die mein Vorgesetzter an mich stellt. ________
19. Ich tue nicht gern Dinge, von denen ich weiß, daß sie falsch sind. ________
20. Ich glaube nicht, daß meine Vorgesetzten meine Arbeit anerkennen. ________

Zählen Sie jetzt Ihre Punkte zusammen. Eine Zahl zwischen 31 und 49 kann als durchschnittlich betrachtet werden. Nähern Sie sich der oberen Grenze dieses Bereichs, sind Sie möglicherweise schon zu verspannt, um noch konstruktiv damit umgehen zu können. Die oberste Grenze, 50 bis 60 Punkte, muß als hohes Streßniveau bezeichnet werden; unterhalb 30 haben wir es mit einem niedrigen Spannungslevel zu tun.

Streß kann aber auch aus Bereichen herrühren, die nicht mit Ihrer Arbeit zu tun haben. Selbst glückliche Ereignisse können Streß erzeugen. Hochzeiten sind fast ebenso stressig wie Scheidungen. Jeder von uns kann eine unterschiedliche Menge an Streß verkraften, aber wir alle wissen, wann das Streßniveau eine Höhe erreicht hat, die nicht mehr angenehm ist. Gelegentlich können wir unser Leben ändern und so den Streß an der Quelle mindern. Aber häufiger müssen wir lernen, damit umzugehen.

Streßbrecher

Um dem Streß nicht hilflos ausgeliefert zu sein, muß man in der Lage sein, sich zu entspannen. Versuchen Sie die folgenden Übungen als Streßbrecher. Ich habe sie bei Klienten eingesetzt, die zum Zerreißen angespannt waren. Diese Übungen beruhigen Sie, so daß Sie mit neuer Energie wieder anfangen können.

1. Lassen Sie das Kinn herabfallen und die Zunge schlaff über die unteren Zähne hängen. Nun atmen Sie laut durch den Mund: »Ein, 2, 3, 4; Aus, 2, 3, 4; Ein, 2, 3, 4; Aus, 2, 3, 4«, als würden Sie die Wirkung eines Narkosemittels spüren. Ihr Atem sollte sich so anhören, als würden Sie in der nächsten Sekunde anfangen zu schnarchen. Achten Sie darauf, zwischen dem Aus- und Einatmen keine Pause entstehen zu lassen. Es sollte ein konstanter Fluß entstehen. Hören Sie erst auf, wenn sich ein Gähnen anschleicht. Gähnen Sie und fangen Sie dann erneut an.
2. Lassen Sie den Kopf nach vorne baumeln und so hängen, während Sie mit geschlossenen Augen langsam bis sechs zählen. Dann zählen Sie noch einmal langsam bis sechs und haben dabei den Kopf aus seiner hängenden Position, bis Ihre sich allmählich öffnenden Augen die Zimmerdecke sehen können. Sie müßten spüren, wie die Spannung dahinschmilzt. Wiederholen Sie das mehrere Male.
3. Mit wieder baumelndem Kopf lassen Sie jetzt das Kinn herabhängen, als wollte es in jedem Augenblick aus Ihrem Gesicht fallen. Rollen Sie den Kopf langsam zu einer Seite, dann nach hinten und hoch, dann zur anderen Seite, dann wieder nach vorn. (Weitere Streßbrecher finden Sie im Anhang unter den Anti-Nasal-Übungen.)

Kapitel 8

Soziale Sicherheit

Die Kunst der Konversation
Von Schüchternheit zu Selbstbewußtsein

Eine Menge Geschäftliches wird bei Parties und Dinnergesellschaften erledigt, bei Zusammenkünften also, die auf den ersten Blick rein gesellschaftlicher Natur zu sein scheinen. Wenn Sie wissen, wie man das Potential dieser Situationen nützt, dann ist das ein großes zusätzliches Plus für das Können, das Sie im Büro an den Tag legen. Viele Leute fühlen sich bei diesen Treffen nicht wohl.

Sie müssen nicht unbedingt ein Niemand sein, wenn Sie fürchten, bei gesellschaftlichen Anlässen nichts zu sagen zu haben. »Ich finde es furchtbar, in einem Saal zu sein, in dem es von Fremden wimmelt, und am schrecklichsten ist es, wenn viele dieser Fremden sich untereinander kennen«, sagt die frühere First Lady von New York City, Mary Lindsay. »Man muß sich Mühe geben, oder es funktioniert nicht.« Mrs. Lindsay erzählt weiter, daß sie im Laufe der Jahre als Gattin eines Politikers gelernt hat, die Hand auszustrecken und sich selbst vorzustellen. »Ich lächle, und wenn ich keine Reaktion erziele, dann gehe ich zum nächsten weiter«, sagt sie. »Wenn ich weiterhin keine Antwort bekomme, dann gehe ich bald heim.«

Tish Baldrige, Jacqueline Kennedys Sekretärin im Weißen Haus, die sich auch unter Reagan in Washingtons gesellschaftlicher Szene hervorgetan hat, hat ebenfalls schreckliche Augenblicke durchgemacht. »Ich mußte mir alle Namen in Washington einprägen, einschließlich derjenigen aller Botschafter«, erzählt Miß Baldrige. »Ich stolperte ständig über Namen, wenn ich Leute vorstellte, aber ich habe es schließlich gelernt, damit zu leben, weil ich mir etwas gemerkt habe, was Bernard Baruch einmal sagte: ›Diejenigen, denen das etwas ausmacht, sind unwichtig, und denjenigen, die wichtig sind, macht es nichts aus.‹«

Es macht den meisten Leuten Probleme, andere vorzustellen, so wie es auch schwierig ist, ein Gespräch in Gang zu bringen. Es ist eine große Hilfe, wenn Sie einen Hinweis geben wie: »Sue, das ist Jerry. Ich glaube, zusammengenommen verbringt Ihr beiden vierundzwanzig Stunden am Tag auf dem Tennisplatz.« Dieser Rat hat zwar schon einen ewig langen Bart, aber so funktioniert es besser, als wenn die beiden nur ihre Namen kennen. Die Frau eines Botschafters stellt sich immer eine Liste zusammen, mit einem kurzen Satz hinter jedem Namen: »läuft Ski in Aspen«, »züchtet Orchideen«, »gehört dem Opernkomitee an«. Das ist besonders nützlich, wenn es sich um schüchterne Menschen handelt, die sich miteinander unterhalten sollen. Wenn Sie noch ein paar Minuten länger bleiben und das Gespräch zwischen zwei Menschen ankurbeln, die Sie gerade miteinander bekannt gemacht haben – indem Sie so lange bleiben, bis Sie sicher sind, daß sie ihr Gespräch alleine fortsetzen können –, läuft das alles noch glatter.

Was, wenn Sie zwei Leute einander vorstellen sollen und – Schrecken aller Alpträume – vergessen einen der Namen? Lachen Sie über sich selbst, machen Sie eine witzige Anspielung auf Ihren Lapsus, und alle werden sich entspannen. »Da ich heute meinen eigenen Namen schon nicht mehr weiß, wie soll ich mich da an Ihren erinnern?« Die Person, an deren Namen Sie sich verzweifelt zu erinnern versuchen, wird Ihnen wahrscheinlich zu Hilfe kommen.

Mrs. Lindsay und Miß Baldrige haben ihre eigenen Lösungen gefunden, um sich bei gesellschaftlichen Anlässen wohl zu fühlen. Für die meisten Menschen reicht es aus, wenn sie ein paar einfache Tips bezüglich der Unterhaltung befolgen. Im zweiten Kapitel habe ich, als ich die fünf Möglichkeiten, sich mitzuteilen, aufführte, etwas sehr Wichtiges weggelassen. Wie Sie sagen, was Sie sagen, ist sehr wichtig, aber genauso wichtig ist auch, was Sie sagen. Ihre Wahl, wie Sie Ihre Gedanken ausdrücken wollen, spiegelt Ihr Denken wider, und nichts trägt mehr zur Präsenz bei als die Fähigkeit, auf angemessene Art über Dinge und Ereignisse zu reden, die es wert sind, daß man über sie redet.

Die Kunst der Konversation

Ein gutes Gespräch kann anregend sein, kann Ihnen helfen, weiterzukommen, kann Ihre Probleme lösen, Ihr Wissen vergrößern.

Ein gutes Gespräch kann Ihnen sogar dabei helfen abzunehmen. Bei einem Dinner saß ich einmal neben einem prominenten Anwalt, von dem ich wußte, daß er nicht lange zuvor einen Herzanfall gehabt hatte. Das Dinner war ein Buffet, und der Anwalt hatte sich eine große Portion aufgetan. Ich dachte im stillen: »Er sollte das nicht alles essen. Vielleicht ißt er nicht soviel, wenn ich ihn dazu bringe, über etwas zu reden, was ihn interessiert.«

Also fragte ich ihn nach den Verdiensten von zwei politischen Rivalen, und er engagierte sich so in dem Gespräch, daß wir anderen fast mit dem Essen fertig waren, als er seine Gabel nahm. Ihm blieb nur noch Zeit zum Kosten.

Es gibt ein paar einfache Geheimnisse, was die Kunst der Konversation angeht. Mit ihrer Hilfe wird es Ihnen mehr Spaß machen, mit anderen zusammen zu sein, weil sie lieber mit Ihnen zusammen sind.

Konversationsstil

Bill Moyers und David Frost werden dafür bezahlt, Konversation zu betreiben, und sie sind ausgezeichnete Beispiele für Leute, die es lernen wollen. Moyers und Frost gehen in die Tiefe, ohne neugierig zu erscheinen, sie fragen nach, ohne zu beleidigen, sie zeigen Interesse, Anteilnahme, Mitgefühl und Verständnis, während sie versuchen, Einblick in ihr Thema zu bekommen und Informationen darüber zu erlangen.

Aber Sie müssen kein berufsmäßiger Interviewer sein, um eine gute Konversation zu führen. Wir alle kennen Menschen, deren Gegenwart einen Raum erhellt, die im Umgang mit anderen Leuten einen grünen Daumen haben. Am Konferenztisch rufen sie eine wahre Ideenflut hervor; bei einer Dinnerparty stimulieren sie die anderen und lassen *Sie* mit mehr als dem üblichen Glanz funkeln. Ein guter Gesprächspartner versucht auf tausend unauffällige Arten, Sie kennenzulernen – was Sie mögen, was Sie hassen, was aus Ihnen den Menschen macht, der Sie sind.

Von Truman Capote heißt es, daß er pro Woche fünfunddreißig Einladungen ablehnen mußte. »Truman kommt mit jedem aus«, sagt einer seiner Freunde, »weil er jeden faszinierend findet, von Mitgliedern der oberen Zehntausend bis zu den Bullen. Wenn er mit Ihnen redet, dann ist das eine sehr persönliche Erfahrung. Man kann spüren, wie er alles in sich aufnimmt.« Mr. Capotes Erklärung ist einfacher. »Ich weigere mich einfach, mich zu langweilen«, sagt er nur.

»Man kann die Menschen oft danach einschätzen, was sie für Fragen stellen«, sagt André Malraux. »Zu einem guten Gespräch gehört auch, daß Sie Ihrem Zuhörer etwas zur Eröffnung anbieten; häufig ist das eine Frage, die eine ausführliche Antwort erfordert. Wenn Sie fragen »Wie war Ihre Reise?« bekommen Sie vielleicht ein ›Schön‹ zur Antwort. Fragen Sie hingegen »Was fanden Sie am schönsten in Ihren zwei Wochen in Südafrika?«, haben Sie den anderen schon in ein Gespräch verwickelt. »Warum würden Sie John gern als Vorsitzenden sehen?« ruft beträchtlich mehr Informationen hervor als »Glauben Sie, daß John Vorsitzender wird?«

Locken Sie andere mit Fragen wie den folgenden aus der Reserve:

Warum würde ein...
Was, glauben Sie, wird...,
Was sollte Ihrer Meinung nach...
Was hat Sie dazu bewogen...
Könnten Sie mir ein Beispiel geben?

Gedankenfutter

Sie sollten interessante Dinge zu sagen haben. Das können Sie, wenn Sie Ihren Gedankenvorrat ebenso regelmäßig auffüllen wie Ihren Kühlschrank. Wenn Sie nichts zu sagen haben, dann liegt das vielleicht daran, daß Sie in letzter Zeit keinen Blick auf die Welt geworfen haben. Wenn Sie keine Zeit haben, eine Tageszeitung gründlich zu lesen, dann beschränken Sie sich auf die

Schlagzeilen – die liefern immer genügend Gesprächsstoff. Lesen Sie wenigstens eines der wöchentlich erscheinenden Nachrichtenmagazine – auf diese Weise können Sie zu fast jedem Thema, das angeschnitten wird, etwas sagen. Lesen Sie eine Zeitschrift zu einem Thema, das Sie besonders interessiert und andere interessieren könnte, um Ihr Wissen auf diesem Gebiet zu vertiefen. Und versuchen Sie, zumindest eine weitere Zeitschrift durchzublättern, die Kunst, Theater, Unterhaltung abdeckt.

Wenn Sie sich auf einen Anlaß vorbereiten, bei dem nicht nur über Geschäftliches gesprochen werden wird, dann stellen Sie sich auch innerlich darauf ein. Lassen Sie ein Fernseh- oder Radioprogramm laufen, während Sie sich umziehen, und sammeln Sie Satzfetzen, die günstig für mögliche Unterhaltungen sind – über ein Ereignis, eine Krise, öffentliche Angelegenheiten.

Überarbeiten Sie Ihre Konversation

Zu wissen, worüber man nicht sprechen sollte, ist genauso wichtig wie zu wissen, worüber man sprechen sollte. Lassen Sie Kinder, Krankheiten, persönliche Erfahrungen, Sportereignisse und Rezepte außer acht. Ich kann mich an ein Weihnachtsfest im Haus einer Freundin erinnern, bei dem es uns nicht gelang, nach dem Essen zwei Leute davon abzubringen, die Kochkunst zum Thema einer einstündigen Diskussion zu machen. Der Nonstop-Redner, der Wiederholer, der Stammler, der ins Detail Verschossene, alle sie sind Unterhaltungskiller. Dasselbe gilt für den egoistisch Monologisierenden. Langweiler, sagt A. A. Milne, können in zwei Klassen unterteilt werden: Diejenigen, die ihr eigenes, besonderes Thema haben, und diejenigen, die kein Thema brauchen.

Manche Leute sind so unterhaltsam, daß alle *wünschen*, daß sie weiterreden. Aber selbst der talentierteste Erzähler sollte die Augen offenhalten nach Anzeichen von Langeweile, Frust und Zorn. Wenn Ihre Zuhörer wirklich interessiert sind, signalisieren sie ›weiter‹. Aber bleiben Sie nicht zu lange auf der Bühne. Wie George Jessel sagte, wenn Sie nicht in den ersten drei Minuten auf Öl stoßen, hören Sie auf, die anderen zu langweilen.

Konversationskiller

Frauen neigen vielleicht dazu, zu viel zu reden, aber Männer sind häufiger schuld daran, wenn ein Gespräch abstirbt, berichtet die Soziologin Pamela Fishman. Sie hat auch herausgefunden, daß Frauen sich mehr Mühe geben, ein Gespräch in Gang zu halten – obwohl sie weniger Kontrolle darüber haben, worum es sich dreht. Von 150 Stunden männlich-weiblicher Unterhaltungen, die sie aufgezeichnet und analysiert hat, berichtet Frau Fishman, wurden die von den Männern angeschnittenen Themen in 96 Prozent der Zeit weiter entwickelt. Frauen brachten 62 Prozent der Themen aufs Tapet, es gelang ihnen jedoch nur in 36 Prozent der Zeit, daß auch darüber gesprochen wurde.

Frau Fishman zufolge verwendeten die Frauen eine Anzahl positiver Strategien. Frauen stellen fast dreimal so häufig Fragen wie Männer. Eine Art, auf die Männer das Gespräch abtöteten, war, minimale Antworten zu geben wie ›hmm‹, ein Brummen, ›gut‹. Knappe einsilbige Reaktionen töten jedes Gespräch.

Die Soziologen Candace West und Donald Zimmerman von der *University of California* in Santa Barbara berichten, daß Männer außerdem häufiger unterbrechen als Frauen. Die beiden Forscher zeichneten Gespräche in einer Vielzahl von Gelegenheiten auf und analysierten sie – im Café, im Drugstore, in einer Wohnung.

Sie stellten fest, daß Männer Frauen viel häufiger unterbrachen als andere Männer und noch weit häufiger als Frauen irgend jemanden, gleich welchen Geschlechts. Die Muster, so erklärten West und Zimmerman, ähnelten denen, die sie in einer früheren Studie von Eltern und Kindern herausgearbeitet hatten – die Eltern benahmen sich dabei wie die Männer in der Universitäts-Studie.

Unterbrechungen töten eine Unterhaltung. Nur wenn ein Sprecher die anderen zum Schlafen bringt, wenn er ernstlich beleidigend oder aggressiv wird, wenn er also, kurz gesagt, ein gesellschaftliches Ärgernis darstellt, dann kann eine Unterbrechung das Gespräch retten.

Takt

Takt ist die Diplomatie des Herzens. Es bedeutet, das Richtige zur rechten Zeit zu sagen und sich das Falsche in einem verlokkenden Augenblick zu verkneifen. Disraeli erklärte seine Beliebtheit bei Königin Viktoria: »Ich lehne nie ab. Ich widerspreche nie. Und manchmal vergesse ich.« Sensibilität den Gefühlen anderer gegenüber wird Ihnen verraten, ob ein Thema riskant oder sicher ist. Das hängt von den Sie umgebenden Menschen und der Stimmung des Augenblicks ab. Rasse, Religion und Politik können in manchen Gruppen viel bringen, in anderen hingegen tödlich sein.

Takt hilft beim Korrigieren. Wann und wann nicht. Was und was nicht. Er bedeutet, sich nicht in das Privatleben anderer einzumischen, persönliche, neugierige, beleidigende Fragen ebenso zu meiden wie Klatsch und Tratsch. Neunzig Prozent eines Gesprächs bestehen aus Geplapper, drehen sich um Personen und Persönlichkeiten. Die meisten von uns würden eine Unterhaltung, in der es niemals um andere geht, genauso fad finden wie ein Ei ohne Salz. Unser größtes Interesse abgesehen von uns selbst gilt anderen Menschen. Und warum schließlich auch nicht? Aber schmerzliche Tatsachen auf boshafte Art weiterzugeben oder sein Ego damit aufzuplustern, daß man scheinbar persönliche Dinge weiß, von denen andere keine Kenntnis haben, wirft nur ein negatives Licht auf einen selbst. »Es ist das Beste, die Sünden anderer nicht anzutasten«, schrieb Montaigne, »solange man nicht selbst Fortschritte gemacht hat.«

Diskussionen sind fruchtbar, Streitereien schmerzlich. »Gute Gespräche in den privaten Heimen der Menschen haben einige Jahre lang schrecklich nachgelassen«, beklagte sich Norman Podhoretz, der Herausgeber des *Commentary*. »Der Grund dafür war natürlich, daß wir alle so extrem politisiert waren – in die eine oder andere Richtung. Bis vor kurzem mußte man sich, wenn man eine Einladung geben wollte, genauestens überlegen, wen man mit wem in ein Zimmer stecken konnte. Menschen mit gegensätzlichen Standpunkten konnten einander nicht ertragen, und eine Unterhaltung war einfach nicht möglich.«

Solange das Temperament gezügelt wird und Vernunft und

Humor die Herrschaft behalten, so lange Sie bereit sind, mir zuzuhören, und ich bereit bin, Sie anzuhören, so lange wir uns auf das Thema konzentrieren und nicht auf Leidenschaften und Vorurteile, so lange ist eine Diskussion noch nicht zum Streit abgerutscht.

Zuhören

Bei einer Party in Washington unterhielt ich mich kürzlich mit einem Politiker, dessen Name ungenannt bleiben soll. Ich stand mit dem Gesicht zu ihm – und dem Raum. Er stand mir und der Wand gegenüber. Nach einer Weile meinte er: »Ich muß Ihnen einfach sagen, wie erstaunlich ich es finde, daß Sie Ihre Blicke während unseres Gesprächs nicht durch den Saal wandern lassen, sondern die ganze Zeit mir Ihre Aufmerksamkeit schenken. Dabei weiß ich, daß hinter mir mindestens ein Dutzend wichtigere Gesellschaftslöwen herumlaufen müssen, als ich es bin.«

Die Hälfte eines guten Gesprächs besteht im Zuhören – nicht nur mit den Ohren, sondern auch mit den Augen. Wenn Sie den Sprechenden nicht ansehen, wissen Sie nicht, was seine Augen sagen. Und das kann eine Menge sein.

Wenn die Worte alles andere als dynamisch sind, ertappt man sich schnell dabei, daß man an etwas anderes denkt, daß einem Schlüsselworte und ganze Sätze entgehen, daß man das Gehörte falsch interpretiert oder im voraus entscheidet, welcher Punkt vertreten werden soll und dann nicht merkt, wenn eine völlig andere Richtung eingeschlagen wird. Wenn Sie aufmerksam zuhören, verleiht Ihnen das Grazie. Das größte Kompliment, das Sie einem Menschen machen können, ist, wirklich auf das zu hören, was er zu sagen hat.

Und antworten Sie entsprechend. Nicht so wie Gary Cooper, der für seine wortkarge Art bekannt war. Er wurde einmal über einen neuen Film befragt. »Stimmt es, Mr. Cooper, daß Grace Kelly Ihre Partnerin sein wird?«

»Yup«, erwiderte Cooper ohne jegliche Ausschmückung.

»Und das Thema handelt von gewissen moralischen Streitfragen?« fuhr der Reporter fort.

»Yup.«

Es folgten noch einige andere Fragen, und auf alle erhielt er dieselbe schroffe Antwort. Schließlich wollte der verzweifelte Reporter wissen: »Mr. Cooper, ist ›Yup‹ das einzige Wort, das Sie kennen?«

»Nope«, antwortete Cooper.

Der Rhythmus bei einem guten Gespräch entspricht dem bei einem guten Tennismatch – hin und her, und hin und her. Zuhören ist die eine Hälfte eines guten Gesprächs, aber das Reden ist immer noch die andere Hälfte.

Von Schüchternheit zu Selbstbewußtsein

Als Billy Rose damals nach New York kam, wohnte er in einem gemieteten Zimmer in einem alten Ziegelgebäude in den West Forties. Sein Fenster ging auf einen dunklen Innenhof hinaus. Eines Tages, als er in dem Drugstore an der Ecke frühstückte, kam ein junger Mann zu ihm und sagte: »Ich kann Ihnen gar nicht genug danken.« Rose war überrascht. »Wofür?« fragte er. »Ich habe Sie noch nie im Leben gesehen.«

»Ich habe das Zimmer auf der anderen Seite des Hofes, Ihnen gegenüber«, sagte der Mann, »und ich war schwer krank, hatte Lungenentzündung und dachte, ich würde es nicht überleben. Von meinem Bett aus konnte ich Ihre Fensterbank mit der Geranie darauf sehen und ich sagte mir: ›Wenn die Geranie in diesem dunklen Loch überleben kann, dann kann ich es auch.‹«

Als Billy mir diese Geschichte Jahre später erzählte, fügte er hinzu: »Ich hatte nicht den Mut ihm zu sagen, daß es eine künstliche Geranie war.«

Manchmal sind Dinge nicht das, was sie sind, sondern das, was sie zu sein scheinen. Wenn Sie Ihre Einstellung sich selbst gegenüber ändern, kann Sie das von dem Gefühl der Unzulänglichkeit und von Anfällen von Schüchternheit befreien. Wenn Sie Ihre Haltung sich selbst gegenüber ändern, halten Sie hiermit den Schlüssel zur Ausstrahlung von Autorität und Zuversicht in der Hand.

Ich war immer schrecklich schüchtern. In der Schule hob ich

die Hand, um eine Frage zu beantworten, und erstarrte dann, wenn der Lehrer mich aufrief. Ich brachte die Antwort nicht über die Lippen. Im Theater, auf der Bühne, war ich völlig selbstsicher, aber nur, weil ich jemand anderen spielte. Abseits der Bühne, als Dorothy Sarnoff, litt ich unter quälender Schüchternheit. Dann war ich eines Tages, zusammen mit Steve Allen und Eleanor Roosevelt, Ehrengast anläßlich einer Feier zum Unabhängigkeitstag. Ich hatte Mrs. Roosevelt schon mehrmals zuvor getroffen und sie immer um ihre leichte Art im Umgang mit anderen Menschen beneidet. Das sagte ich ihr.

»So leicht war das nicht immer für mich«, erzählte sie mir. Ihr war es immer unangenehm gewesen, so groß zu sein, und sie hatte sich für häßlich gehalten. »Eine Freundin erklärte mir, ich hätte die falsche Einstellung mir selbst gegenüber. Sie sagte: ›Du siehst dich als groß, ungeschickt und häßlich. Das ist falsch. Du bist groß und wichtig, die Königin dieses Landes. Warum benimmst du dich nicht so, als wenn du eine Krone auf dem Kopf hättest?‹ Das versuchte ich zu tun – und die Täuschung hat funktioniert.«

Ich versuchte es mit einer Version von Mrs. Roosevelts Rat anläßlich einer Geburtstagsfeier, die Yul Brynner und ich für Gertrude Lawrence ausrichteten – wir spielten damals alle in *The King and I*. Das war die Geburt meiner Einstellungs-Anpassungs-Formel, die mich seither nie im Stich gelassen hat. Yul und ich luden Gertrudes Freunde ein – Marlene Dietrich, Noel Coward und Dutzende anderer Stars. Ich sagte mir, daß ich in dieser Gesellschaft nicht die Krone einer Königin tragen könnte. Aber wenn ich auch kein großer Star war, so war ich im Theater doch recht erfolgreich gewesen. Ich würde also versuchen mir einzureden, eine kleinere Krone zu tragen.

Wenn das wie Schwindel klingt, so war es dieser Schwindel, der funktioniert hat. Ich trat in den Festsaal, zum ersten Mal war ich bei einer Versammlung selbstsicher.

Ich habe vielen Leuten beigebracht, ihre eigene, spezielle Krone zu tragen. Auch Sie können eine tragen.

Einer Untersuchung zufolge halten sich vierzig Prozent von uns, oder fünfundachtzig Millionen Amerikaner, für schüchtern. Unter denen, die zugeben, ein fröhliches Lied zu pfeifen, sind Barbara Walters, Henry Fonda, Gloria Steinem, James Mason und Oscar de la Renta. Marvin Belli, der berühmte, hervorragende Anwalt, erklärt, daß er »so glänzend geworden ist, um seine Schüchternheit zu verbergen«. Ann-Margaret sagt, es sei nicht leicht, ihre Schüchternheit zu verstecken, »wenn ich ich selbst bin«. Sogar Don Rickles gibt zu, unsicher zu sein, wenn es um seine Person geht: »Man kann schon Angst davor bekommen, zurückgewiesen zu werden, wenn man da draußen steht und nichts anderes zu verkaufen hat als sich selbst.« Carol Burnett, Prinz Charles und Catherine Deneuve gehören zu jenen im Scheinwerferlicht, die erklären, daß sie früher schrecklich schüchtern gewesen sind.

Abgesehen von denjenigen, die, wie es im psychiatrischen Jargon heißt, überkompensieren und außergewöhnlich gesellig werden, ist der schüchterne Mensch ängstlich. Er spricht wenig und wenn, dann mit leiser Stimme. Er fragt sich ständig: Was denken die anderen? Warum fühle ich mich so unbehaglich? Er versucht verzweifelt, die physischen Anzeichen seiner Nervosität zu verbergen: das klopfende Herz, den rasenden Puls, die bebende Stimme, das Zittern, Erröten, Schwitzen.

Scheu, oder Schüchternheit, ist ein Syndrom – die Angst, daß andere Sie mißbilligen oder über Sie lachen könnten, das Gefühl von Wertlosigkeit, Verlegenheit, ein Ablehnen seiner selbst. Die Symptome sind gar nicht so verschieden von jenen, die normalerweise nicht schüchterne Personen erfahren, wenn sie eine Ansprache halten sollen. Der Unterschied besteht darin, daß schüchterne, unsichere Menschen diese Symptome selbst dann aufweisen, wenn es sich bei der Ansprache nur um das Plaudern mit einem anderen Menschen handelt.

Der erste Schritt besteht darin, sich selbst einmal objektiver und realistischer zu betrachten und sich zu zwingen, die positiven Eigenschaften anzuerkennen, so, wie Sie es in der Übung in Kapitel 1 gemacht haben. Wenden Sie sich jetzt noch einmal dieser Liste zu und finden Sie dreißig positive Eigenschaften heraus; im Zweifelsfalle zugunsten des ›Angeklagten‹ gilt hier auch für Sie.

Der zweite Schritt besteht darin, die Richtlinien für ein gutes Gespräch zu befolgen. Das wird Sie darauf vorbereiten, in fast jeder Arena siegreich zu bleiben.

Der dritte Schritt schließlich besteht darin, positiv an Ihre Ziele der Selbstverbesserung zu denken. Hören Sie auf damit, sich selbst zu kritisieren. Erklären Sie:

»Ich werde interessante Dinge zu sagen haben.«

»Ich werde mich auf der Party selbst mit anderen bekannt machen.«

»Ich werde zum nächsten Meeting ein oder zwei Ideen beitragen.«

»Ich werde zehn Pfund abnehmen.«

Sie können sich über Nacht ändern. Wenn Sie die Vorschläge befolgen, die ich bei mehr als sechzigtausend Menschen erfolgreich angewandt habe, dann werden Sie bald über Zuversicht, Autorität, Präsenz und Macht verfügen. Die Formel sollte jetzt ganz klar sein:

Voraussicht walten lassen,
Vorbereiten.
In die Praxis umsetzen.
Und das wichtigste von allen – Anpassen der Einstellung!

Viktor Frankl, ein Mann, der die KZs der Nazis überlebt hat, erklärte, er wäre in der Lage gewesen, die Gefangenschaft zu ertragen, weil er erkannt hatte, daß »die letzte Freiheit des Menschen seine Fähigkeit ist, seine eigene Einstellung zu wählen.«

Sie haben die Freiheit, Ihre Einstellung zu wählen. Nutzen Sie sie!

Kapitel 9

Sie sind im Fernsehen

Es kann Ihnen passieren
Wie man vor der Kamera gut aussieht
Im Fernsehstudio
Firmeneigenes Video

Ich lernte Mrs. Begin vor dem Premierminister kennen. Ich war gebeten worden nach Jerusalem zu kommen, um mich mit Herrn Begin zu beraten und zu sehen, was ich tun konnte, um die Art des Premierministers zu ändern, wenn er mit Fernsehreportern zusammentraf. Das Gipfeltreffen in Camp David stand bevor, und alle erinnerten sich nur zu gut an Herrn Begins alles andere als freundlichen Auftritt in ›Face the Nation‹.

Im Foyer des bescheidenen Hauses der Begins empfing mich eine untersetzte, an einer Zigarette paffende Frau. »Was werden Sie mit meinem Mann machen?« erkundigte sich Mrs. Begin mit ihrer heiseren Lauren-Bacall-Stimme.

»Was hätten Sie denn gern, was ich mit ihm tun soll?« fragte ich freundlich zurück.

»Mein Mann braucht nichts«, antwortete Mrs. Begin. »Wir haben die ganzen schrecklichen Zeiten durchgestanden und es bis zum Premierminister gebracht, und zwar mit Taten, nicht mit kosmetischen Manövern.«

Ehe ich New York verließ, hatte ich den Vorschlag gemacht, daß Herr Begin sich von seiner schweren, schwarzgerahmten Brille trennen sollte, die ihn fast bedrohlich erscheinen ließ. Dafür war gesorgt worden, als ich in Israel eintraf; er trug jetzt ein viel leichteres, helleres Gestell. Ich hatte außerdem erklärt, daß die Hemden des Premierministers am Hals zu weit waren. Ein zu weites Hemd erweckt den Eindruck, als hätte ein Mann kürzlich stark an Gewicht verloren, was interpretiert werden könnte als: »Er muß sehr krank sein.« Ehe ich New York verließ, hatte ich in Israel angerufen und mir die exakte Halsweite und Ärmellänge des Premierministers durchgeben lassen. Mein Mann Milton hatte bei Saks verschiedene Hemden und Krawatten ausgesucht, und die hatten wir im Gepäck mit nach Israel genommen.

»Im amerikanischen Fernsehen ist das anders«, sagte ich nach einer Weile zu Mrs. Begin. »Hier ist Ihr Mann ein Held.« Ich suchte zwei schlichte, blaue Hemden und dazu passende Krawatten aus und gab sie Mrs. Begin, versuchte den Eindruck zu erwecken, als wären sie ein verspätetes Geburtstagsgeschenk für ihren Mann.

»Das ist für den Premierminister, zum Geburtstag«, sagte ich.

»Mein Mann trägt immer weiße Hemden«, erklärte Mrs. Begin lächelnd. »Niemals etwas anderes als weiße Hemden.«

Ich versuchte es trotzdem. »Mrs. Begin, im Fernsehen wirken blaue Hemden viel besser als weiße...« Ich brachte es nicht über mich, Anwar el-Sadat zu erwähnen, der es ganz klar geschafft hatte, sich für das Medium passend zu kleiden, was ihrem Mann nicht gelungen war.

»Aber er trägt immer weiße Hemden!« beharrte Mrs. Begin.

»Er sollte auch einen blauen Anzug haben.«

»Blauen Anzug? Aber er hat doch zwei Anzüge.«

»Ich habe eine Verabredung mit dem besten Schneider von Jerusalem getroffen«, sagte ich.

»Warum mit einem Schneider?« fragte Mrs. Begin. »Wir kaufen seine Anzüge von der Stange.«

Wir suchten den Schneider auf. Inzwischen war es meinem Mann fast gelungen, die Gattin des Premierministers mit Charme umzustimmen. »Mrs. Begin, fühlen Sie nur diesen Stoff. Ist der nicht wundervoll?« Sie stimmte zu.

»Er fährt nach Camp David«, sagte mein Mann. »Da sollte er auch eine bequeme Hose haben.«

»Eine bequeme Hose!« wandte Mrs. Begin ein. »Mein Man trägt keine ›bequemen Hosen‹.«

Mein eigener Mann änderte nun seine Taktik. »Wie wäre es dann mit einem grauen Flanellanzug? Dann kann der Premierminister, falls er es will, das Jackett ausziehen, und ein Pullover wird prima dazu aussehen.«

»Wie kann der Schneider einen Anzug für meinen Mann machen?« fragte sie. »Er hat keine Zeit zum Anprobieren.«

»Geben Sie mir einen der Anzüge des Premierministers«, schlug mein Mann vor. »Den bringe ich hierher. Der Schneider kann danach Maß nehmen. Und den Stil kann er von einem meiner einfachen Anzüge kopieren.«

Vor dem Gebäude, in dem sich die Büroräume des Premierministers befanden, durchsuchte ein bewaffneter Wachposten meine Tasche. In der Eingangshalle tat ein anderer Posten mit einer Pistole dasselbe, während andere Besucher ihre eigenen Waffen an der Rezeption abgaben. Aber das erste, was mir an den Büros des Premierministers auffiel, war die außergewöhnliche Ruhe, ein unerwarteter Ort des Friedens. Sie spiegelte die ernsthafte Leichtigkeit von Menschen wider, die auf so intelligente und organisierte Art ein- und ausgingen, daß kein Bedarf an Eile oder Lärm war.

Und alle lächelten. Jeder verhielt sich so, als hätte er alle Zeit der Welt für mich; als ich den Korridor entlangschritt, standen alle Bürotüren offen.

Zuerst traf ich auf mehrere Angehörige von Begins Stab, darunter Yehuda, der die meisten seiner Reden verfaßte, und Yona, die Pressesekretärin des Premierministers, die seit fünf Jahren für ihn arbeitete, eine loyale, herzliche, beschützende Frau.

Ich schoß eine ganze Batterie von Fragen auf die Gruppe ab: Wer übt persönlichen Einfluß auf ihn aus? Wer hat den stärksten politischen Einfluß? Kann er über sich selbst lachen? Wie groß ist seine Toleranz, wenn es darum geht, anderen Leuten zuzuhören? Wie groß ist seine Toleranz, wenn er korrigiert wird? Welche Art von Zusammenarbeit kann ich von ihm erwarten? Welches sind seine stärksten Überzeugungen und Leidenschaften?

Ich fragte, was sie gedacht hatten, als sie den Premierminister in ›Face the Nation‹ gesehen hatten. »Es ist ihm nicht gerecht geworden.«

Der Premierminister hatte einen übermäßig sorgenvollen Tag hinter sich. Und gerade, als das Programm losgehen sollte, hatte der Moderator ihn angewiesen: »So, Herr Premierminister, Sie sitzen hier und schauen in die Kamera, so, und Sie...« Den Premierminister beunruhigte und verärgerte es, wie er sagte, daß man ihn behandelte, als wäre er nie zuvor im Fernsehen erschienen. Auch eine Frage nach seiner Gesundheit, die ihm einer der Reporter stellte, beunruhigte ihn.

»Glauben Sie, daß er irgend etwas Bestimmtes wissen will, was mit Interviews zu tun hat?« fragte ich.

»Er weiß wirklich nicht, wohin er gucken soll, wenn er im Fernsehen ist«, meinte einer von Begins Adjutanten.

Ich legte meine Bedingungen fest. »Er wird nicht gut arbeiten, wenn eine Wache im Raum ist, die zuhört, wenn ich ihn korrigiere«, erklärte ich. »Ich möchte allein mit ihm arbeiten.«

»Natürlich«, willigten sie ein.

Bedingung Nummer zwei, erklärte ich, war, daß ich nicht zu ihm gebracht werden wollte. Er sollte in mein Zimmer kommen, wo ich vor meiner Kamera stehen wollte, und sollte mich dort kennenlernen.

Gerade, als der Präsident eintreten wollte, rief Mrs. Begin an. »Ich muß mich wirklich bei Ihnen entschuldigen«, sagte sie. »Es war unmöglich, wie ich Sie heute früh empfangen habe. Würden Sie bitte zu mir kommen und eine Tasse Kaffee mit mir trinken, wenn Sie mit meinem Mann fertig sind?«

Der Premierminister trat ein, und ich streckte die Arme aus. »Endlich«, sagte ich.

»Also, was haben Sie mit mir vor?« fragte er.

»Was soll ich denn mit Ihnen vorhaben?«

Er antwortete nicht.

»Ich habe gehört, Sie sind sich nicht sicher, wohin Sie schauen sollen, wenn Sie ein Interview geben«, fing ich an. »Ist das richtig?«

»Ja.«

»Aber sagt Ihnen das nicht der gesunde Menschenverstand? Sie sprechen direkt in die Augen des Interviewers.«

»Wie soll die Kamera –«, fing er an.

»Es ist die Aufgabe der Kamera, Ihnen zu folgen und Ihre Augen einzufangen«, gab ich zurück. »Aber ich werde Ihrem Stab noch sagen, daß es einen besseren Aufnahmewinkel für Sie gibt. Sie müssen Sie beschützen und dafür sorgen, daß der Kamerawinkel niedriger ist, damit wir Ihre Augen sehen können. Wenn die Kamera über Ihnen ist, verdeckt die Einfassung Ihrer Brille Ihre Augen, wo es doch für uns am wichtigsten ist, Ihre Überzeugung und Kraft zu spüren.«

»Aha«, meinte der Premierminister. »Interessant.«

Ich erwähnte, daß sich blaue Hemden im Fernsehen besser fotografieren ließen und daß ich zwei davon als Geburtstagsgeschenk bei ihm daheim gelassen hatte.

»Ich trage immer weiße Hemden«, sagte er. »Aber ich werde meine Frau fragen. Wenn sie sagt, daß ich blaue Hemden tragen kann, dann trage ich blaue Hemden.«

Wir begannen unsere Sitzung mit einer Videoaufnahme eines Interviews. Ich fing mit relativ einfachen Fragen an. »In Ihrem Buch schreiben Sie, daß Sie keine Macht einsetzen, sondern nur moralischen Einfluß. Aber ist das nicht einfach nur ein anderer Ausdruck für Macht, Herr Premierminister?« »Was Sie in der Vergangenheit geleistet haben, erscheint wie ein Kinderspiel im Vergleich zu dem, was vor Ihnen liegt – Frustration und eine Patt-Situation. Kann Israel tatsächlich jemals die Furcht davor verlieren, annihiliert zu werden?« »Herr Premierminister, stimmt es nicht, daß sich Israel mitten in einer Arena ohne Notausgänge befindet? Betrachten Sie nur einmal Ihre eigene Landkarte hier an der Wand. Zeigen Sie mir Ihren Fluchtweg, wenn sich die arabischen Nationen alle gegen Sie verschwören.«

Dann stellte ich ihm die Frage, die ihn bei seinem Interview in ›Face the Nation‹ so aus der Fassung gebracht hatte: »Herr Premierminister, es geht das Gerücht, daß Sie von sehr schlechter Gesundheit wären, ja, man zweifelt sogar an Ihrer geistigen Gesundheit.« Er lachte nervös, genau wie im damaligen Programm, und kämpfte sich dann erneut durch eine nicht überzeugende Antwort.

»Wenn Sie so antworten«, erklärte ich, »springen sie Ihnen an die Kehle. Warum zeigen Sie nicht einfach Ihre Kraft und erklären: ›Wie Millionen von Menschen auf der ganzen Welt, und wie zwei von Ihren eigenen Präsidenten, hatte ich eine Herzoperation, aber ich habe mich wieder voll davon erholt. Ich fühle mich gut, und mein Arzt sagt, daß ich von ausgezeichneter Gesundheit sei.«

»Kann ich das Wort ›Koronar‹ im Fernsehen erwähnen?« fragte er.

»Sehen Sie doch nur, was das für Sie bedeutet. Sie beherrschen die Situation. Sie schützen sich selbst mit dieser Antwort.«

»So habe ich das noch nie gesehen«, meinte er. Damit beendeten wir die Sitzung.

Ich kehrte ins Haus des Premierministers zurück. Mrs. Begin saß im Frühstückszimmer und spielte mit dem Umschlag, der die Stoffmuster enthielt. »Wir sind ganz einfache Leute«, sagte sie wieder. »Mein Mann hat zwei Anzüge. Und außerdem hat er sowieso keine Zeit für die Anproben.«

Am nächsten Morgen rief ich Herrn Heidlich, den Schneider, an und erkundigte mich, ob er für die Anproben bereit sei. Er erklärte mir, er wäre es nicht. Ich erzählte ihm, daß ich ihn irgendwann im Laufe dieses Tages würde einschieben müssen. »Bringen Sie alles, was Sie geheftet haben.«

Sie schoben Herrn Heidlich fünfzehn Minuten, ehe Herr Begin und ich anfangen sollten, ins Büro. Das Jackett, das er brachte, hatte keine Ärmel, aber der Rest war geheftet. »Herr Heidlich, kommen Sie«, forderte ich ihn auf und setzte ihn neben den Fernseher, so daß er fast damit verschmolz. »Herr Heidlich, regen Sie sich jetzt bitte nicht auf, ganz gleich, was passiert. Vor allem nicht über die Art, wie er mit Ihnen spricht. Er hat viel um die Ohren.«

»Keine Angst«, beruhigte mich Herr Heidlich. »Mein Großvater war der Schneider von Erzherzog Ferdinand. Ich kann damit umgehen.«

Strahlend trat Herr Begin ein. Ich strahlte zurück und sagte: »Wir fangen damit an, daß wir Ihr Jackett ausziehen.« Ich warf eine schnelle Vorstellung hin. Der Premierminister stand da, als würde er jeden Augenblick einen Schlaganfall bekommen, aber ich redete so wild drauflos, daß er kein Wort einwerfen konnte. »Herr Heidlich«, plapperte ich, »der Knopf ist zu hoch. Herr Premierminister, Sie wissen ja, wie das im Fernsehen so ist...« Es kann nicht länger als drei Minuten gedauert haben.

Der Premierminister trug ein blaues Hemd, aber keines von denen, die ich mitgebracht hatte. »Meine Frau sagt, ich könnte blaue Hemden tragen«, erklärte er, »aber keine gestreiften Krawatten.«

Wir fingen an. Ich hatte einen der Adjutanten des Premierministers gebeten, die Rolle des Interviewenden zu spielen und Herrn Begin schwierige Fragen zu stellen. »O nein«, hatte Yehuda abgelehnt, »Sie kehren nach Amerika zurück, aber ich muß hier bleiben. Er würde mir das nie verzeihen.« Ich überredete drei andere Mitglieder seines Stabs, die umstrittene Rolle zu spielen.

Wir spielten eine komplette, siebenundzwanzig Minuten dauernde Fernsehshow durch. Die Fragen waren hervorragend, das Bild des Premierministers und sein Verhalten hatten sich beträchtlich gebessert. Trotzdem steckte ich den Fragenden immer wieder Notizen zu: »Bedrängen, treiben Sie ihn in die Enge. Geben Sie sich nicht damit zufrieden. Bedrängen Sie ihn.« Schließlich stellten wir dem Premierminister die Frage nach seiner Gesundheit. Wieder bekamen wir das verlegene Lachen und die wortreiche Ausweichung.

Ich schaltete die Kamera aus. »Okay«, sagte ich zum Premierminister. »Sie haben noch einen Versuch, was die Frage nach Ihrer Gesundheit angeht.«

Auch beim zweiten Mal schaffte er es nicht ganz, aber beim dritten Mal gab er eine klare Antwort. »Ich fühle mich jetzt viel besser«, sagte er anschließend. »Ich habe die Lage unter Kontrolle, und ich bin es los geworden.«

»Es ist ein entsetzliches Spiel«, sagte der Premierminister, als wir schließlich fertig waren. »Wir waren so dumm. Wir haben einfach da rumgesessen und überlegt, welche Fragen Sie wohl stellen könnten. Aber da bekommt man nicht dasselbe Gefühl von Druck.

Ist es nicht wundervoll zu sehen, daß man immer noch etwas lernen kann?«

Dann fragte er mich: »Sagen Sie, wie finden Sie Sadat im Fernsehen?«

»Nun, Herr Premierminister«, wich ich der Antwort aus, »ist Ihnen klar, daß er dasselbe durchgemacht hat wie Sie?«

»Tatsächlich?« staunte Herr Begin. Er hatte es wirklich nicht gewußt.

Da war noch etwas, was ich mit dem Premierminister zu tun beabsichtigt hatte. Ich hatte ein Band seines ›Face the Nation‹-Interviews dabei. Aber jetzt überlegte ich es mir anders. Ich hatte Herrn Begin so weit gebracht, daß er positiv daran dachte, wie er sein nächstes Interview im amerikanischen Fernsehen überstehen würde. Wenn er jetzt seine schreckliche Vergangenheit sah, würde ihm das vielleicht den Mut nehmen. Und er würde schon bald nach Camp David aufbrechen. So beschloß ich, trotz aller Mühe, die wir auf uns genommen hatten, um das Band zu bekommen, es ausfallen zu lassen.

Nach unserer Stunde traf der Premierminister mit meinem Mann und zwei von unseren Freunden zusammen. Die drei Amerikaner trugen blaue Hemden – unsere kleine Verschwörung. Aber am Ende gingen all die blauen Hemden und teuren Krawatten, die wir mitgebracht hatten, an die Adjutanten des Premierministers. Der Premierminister hatte den bestgekleideten Stab in Camp David, aber ich sah ihn selbst nie wieder in einem blauen Hemd.

Am nächsten Tag traf ich mich noch einmal mit dem Stab des Premierministers. »Sie müssen ihn auf viele Arten schützen«, sagte ich. »Sie müssen lange vor der Zeit ins Studio gehen und dafür sorgen, daß das Licht voll von vorne auf ihn fällt. Seitenlicht läßt ihn düster erscheinen. Sorgen Sie dafür, daß seine Krawatte gerade sitzt. Und erinnern Sie ihn immer wieder daran, charmant zu sein, charmant.«

Ich schrieb Memos, verbrachte dann Stunden damit, sie zu überarbeiten. Ich mußte mich kurz fassen, damit sie nicht sagen konnten »Das ist zu lang« und die Zettel beiseite warfen.

Endlich hatte ich alles auf drei Seiten beschränkt. Ich überlegte, wie ich dem Premierminister am besten helfen konnte, ohne mit dem Finger auf ihn zu zeigen. Schließlich schrieb ich: »Vielleicht interessieren Sie ein paar der Richtlinien für Führer fremder Nationen, die im amerikanischen Fernsehen erscheinen müssen. Ich werde sie in meinem nächsten Buch veröffentlichen.«

Der letzte Satz meines Memorandums war: »Wenn Sie eine

eiserne Faust einsetzen müssen, tragen Sie wenigstens einen Samthandschuh.« Diese Zeile, so erzählte mir später ein Mitglied seines Stabes, prägte sich der Premierminister am besten ein. Als Barbara Walters fast ein Jahr später bei einem Fernsehinterview regelrecht feindselig Herrn Begin gegenüber wurde, lächelte er sie gütig an. »Aber, aber, Barbara«, sagte er leise, »diesen Ton wollen Sie mir gegenüber doch bestimmt nicht wirklich anschlagen, oder?«

Es kann Ihnen passieren

Bis vor kurzem dachten die meisten Leute, wenn sie nicht gerade Politiker oder Schauspieler waren, daß es ihnen niemals passieren würde, außer sie würden von ›Vorsicht, Kamera‹ erwischt. Aber mit der ständigen Zunahme der lokalen Talk-Shows, dem Anwachsen der Kabelprogramme und der Satellitenübertragungen, seit dem Trend, Video im Geschäftsleben einzusetzen (ja, sogar im Gerichtssaal als Ersatz für die live anwesenden Zeugen) wird es immer wahrscheinlicher, daß auch Sie einmal im Fernsehen erscheinen werden.

Ärzte, Anwälte, Lehrer, Geschäftsleute und Autoren erscheinen heutzutage im Fernsehen. Nichts verkauft sich besser als das, was das Fernsehen anbietet. Aber die meisten Leute wissen nicht, wie sie sich vorteilhaft präsentieren können. Nur wenige Menschen sind Naturtalente – auch bei den Profis.

Paul, ein Anlageberater, hatte ein ausgezeichnetes Buch über den Aktienmarkt geschrieben. Sein skeptischer Verleger schickte ihn zu mir, damit ich ihn für das Fernsehen vorbereiten konnte. Der Gedanke an das alles erschreckte Paul. Als er ein ironisches Fernsehinterview durchspielte, kauerte er sich wie ein Fötus zusammen, konnte kaum ein Wort hervorbringen.

Als erstes forderte ich ihn auf, sich anders zu setzen, und zwar aufrecht und leicht vornübergebeugt. Dann zeigte ich ihm, wie man seine Nervosität mit Hilfe von Kontraktionen des vitalen Dreiecks kontrolliert. Und schließlich redete ich ihm ein: »Ich freue mich, daß ich hier bin ...« usw.

In der Rolle des Fragenden begann ich mit einfachen Fragen,

ging dann zu härteren über. Schließlich stellte ich ihm die Fragen, von denen er gehofft hatte, sie würden ihm nicht gestellt: »Wie hoch ist der Prozentsatz Ihrer richtigen Vorhersagen?« »Wenn Sie so gut sind, wie viele Millionen haben Sie schon gemacht?«

Wir arbeiteten so lange an diesen Alpträumen, bis ihn keine Frage mehr beunruhigte. Sein Buch und seine Fernsehsendung waren ein Riesenerfolg, und er schreibt derzeit gerade einen neuen Bestseller und macht einen Auffrischungskurs. Aber er weiß jetzt, daß ein Fernsehgast ein Ziel hat, nämlich, etwas zu verkaufen. Und das Ziel der Fernsehshows ist es, zu unterhalten.

Voraussicht walten lassen

Die übliche Reaktion auf eine Einladung, auf dem Bildschirm zu erscheinen, ist Freude darüber, gefragt worden zu sein, augenblicklich gefolgt von Entsetzen. Ein Biologe drückte es so aus: er sah sich selbst unter einem Vergrößerungsglas, das aller Welt seine Mängel aufzeigen würde; wie fast jeder konzentrierte er sich auf seine Unzulänglichkeiten. Wenn Sie es nicht wert wären, hätte man Sie nicht eingeladen! Fernsehproduzenten werden von zahllosen Agenten angefleht, ihre Klienten unterzubringen; Sie wurden ausgewählt, weil Sie etwas Besonderes zu bieten haben.

Bereiten Sie sich ausreichend darauf vor, machen Sie Ihre Hausaufgaben. Wenn Sie mit dem Programm nicht vertraut sind, stellen Sie fest, wann es wo ausgestrahlt und von wem es gesehen wird. Finden Sie heraus, wie lange Sie zu sehen sein werden, ob Sie mit anderen Gästen zusammen gezeigt werden und wer diese sind. Stehen ein Maskenbildner und/oder ein Friseur zur Verfügung (sowohl männliche wie weibliche Gäste nutzen diesen Dienst)? Handelt es sich um eine Live-Sendung, oder wird es aufgezeichnet und überarbeitet, ehe es gesendet wird? Henry Kissinger hat einmal in der letzten Minute einen Auftritt abgesagt, weil er nicht das Recht bekam, die Ausstrahlung eines überarbeiteten Interviews von seiner Billigung abhängig zu machen.

Versuchen Sie, die Sendung im voraus zu sehen. Liebt der Regisseur vor allem Nahaufnahmen? Beobachten Sie den Moderator – da gibt es deutliche Unterschiede. Dr. Gerald Klein, ein U.C.L.A.-Psychologe und Kommunikationsexperte, hat den Stil von Carson, Cavett, Donahue, Douglas, Griffin, Shore und Snyder seziert. Phil Donahue, der die größte Bandbreite an Antworten einsetzt, erhielt von Dr. Klein die besten Noten. Merv Griffin wurde als ›König der harmlosen Fragen‹ betitelt. Dr. Klein ist der Ansicht, daß es nur ein paar grundlegende Reaktionen eines Gastgebers auf die Aussage eines Gastes gibt:

- Eine Frage, um weitere Informationen zu bekommen.
- Die Bitte um weitere Informationen.
- Schweigen – wodurch eine Information sich setzen kann und eine verbale Überfütterung verhindert wird.
- Reflexion – die Aussage eines Gastes in eigenen Worten zusammenfassen, um so Mitgefühl und Verständnis zu zeigen.
- Selbstenthüllung – womit ein Interviewer seine eigenen Gedanken oder Gefühle zeigt, was die Intimität vergrößert.

Einige Moderatoren sind gut informiert und vorbereitet; die anderen schaffen es mit Charme. Wieder andere sind rauh und herausfordernd oder sind einfach nur neugierig, ohne gefährlich zu sein, und fair. Ein fauler oder dummer Moderator ist schwieriger als ein gut vorbereiteter und intelligenter. Sie sollten auf alle Arten vorbereitet sein.

Nur wenigen Gästen im Fernsehen ist bekannt, daß sie sich selbst schützen können, indem sie vernünftige Forderungen stellen.

Als ich zur ›Tomorrow-Show‹ geladen wurde, sah ich mir das Programm vor meinem Auftritt an. Tom Snyder, der Gastgeber, sah mit seiner stattlichen Größe von fast einem Meter neunzig in einem der übergroßen, gepolsterten, roten Ledersessel der Requisite prima aus. Ich wußte, daß sie mich erdrücken würden. Ich bemerkte außerdem, daß das Licht ungünstig im seitlichen Winkel auf die Gesichter der Gäste fiel und daß der Regisseur Großaufnahmen aus nächster Nähe liebte. Ich bat darum, das Licht voll von vorne zu bekommen, verlangte außerdem einen geradlehnigen Stuhl und genehmigte keine Einstellungen, die weniger zeigten, als den Oberkörper bis zur Taille. Der Produzent war so freundlich, allem nachzugeben.

Ich beobachtete, daß Snyder ungefähr vier Fragen für jeden Gast vorbereitet hatte – genug für den Wortgewandten, aber zu wenig für den Schüchternen. Ich wußte, ich mußte bereit sein, eine Menge zu sagen, wenn ich wollte, daß sich das Interview lohnte. Mein Ziel war es, leitende Angestellte unter den Zuschauern zu interessieren und zu informieren, daß meine Redetechniken auf einer Reihe von Kassetten erhältlich waren.

Als ich im Studio eintraf, sah ich, daß Tom Snyder auf einem geradlehnigen Stuhl saß; er war für ihn ebenso günstig wie für mich. Ich erinnerte den Regisseur daran, keine Nahaufnahmen zu machen. »Seien Sie nachsichtig mit mir«, bat ich lächelnd. »Ich fühle mich einfach viel wohler so.« Die Beleuchtung war so, wie ich es gewünscht hatte.

Die Show hätte nicht besser laufen können. Innerhalb der nächsten paar Wochen gingen mehr als tausend Bestellungen für die Kassetten ein, und noch heute erwähnen die Leute diese Show, wenn sie sich nach unseren Diensten erkundigen.

Vorbereitung

Wenn Sie erst einmal wissen, daß Sie im Fernsehen auftreten werden, bereiten Sie sich auf die Praxis vor, spielen Sie Ihre Rolle durch. Für eine seiner ersten Ansprachen, nachdem er das Amt übernommen hatte, nahm Gerald Ford die fünfundzwanzig Minuten dauernde Sendung immer wieder neu auf, vier Tage lang. Trotzdem war von seinem ›Neger‹ bei der eigentlichen Sendung nicht nur der Text ersichtlich, sondern auch Regieanweisungen wie ›aufstehen‹, ›hinsetzen‹ und ›Kamera wechseln‹. Präsident Reagan war genauso unermüdlich mit seinem Rollenspiel, als er sich auf seine Debatte mit Präsident Carter vorbereitete.

Das wichtigste, was Sie sich beim Üben einprägen müssen, ist, was Sie auf keinen Fall ungesagt lassen wollen. Man stellt Ihnen vielleicht keine einleitende Frage; Sie müssen darauf vorbereitet sein, sich selbst eine Gelegenheit zu schaffen, diese Information zu übermitteln.

Suchen Sie einen Freund/eine Freundin, der/die bereit ist, das Interview mit Ihnen durchzuspielen und nehmen Sie die Sitzungen auf Band auf. Ihr Freund sollte mit leichten, oberflächlichen Fragen anfangen und dann zu den schwierigen überleiten. Tauschen Sie die Rollen und spielen Sie selbst den Moderator; dabei stoßen Sie vielleicht auf ein paar harte Nüsse, die Sie übersehen hatten. Diese Art der Erwartung sorgt dafür, daß Sie später auf Ihrem heißen Stuhl cool bleiben.

Denken Sie an die schlimmstmöglichen Fragen und lassen Sie sie von Ihrem Spielmoderator stellen, bis Sie sicher sind, die bestmöglichen Antworten darauf gefunden zu haben. Meistens wissen Sie schon, worum es in einer Frage geht, noch ehe sie abgeschlossen wurde; üben Sie, die Antworten zu formulieren, sobald Sie es wissen. Warten Sie mit dem Überlegen nicht, bis Ihr Partner ausgeredet hat.

Gestalten Sie Ihre Antwort, indem Sie zuerst zu einem Schluß kommen; arbeiten Sie sich von dort aus zurück, um Bindesätze zu finden, die Sie von der Frage zu Ihrem Hauptanliegen bringen, so, wie ein Basketballspieler den Blick auf den Korb gerichtet hält, während er mit dem Ball darauf zu dribbelt.

Nehmen wir einmal an, der Moderator fragt: »Miss Robinette, Ihr Buch scheint den Männern die Schuld an allem zu geben, was in der Gesellschaft nicht in Ordnung ist. Halten Sie das wirklich für fair?« Ihr Ziel ist es, mit einer Bemerkung zu enden, die unsere materialistische Gesellschaft stark kritisiert. Sie gehen folgendermaßen vor: »In meinem Buch geht es um mehr als nur die Geschlechterfrage. Es ist eine Untersuchung all der Faktoren, die die Probleme verursachen, die wir zunehmend schwer zu lösen finden. Das grundlegende Problem ist meiner Meinung nach, daß der Konsum auf Kosten der Umwelt geht.« Wiederholen Sie in Ihrer Antwort niemals eine negative Aussage; das verstärkt Sie in den Augen der Zuschauer nur. Miss Robinette würde einen Fehler machen, wenn sie den Satz ›den Männern die Schuld an allem zu geben‹ wiederholen würden.

Sprechen Sie im Plauderton, animiert, als befänden Sie sich inmitten einer lebhaften Diskussion daheim oder bei der Arbeit. Schauen Sie sich Interviews im Fernsehen an – vor allem die,

die am Sonntag gesendet werden, weil da die intelligentesten zu kommen scheinen. Analysieren Sie die Eigenschaften der besten und der schlechtesten Gäste.

Wie man vor der Kamera gut aussieht

Ein berühmter Golfspieler, der Werbeverträge im Wert von mehreren Millionen Dollar laufen hatte, war nahe daran, seine Sponsoren zu verlieren, weil er in den Werbespots immer so hölzern und gleichgültig wirkte. Anstatt begeistert zu scheinen und ›Glauben an das Produkt‹ auszustrahlen, sah er unheimlich gelangweilt aus. Privat war er fröhlich und charmant; in der Öffentlichkeit war er schrecklich schüchtern. (Ich mußte ihm sogar zeigen, wie er eine Beziehung zum Publikum herstellen konnte, denn er ignorierte es bei den Spielen einfach, weil es seine Konzentration störte.) Er war wohl kaum die Persönlichkeit, von der Sie sich wünschen würden, daß sie für Ihr Produkt wirbt. Wir animierten sein Gesicht und stopften ihn voll mit den ›Ich bin froh, daß ich hier bin, ich bin froh, daß Sie hier sind‹-Sätzen. Zwei Stunden später wirkte sein Gesicht lebhaft, und seine Werbespots ebenso. Wenn Ihr Gesicht nicht animiert wirkt, dann wird die Wiederholung dieser Sätze dazu beitragen, Licht auf Ihr Gesicht zu zaubern, während die Kamera Sie den Zuschauern daheim vorstellt.

Sitzen Sie aufrecht, dadurch wirken Sie jünger, schlanker und allgemein attraktiver; zusammengesunken wirken Sie apathisch und mitgenommen. Schlagen Sie die Beine übereinander, ein Knie auf dem anderen. Wenn Sie kurze oder dicke Beine haben, oder wenn Sie eine Frau sind und im Augenblick, wo Sie das hier lesen, der Mini wieder modern ist, dann sitzen Sie mit fest aneinander gepreßten Beinen, vom Schenkel bis zum Knöchel, beide Füße am Boden und leicht schräg gestellt. (Wenn Sie die Beine ungekreuzt aneinanderpressen, sehen sie schlanker aus.)

Ihre Hände sehen am besten aus, wenn Sie sie locker im Schoß falten, kurz hinter den Kniescheiben. Wenn es Ihnen Probleme macht, die Hände ruhig zu halten, bohren Sie den Daumennagel einer Hand in die Handfläche der anderen. Abgesehen davon, daß Sie so nicht vergessen, Ihre Hände still zu halten, ist dies auch eine isometrische Übung, die dazu beiträgt, die Körperspannung zu erhalten.

Der letzte Schritt bei Ihrer Vorbereitung ist die Entscheidung, was Sie anziehen sollen. Meiden Sie Schwarz oder Weiß. Wenn Sie die Einrichtung gesehen haben, vermeiden Sie auch jede Farbe, die sich damit beißt oder ihr zu ähnlich ist. Vor einer Fernsehansprache wurde hinter Richard Nixons Schreibtisch im Oval Office ein goldfarbener Vorhang drapiert. Offensichtlich dachte der Stab, der goldene Hintergrund würde allem einen wünschenswert pompösen Touch verleihen. Unglücklicherweise wirkte das Gold auf den Bildschirmen der Bürger beige, und Nixons schlecht geschminktes Gesicht verschmolz förmlich damit.

Ein dunkelblauer Anzug strahlt am meisten Autorität aus; ein hellblaues oder pastellfarbenes Hemd mit unauffälligem Streifen und eine kleingemusterte oder sanft gestreifte Krawatte sehen am besten aus. Wie ich bereits an anderer Stelle erwähnte, sind der Sitz Ihres Kragens und die Weite der Manschetten wichtig; ein Kragenknopf läßt Sie spießig aussehen. Meiden Sie Brillen, die das Licht reflektieren (es gibt speziell behandelte, entspiegelte Gläser auf dem Markt); verzichten Sie ganz auf die Brille, wenn Sie es können, ohne zu blinzeln.

Den meisten Frauen stehen lebhafte Farben – ich wähle für mich am liebsten Französisch-Blau oder Rot. Nancy Reagan und Lesley Stahl haben scheinbar dieselbe Vorliebe für Rot wie ich. Vermeiden Sie einen nackten Hals, glänzenden Metallschmuck, der sich in die Kameraobjektive ›einbrennt‹, baumelnde Ohrringe und klirrende Juwelen – die Mikrophone können das Geräusch so sehr verstärken, daß es sich anhört wie das Knirschen von Kohle, die eine Blechröhre entlangschrammt.

Wenn Sie beschlossen haben, was Sie anziehen werden, werfen Sie einen Blick auf sich selbst im Spiegel – sitzend. Achten Sie darauf, daß Ihr Rock nicht zu hoch rutscht; geschlitzte Röcke und Ausschnitte lenken zu sehr ab; ein an der Taille gerafftes Kleid kann Sie dick aussehen lassen. Manche Jacken bauschen sich an den Schultern, wenn man sich bewegt; sowohl bei Frauen als auch bei Männern sollten die Jacken an den Schultern glatt sitzen. Ein zugeknöpftes Jackett verleiht einem

Mann mehr Autorität. Socken sollten dunkel und lang genug sein, um den gesamten unteren Teil des Beines zu bedecken; ich werde nie die Bestürzung vergessen, die Peter Druckers nackte Beine verursachten, als seine weißen Socken sich um seine Knöchel kräuselten, nachdem er die Beine übereinandergeschlagen hatte.

Wenn Sie es einrichten können, gehen Sie alles mit einem Berater beim Fernsehen durch, dann fühlen Sie sich sicherer. In unserem Fernsehstudio im Büro zeichnen wir ein gespieltes Interview auf, schauen uns an, was noch verbessert werden muß, und machen dann einen weiteren Versuch. Ganz gleich, ob Sie das nun tun können oder nicht, eines können Sie machen, nämlich das, was unsere Klienten auch tun, ehe sie auftreten: – sie bereiten ein paar Karteikarten vor, auf denen sie mit schwarzem Filzstift notiert haben, welche Botschaften sie übermitteln wollen, und außerdem ein paar Anekdoten, die sie einsetzen können, um ihren Punkt zu verdeutlichen.

Im Fernsehstudio

Wenn Sie ankommen (rechtzeitig), begeben Sie sich wahrscheinlich sofort zur Maskenbildnerin, wo leuchtende Kahlköpfe mattiert, Hängebacken, Doppelkinn und Nasen abgedunkelt und verkleinert werden. Wenn kein Friseur vorhanden ist, prüfen Sie Ihre Frisur selbst und bitten Sie wenn nötig die für die Maske zuständige Person um Haarspray. Während einer gesamten Sendung stand dem Chef einer für die Regierung arbeitenden Agentur einmal eine Locke über der Stirn hoch, die sich in der Luft bewegte; niemand konnte sich auf seine Worte konzentrieren.

Das Studio selbst ist für gewöhnlich so groß und hoch wie ein Flugzeughangar, und häufig herrscht kontrolliertes Chaos. Techniker wuseln herum, Scheinwerfer werden ausgerichtet, Kameras rollen wie Dinosaurier durch den Raum und ziehen fette Gummikabel hinter sich her. Der Boden besteht oft aus einem Netz aus Drähten, Bändern und Kreidezeichen. Leute mit Kopfhörern hasten mit Clipboards hin und her.

Das Tempo ist erschreckend; niemand kümmert sich um Sie; Sie kommen sich möglicherweise vor wie ein Produkt auf einem Fließband. Bewahren Sie in all diesem Wirrwarr die Ruhe, indem Sie Ihre Einstellung anpassen – ziehen Sie Ihr vitales Dreieck zusammen und wiederholen Sie die ›Ich bin froh, daß ich hier bin‹-Litanei; bis der Countdown kommt. Ein wenig zusätzliche Ruhe ziehen Sie vielleicht aus der Tatsache, daß Ihr Interviewer sich so nervös umsieht, wie Sie sich fühlen.

Das Mikrophon wird um Ihren Hals gehängt oder an Ihrem Kleid oder Ihrer Jacke festgeclippt. Wenn es an Ihrer Krawatte befestigt wird, bitten Sie den Techniker, darauf zu achten, daß die Krawatte gerade sitzt und der Knoten unter dem Kragen; eine verrutschte Krawatte lenkt furchtbar ab. Und wenn Sie auf einem Drehsessel sitzen, bitten Sie darum, daß er festgestellt wird, damit Sie nicht aus Versehen zu drehen anfangen.

Sie werden die Scheinwerfer als sehr heiß empfinden. Der Regisseur signalisiert: »Noch zehn Sekunden!«

Treten Sie Ihrem unsichtbaren Publikum gegenüber

Fernsehinterviews dauern zwischen sechs und zwanzig Minuten. Im allgemeinen sollten Sie kurze Antworten geben – drei bis vier Sätze. Das verringert die Chance, daß Ihre Worte aus dem Zusammenhang gerissen werden, wenn die Sendung als Aufzeichnung bearbeitet wird.

Ihr Gesicht sollte lebhaft bleiben, während Sie zuhören. Sehen Sie der Person, mit der Sie sprechen, in die Augen; es ist die Aufgabe der Kamera, sich auf Sie und Ihre Augen einzustellen, nicht umgekehrt. Wenn Sie jedoch irgendwann den Leuten vor dem Bildschirm daheim etwas mitteilen wollen, dann sagen Sie es und blicken Sie direkt in die Kamera; stellen Sie sich vor, das Objektiv hätte zwei Augen und das wären die Augen Ihrer Mutter, die an Ihren Lippen hängt.

Sprechen Sie so tief wie möglich – das klingt über Mikrofon angenehmer. Großbritanniens Premierministerin Margaret Thatcher hat es gelernt, einige Tonlagen tiefer zu sprechen, um im Fernsehen gut herauszukommen. Sprechen Sie voll Energie und Schwung. Wenn Ihr Gesprächspartner apathisch ist, ahmen

Sie seinen Ton oder sein Tempo auf keinen Fall nach! Seien Sie sich des Rhythmus des Austausches bewußt – fassen Sie Ihre Antworten kurz. Prüfen Sie Ihre Worte, und wenn Sie einer Gruppe angehören, reißen Sie nicht das ganze Gespräch an sich.

Wenn Sie auf eine Frage keine Antwort haben, dann sagen Sie es, weichen Sie nicht aus. Nennen Sie den Namen Ihres Interviewers nicht mehr als zwei oder drei Mal – zu häufiger Gebrauch deutet auf eine falsche Intimität hin.

Was, wenn man Ihnen eine knifflige Frage stellt, die Sie bei Ihren Proben übersehen haben? Wie David Brinkley meinte: »Wenn ein Reporter Fragen stellt, dann arbeitet er nicht für die befragte Person, ganz gleich, ob es sich dabei um einen Geschäftsmann, Politiker oder Bürokraten handelt. Dann arbeitet er für die Leser und Zuhörer.« Antworten Sie kurz und gleiten Sie dann in eine Aussage, die Sie machen wollten. (F: »Stimmt es, daß Sie einen wichtigen Gesetzentwurf nicht unterstützt haben, Herr Senator?« A: »Ich habe hart für eine ganze Reihe wichtiger Gesetze gearbeitet. Zum Beispiel...«) Wenn Sie einen teuflischen Gegner haben und beobachten konnten, daß er die Nase tief in seine Notizen steckt, wenn Sie mit der Antwort an der Reihe sind, dann können Sie es mit der Strategie versuchen, die George Bush einmal bei Mike Wallace einsetzte. Mitten in einer hitzigen Diskussion wurde sich Bush bewußt, daß Wallace seine Notizen studierte, sobald er eine Frage gestellt hatte und wußte, daß er nicht mehr im Bild war. Auf die nächste Frage reagierte Bush nur mit einer knappen Antwort – »Nein.« Sofort richtete sich die Kamera wieder auf Wallace, für die nächste Frage, und ertappte ihn unerwartet und unvorbereitet.

Seien Sie vorsichtig mit Interviewern, die ihre Gäste gern reinlegen, indem sie auf die letzten Sekunden warten und dann darauf bestehen, daß eine boshafte Frage mit Ja oder Nein beantwortet wird, »weil unsere Zeit zu Ende geht«. Wenn das passiert, denken Sie daran, daß das Fernsehstudio kein Gerichtssaal ist. Wenn Ja oder Nein als Antwort nicht ausreichen, sagen Sie freundlich aber entschieden: »Es tut mir leid, daß wir nicht mehr genug Zeit haben, damit ich Ihnen diese Frage angemessen beantworten kann.« Heucheln Sie nicht, außer Sie müssen eine

Verhandlung schützen. Meiden Sie Floskeln wie »Ich bin froh, daß Sie mich das fragen...« und ähnliches. Und noch einmal, wiederholen Sie bei Ihrer Antwort nichts Negatives. Lassen Sie den Zuschauer Worte wie ›Gesellschaftsverluste‹, ›Regierungsdefizit‹ oder ›Inkompetenz‹ nicht zweimal hören.

Wenn Sie ausreichend und gut vorbereitet sind, dann werden Sie erkennen, daß Sie der Kamera geholfen haben, das Beste aus Ihnen zu machen.

Spickzettel

Hier ist eine Liste mit Punkten, die meine Klienten benutzen, wenn sie für eine Fernsehsendung vorgesehen sind:

1. Schauen Sie sich die Sendung im voraus an, um den Stil des Moderators kennenzulernen.
2. Üben Sie mindestens zwei Tage vor der Sendung die Rollen, zuerst die des Interviewers, dann Ihre eigene. Benutzen Sie einen Kassettenrekorder.
3. Notieren Sie auf Karteikarten mehrere Punkte, die Sie auf jeden Fall bringen wollen.
4. Wenn der Interviewer Sie nicht dahin führt, wohin Sie wollen, seien Sie vorsichtig. Sie müssen Ihr eigenes Interview beherrschen, selbst wenn das manchmal bedeutet, daß Sie einen kurzen Monolog halten müssen.
5. Sie liefern ein aussagekräftiges Interview, wenn Sie Tempo und Energie auf einem Kassettenrekorder ausprobieren, ehe Sie ins Fernsehstudio gehen.
6. Wenn Sie nicht glauben, daß Nahaufnahmen von Vorteil für Sie sind, verlangen Sie, daß die Kamera auf Abstand bleibt. Es ist Ihr Gesicht.
7. Flegeln Sie sich nicht hin, wirken Sie nicht zu entspannt. Wenn Sie aufrecht sitzen, den Oberkörper leicht vornübergebeugt, dann sehen Sie enthusiastischer, aufmerksamer, interessierter aus.
8. Animieren Sie!
   Reißen Sie mit!
   Lassen Sie Ihr Gesicht strahlen!

9. Einstellungsanpassung. »Ich bin froh, daß ich hier bin. Ich bin froh, daß Sie hier sind. Sie sind mir wichtig. Ich weiß, daß ich weiß.« Atmen Sie langsam aus. Ziehen Sie die Muskeln Ihres vitalen Dreiecks bis an Ihre Wirbelsäule zurück, während Sie zuhören und reden.

Firmeneigenes Video

Ein Titel erscheint auf dem Bildschirm: ›Aussage über den Zustand des Unternehmens‹. Die tiefe, wohlklingende Stimme eines bekannten Fernsehansagers ertönt. Wir sehen eine Nahaufnahme des Vizepräsidenten für Public Relation; hölzern und mit leeren Augen starrt er uns an, als gehöre er zu dem Film *Die Nacht der lebenden Toten*. Die Mumie stellt den Präsidenten und den Vorstandsvorsitzenden vor. Die drei Männer sitzen um einen faßähnlichen Tisch herum, hingeflegelt auf Stühlen, die aussehen, als stammten sie vom Deck eines Fischerboots. Die Einrichtung ist in Braun und Grau gehalten. Es stellt sich heraus, daß der Tisch die Finger des Vorstandsmitglieds magisch anzieht, der auf der Kunststoffoberfläche nervös Figuren zeichnet; das Glas Wasser vor ihm verkündet: »Ich erwarte, einen trockenen Mund zu bekommen, weil ich nervös sein werde.« Die Anzüge der Männer verschmelzen mit der Einrichtung; ihr Ausdruck und ihre Aussagen sind ebenso farblos. Nach ein paar Minuten hat sich das, was ein anregendes, informatives Programm sein sollte, in eine ›einschläfernde Erfahrung‹ verwandelt.

Ich berate häufig bei der Herstellung von Unternehmensvideos und stelle immer wieder fest, daß der leitende Angestellte lernen muß, sich selbst zu schützen, weil der zuständige Regisseur kaum professionelle Erfahrungen gesammelt hat.

Viele große Unternehmen bauen mit immensen Kosten ihre eigenen Fernsehstudios auf und stellen ihre eigenen Regisseure und Mitarbeiter dafür an. Wenn Ihre Gesellschaft nicht regelmäßig Nachrichten für die Branche über TV ausstrahlt, ist es möglicherweise kostengünstiger und bringt bessere Resultate, einen professionellen Stab und ein Studio anzumieten, wenn es nötig wird. Für den Preis eines mittelmäßigen und häufig überflüssigen Vollzeit-Regisseurs können Sie erstklassige Profis mieten. Bitten Sie in Ihrem lokalen Fernsehstudio um Empfehlungen; Dokumentarfilmregisseure sind wahrscheinlich am geeignetsten. Sehen Sie sich Muster ihrer Arbeiten an, ehe Sie sich festlegen.

Wenn Sie sich Ausrüstung und Leute mieten, stellen Sie vielleicht fest, daß es teurer ist, Ihr Programm in einem Fernsehstudio herzustellen, als wenn die Videofilmer zu Ihnen kommen.

Ganz gleich, wer die Aufnahmen leitet und wo sie gemacht werden, egal auch, wie gut der Ruf des Studios oder des Regisseurs ist, seien Sie darauf vorbereitet, sich selbst zu schützen. Unglücklicherweise sind die meisten angestellten Regisseure und auch einige Regisseure von außen so von Ehrfurcht ergriffen angesichts der Top-Angestellten, daß sie ihnen am Ende keine guten Dienste leisten. Sie wagen nicht genug zu kritisieren oder Anweisungen zu geben; sie zögern, dem Aufsichtsratsvorsitzenden zu sagen, er solle sich gerade hinsetzen, der Rechtsberaterin, ihre baumelnden Ohrringe abzunehmen.

Hier ein paar Schlüssel zum Selbstschutz:

Stil

Ein Frage- und Antwortspiel oder eine Podiumsdiskussion in der Gruppe zeigen Sie höchstwahrscheinlich natürlich und entspannt. Die Kamera hat dabei mehr als nur einen einzigen Teilnehmer, auf den sie sich konzentrieren muß. Verschiedene Einstellungen – die Reaktionen der Teilnehmer aufeinander, zum Beispiel – verhindern Monotonie. Und wenn Sie sich bei den Proben ausreichend mit dem Material vertraut machen, kommen Sie wahrscheinlich ohne ein Skript oder/und einen ›Neger‹ aus. Dadurch bekommt die Sendung größere Spontaneität als bei festgelegten Reden.

Sie müssen keine kostspieligen Fernsehpersönlichkeiten einstellen, die moderieren oder die Fragen leiten. Ein Mitglied Ihrer Werbeabteilung leistet für Sie vielleicht viel bessere Arbeit. Diese Person ist mit der Gesellschaft besser vertraut und schlägt während der Proben vielleicht wertvolle Ergänzungen zu Ihren Antworten vor, oder hilft, die Fragen zu verfeinern.

Wenn Sie sich für eine ›Rede an das Volk‹ entschieden haben, weil Sie eine Menge Informationen zu geben haben, dann achten Sie besonders auf Ihren Text, damit er in gesprochenem, ungekünsteltem Deutsch erscheint. Eine persönliche Geschichte oder Anekdote zur Einleitung fügt Ihrer Präsentation Wärme und Intimität hinzu und bringt Sie den Zuschauern näher.

Die Sendungen in Form von Frage- und Antwortspielen oder Diskussionen erfordern wenig Gedächtnis, aber man muß dafür proben. Proben Sie zwei- oder dreimal und schauen Sie sich die Probe auf dem Videoband an. Ihr Blick sollte sich direkt auf den Interviewer richten. Bei einer Podiumsdiskussion sollte Ihr Blick von einem Diskussionsteilnehmer zum Moderator wandern. Meiden Sie es, an die Decke, die Wände, auf den Boden zu starren, während Sie Ihre Antwort formulieren, und machen Sie keine langen Pausen. Schließlich kennen Sie die Frage. Ausreichendes Üben wird Ihnen Gewandtheit verleihen.

Wenn Sie eine längere Rede halten, kann die im vierten Kapitel beschriebene Technik Ihnen helfen, auf dem Bildschirm herzlicher und kommunikativer zu wirken.

Teleprompter (Neger)

Ein Teleprompter, dieser optische Souffleur, kann eine große Hilfe bei einer langen Rede sein, aber Sie müssen aufpassen, damit Sie nicht langweilig aussehen und glasige, alles andere als kommunikative Augen darauf heften. Es gibt eine Vielzahl von unterschiedlichen Teleprompten, die Sie tageweise mieten können. Die am häufigsten verwendete Art, bei der sich das Skript von selbst vor dem Auge der Kamera abrollt, ist auch diejenige, mit der die Arbeit am schwierigsten ist. Es ist als versuchten Sie, zu einer Steinmauer zu reden. Wenn Sie proben, stellen Sie sich die Augen eines Freundes hinter dem dunklen Teleprompter-Papier vor und sprechen Sie diese an. Bewegen Sie von Zeit zu Zeit den Kopf, damit Sie nicht so starr wirken.

Transparente Teleprompter sind teurer und werden nicht so häufig eingesetzt, außer von Leuten, die sich an große Gruppen wenden. Hierbei werden zwei Teleprompter-Bildschirme benutzt statt einem; während der Sprecher von einem zum anderen schaut, um den Text abzulesen, erzeugt er die Illusion, er lasse den Blick über das Publikum schweifen. (Wenn Sie in einem hell erleuchteten Raum sprechen müssen, bitten Sie um umgekehrte Schrift; weiße Buchstaben auf schwarzem Grund sind leichter zu lesen.) Es ist schwierig, den Rhythmus herauszuarbeiten, in dem man den Text von dieser Art Teleprompter abliest. (Ich habe dem früheren Vizepräsidenten Mondale gezeigt, wie das geht. Er brauchte es für seine Ansprache vor dem Nationalkonvent der Demokraten.) Welche Art von Teleprompter Sie auch zu benutzen beabsichtigen, planen Sie auf jeden Fall mehrere Proben mit der Person, die die Rolle füttern wird. Auf diese Weise wird sie ein Gefühl für Ihr Tempo bekommen, für Ihre Pausen und Sprechgeschwindigkeit, und dann kann die Rolle sich so bewegen, wie es Ihren Augen entspricht.

Ein Teleprompter-Skript vorzubereiten ist eine heikle Aufgabe. Die Breite der Zeile kann unterschiedlich sein – dreißig oder zweiunddreißig Anschläge sind das Maximum und gestatten es Ihnen, so viele Worte wie möglich mit einem Blick aufzunehmen. Versuchen Sie, einen Satzteil auf eine Zeile zu bekommen. Wenn Sie zusätzlich zum Teleprompter noch ein Manuskript verwenden, müssen die beiden exakt übereinstimmen. Um Ihr Skript auf die Teleprompter-Rolle zu übertragen, brauchen die Techniker im Schnitt drei Stunden; bringen Sie ihnen also das Material früh genug. Aus Gründen wie diesem ist es so wichtig, daß Sie eine sorgfältig ausgearbeitete Tagesordnung haben. Vergewissern Sie sich, daß der Regisseur versteht, daß Sie bereit sind, die notwendige Zeit dafür aufzubringen.

Bei seiner Amtsführung lehnte Präsident Reagan klugerweise Teleprompter ab und benutzte statt dessen große Karten auf dem Rednerpult. Manche Leute ziehen es vor, mit quadratmeter-großen weißen Karten als Hilfsmittel zu arbeiten, auf denen die Worte so groß wie möglich mit schwarzem Filzstift festgehalten sind. Diese werden dann dicht neben die Kamera gehalten, wo der Sprecher sie gut sehen kann. Wenn Sie die Sätze nun schnell aufnehmen und nicht wie festgeklebt an den Karten hängenbleiben, vermitteln Sie den Eindruck, mit den Augen zu sprechen.

Glauben Sie nur nicht, daß es nötig wäre, völlig ohne Hilfe zu reden. David Frost verbrachte viele erfolgreiche Jahre als einer der besten Talkshow-Moderatoren mit einem Clipboard auf dem Schoß. Proben Sie mit Ihren Hilfsmitteln, welche das auch immer sein mögen, mehrere Male und spielen Sie sich das Videoband vor, um sich selbst auf Blickkontakt, Lebhaftigkeit und Tempo zu prüfen – eine Fernsehsendung erfordert, wie Sie sich erinnern werden, ein schnelleres Tempo als normal. Checken Sie sich auch auf ablenkende Verhaltensweisen – ein Hochziehen der Augenbrauen, Zappeln, sich an die Nase fassen. Ziehen Sie Ihr vitales Dreieck zusammen, wann immer Sie den Drang verspüren, herumzuzappeln.

Sich gut präsentieren

Wenn Sie nicht außerordentlich selbstsicher sind, sollten Sie nicht laufen, während Sie sprechen, wenn die Kamera auf Sie gerichtet ist. Alvin Perlmutter, der Produzent von Dokumentarfilmen und Serien wie ›*The Great American Dream Machine*‹ und Gewinner des Emmy-Award (und außerdem die Person, die ich mir herausgepickt habe, um meine eigenen Videos zum Unterricht der leitenden Angestellten der Unternehmen zu produzieren), rät strikt davon ab, auf der Bühne herumzulaufen. Bei Laien funktioniert das fast nie.

Falls Sie visuelle Hilfsmittel benutzen, streben Sie eine möglichst große Vielfalt und Abwechslung an – leuchtende Grafiken oder Blöcke unterschiedlicher Farbe und Größe zum Beispiel, um Prozentzahlen darzustellen, anstelle langweiliger schwarzweißer Tabellen. Überlassen Sie das Ihrer Werbeagentur. Diese visuellen Hilfsmittel sollten für sich sprechen; teilen Sie sich den Bildschirm nicht mit ihnen. Ihre Erklärung kann separat aufgezeichnet und nachsynchronisiert werden.

Die Richtlinien für Kleidung und Make-up, für Tempo, Haltung und Animation sind im Privatfernsehen dieselben wie im kommerziellen Fernsehen. Tragen Sie keine Kleider, die mit dem Hintergrund verschmelzen oder nicht dazu passen. Sorgen Sie dafür, daß ein guter Maskenbildner und ein guter Friseur vorhanden sind. Wie Richard Burton meinte: die Kamera übertreibt. Eine Haartolle oder eine Strähne, die sich nicht auf ihrem Platz befindet, auch ein schweißnasses Kinn, das in einem Büro vielleicht gar nicht bemerkt wird, können Ihnen die volle Aufmerksamkeit Ihrer Zuschauer rauben.

Sich gut produzieren

Hier nun die Dinge, um die sich Fernsehproduzenten und Regisseure beim Privatfernsehen für Sie kümmern sollten, was sie jedoch nur allzu oft nicht tun:

Die Ausstattung: Die Talk-Show-Einrichtungen im Privatfernsehen sehen nur selten professionell aus. Ich habe so viele schlechte Imitationen des McNeil-Lehrer-Tisches gesehen, daß ich weiß, daß Sie mit einem guten, soliden, runden Tisch besser dran sind. Er sollte etwa 65 cm hoch sein. (D. h., die Tischplatte befindet sich ungefähr auf Ellbogenhöhe, wenn Sie sitzen.) Höhere Tische, die bis an Ihre Brust reichen, lassen Sie optisch an Autorität verlieren. Wenn Sie viel kleiner sind als alle anderen auf dem Bildschirm, bitten Sie um ein Kissen, auf dem Sie sitzen können. Eine bodenlange Tischdecke aus Filz verhindert Aufnahmen von schwingenden Beinen (wenn es auch keine Entschuldigung für einen Regisseur gibt, der derartige Aufnahmen genehmigt).

Alle Gegenstände sollten entfernt sein, die ablenken könnten – Bleistifte, Klammern, unwichtige Papiere. Wassergläser fordern die Finger förmlich dazu auf, mit ihnen zu spielen. Wenn Sie einen trockenen Mund bekommen sollten, warten Sie, bis sich die Kamera kurz von Ihnen abwendet, und kauen Sie dann ein oder zwei Mal auf Ihrer Zunge; das sorgt für Speichel.

Geradlehnige Stühle lassen Sie am aufmerksamsten und mächtigsten aussehen. Kurt Vonnegut schlief einmal in der ›*David Frost Show*‹ ein, während David einen Evangelisten interviewte; das wäre vielleicht nicht passiert, wenn der Stuhl nicht so bequem gewesen wäre. Drehstühle sollten festgestellt werden. Ich habe einmal einen angesehenen Journalisten der *New York Times* dabei beobachtet, wie er wie ein Derwisch herumwirbelte. Elizabeth Drew, eine kleine Journalistin in Washington, sagt: »Stühle sollten auch in unterschiedlichen Größen angeboten werden, genau wie Kleider. Ich kann die Stühle meiner Kollegen genau so wenig ausfüllen wie ihre Anzüge.«

Für den Hintergrund des Sets ist *television blue*, eine Art Himmelblau, immer eine ungefährliche Farbe, aber dunkle Hintergründe mit indirekter Beleuchtung sind interessanter. Ihr Produzent oder Regisseur sollte die Beleuchter beaufsichtigen, aber Sie müssen sich möglicherweise einmischen. Lassen Sie nicht zu, daß sie Ihr Haar auf Kosten Ihres Gesichts ausleuchten; Licht von hinten kann eine Nase doppelt so lang aussehen lassen, wie sie ist, und jeder Regisseur, der einen kahlen Kopf anstrahlen möchte, sollte sich den eigenen Kopf untersuchen lassen. In vielen unternehmenseigenen Fernsehstudios gibt es zu viele Deckenlampen; man braucht keine vierzig. Der Presseinformationsraum im State Department verfügt über nur acht Lampen, und sie erzielen ausgezeichnete Resultate. Die schmeichelhafteste Beleuchtung erzielt man, wenn das Licht voll und gerade ins Gesicht fällt. Ein einziger Spot auf Augenhöhe (man nennt das ›inky-dink‹) gibt einem Gesicht die beste Chance.

Die Aufnahme: Ein guter Regisseur wird eine Vielzahl von Einstellungen anstreben – Großaufnahme des Gesichts, dreiviertel, Oberkörper bis zu Taille. Eine einzige Einstellung, die zu lange andauert, ist langweilig.

Profileinstellungen sind wenig schmeichelhaft und zeigen nicht den ganzen Menschen. Wenn Sie kahl sind, kann die Kamera so eingestellt werden, daß die Glatze sich knapp außerhalb des oberen Bildrandes befindet. Einstellungen von unten sind günstiger als solche von oben.

Besprechen Sie mit dem Regisseur, daß er Ihnen vorher abgesprochen Zeichen gibt, wenn Sie schneller, langsamer, lebhafter, energischer sprechen sollen. Machen Sie ihm klar, daß Sie bereit sind, zwei oder drei Aufnahmen über sich ergehen zu lassen (sie können später überarbeitet werden), um nicht Ihr Bestes zu geben.

Es empfiehlt sich, in kurzen Abschnitten zu drehen – drei bis zehn Minuten – statt nur eine lange Aufnahme zu machen. Kürzere Abschnitte erlauben eine Probe direkt davor (einen kurzen Abschnitt proben und dann sofort drehen), was sich sowohl auf die Spontaneität als auch auf das Wohlbefinden günstig auswirkt. Außerdem kostet das Drehen in kurzen Abschnitten weit weniger. Wenn ein Fehler gemacht wird, muß nur dieser Abschnitt neu gedreht werden, nicht die ganze Sequenz, und es ist auch billiger, kurze Abschnitte zu bearbeiten.

Firmeneigene Filme sollten vor allem eines bieten: Spontaneität. Die Menschen in Ihren Zweigstellen in aller Welt sollten Ihre Präsenz fühlen, selbst wenn Sie ihnen nur über den Bildschirm erscheinen. Wenn Sie bereit sind, sich die Zeit und Mühe zu nehmen und, wenn nötig, Ihr eigener Regisseur zu sein, dann können Sie das beste Bild von sich an Ihre Zuschauer weitergeben, und nicht nur eine Plastikversion.

Ganz gleich, ob Sie auf einem Unternehmensvideo zu Ihren eigenen Leuten oder über Kabel zur ganzen Welt sprechen, ob Sie zu Tausenden in einem Auditorium sprechen oder zu einem einzelnen auf einer Party, die Fähigkeit, sich selbst voll Zuversicht und Autorität auszudrücken, bedeutet für Ihre Ideen, Ihr Produkt, Ihre Fähigkeiten und Ihre Persönlichkeit dasselbe, was Sonnenschein für ein Bleiglasfenster bedeutet. Ich hoffe, daß dieses Buch eine Erleuchtung war und daß es Ihnen helfen wird, das Beste aus sich zu machen und das Beste aus allen kommunikativen Situationen, in die Sie noch geraten.

Anhang

Übungen zur besseren Aussprache
Empfohlene Lektüre

Übungen zur besseren Aussprache

Mangel an Vortrag und Flüstersprache

Bitten die Leute Sie ständig zu wiederholen, was Sie gesagt haben? Um Flüstersprache zu erkennen, legen Sie einen Finger an Ihren Adamsapfel und sprechen Sie ›sssss‹ (weich gesprochen wie bei ›S-ie‹, Anm. d. Ü.). Sie fühlen ein Vibrieren; dieses ›ss‹ können Sie nicht wirklich flüstern; es ist ein stimmhafter Laut. Nun sprechen Sie ›ßßßßß‹. Ihr Adamsapfel vibriert nicht. ›ßßß‹ ist das stimmlos geflüsterte Gegenstück zum ›ssss‹.

Nun legen Sie Ihren Finger auf den Adamsapfel und sagen in Ihrer normalen Stimme: »Ich frage mich, ob ich ein Summen fühlen werde.« Wenn das Vibrieren fehlt, sind Sie ein Flüsterer.

Verwechseln Sie das Flüstern nicht mit einem leisen, aber getragenen Sprechen, auch nicht mit einem Bühnenflüstern. Das Bühnenflüstern erfordert fast ebenso viel Luftdruck wie ein Ausruf. Im Theater kann man es noch in der hintersten Reihe auf dem Balkon hören. Ein Sprecher ohne Vortrag dagegen ist nahezu unhörbar. Jacqueline Kennedy ist eine hauchende, flüsternde Sprecherin.

Der Mangel an Atemstütze zeigt sich möglicherweise nicht nur im Flüstern, sondern auch in der Anstrengung. Wenn Ihre Kehle schnell ermüdet, wenn Sie sprechen, wenn Sie sich ständig räuspern müssen, wenn Sie chronisch heiser sind, obwohl Sie keine Erkältung haben, nicht rauchen und Ihr Arzt festgestellt hat, daß kein organischer Schaden Ihrer Kehle vorliegt, dann stützen Sie Ihre Stimme nicht. Das Ergebnis ist aller Wahrscheinlichkeit nach ein unklares, kratzendes Geräusch, das den Zuhörer ebenso irritiert wie Sie selbst.

Um einen besseren Vortrag zu erzielen, machen Sie die folgenden Übungen vier- bis fünfmal am Tag. Führen Sie diese Übungen im Stehen durch, mit herausgestreckter Brust und eingezogenem Bauch. Holen Sie nicht tief Luft.

1. Zahlen. Schnappen Sie ein wenig Luft und zählen Sie laut auf ein einziges Ausatmen, so schnell Sie können. Beim ersten Mal versuchen Sie, bis vierzig zu kommen. Nur dieses eine Mal ist es Ihnen erlaubt zu murmeln, also nutzen Sie es aus. Uns interessiert hier nicht das Geräusch, das Sie von sich geben, sondern nur Ihre Atemstütze. Jeden Tag gehen Sie ein wenig weiter. 120 ist Ihr Ziel.

2. Der Boxer. Lokalisieren Sie noch einmal Ihr vitales Dreieck. Jetzt fangen Sie an laut zu zählen. Vor jeder Ziffer kommt ein leises Grunzen, dann stoßen Sie die Ziffer hervor: *»Uh-eins! Uh-zwei! Uh-drei!«* Betonen Sie die Zahlen, nicht das Grunzen. Trennen Sie das ›uh‹ nicht von den Zahlen; verbinden Sie es. Ohne Unterbrechung in Ihrem Atem greifen Sie jede Zahl an, versuchen Sie zu dröhnen wie eine große Baßtrommel. Sie werden feststellen, daß Ihre Atemstütze bis direkt in Ihren Unterleib hinunterreicht.

3. Rundherum und rundherum. Sie stehen aufrecht, mit vorgereckter Brust und eingezogenem Bauch und beschreiben volle, reiche Vokalkreise auf

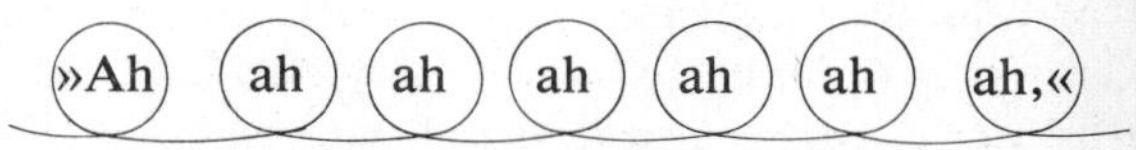

mit ungebrochenem, getragenen Ton, während Sie mit den Händen Kreise vollführen, die Ihre Augen sehen können. Sobald jeder Ton den Grund des Kreises erreicht, verleihen Sie ihm neue Energie, indem Sie die Muskeln Ihres vitalen Dreiecks anspannen und dem Klang neue Energie verleihen. Sie sollten klingen wie eine Platte mit einem Knacks, in dem die Nadel hängt.

Der Ton rollt und rollt. Versuchen Sie die Übung auf ›wah, wah, wah‹, waw, waw, waw‹ (gesprochen mit offenem ›o‹) und ›woh, woh, woh‹. Denken Sie daran, jedem Klangkreis mit den Muskeln Ihres vitalen Dreiecks einen neuen Stoß zu versetzen. Gehen Sie tief, tief, tief nach unten, sowohl mit dem Ton als auch mit der Stütze, als ob Sie nach einem neuen Tiefpunkt Ihrer Stimmskala suchen würden. Tun Sie so, als befänden sich Ihre Lippen weit unten, da, wo Ihr Nabel ist, und Sie müßten bis dort hinunter gehen, um Ihre Stimme zu finden. Setzen Sie Ihre Stimme nicht im Nacken oder am Kragen an.

4. Atembotschaft. Die oben angeführten Übungen zur Unterstützung der Stimme werden Ihnen helfen, Anstrengung zu vermeiden. Räuspern der Kehle verletzt die Stimmbänder und kann Sie heiser machen. Sollten Sie ein Anzeichen von Heiserkeit bemerken, erfreuen Sie Ihre Stimmbänder mit dieser Atemmassage:

Sie haben sicher schon einmal einen Hund gesehen, ausgestreckt auf einem Teppich, mit losem Kiefer und schlaff heraushängender Zunge, während er keucht. Ahmen Sie das Keuchen des Hundes nach, aber zuerst gähnen Sie, bis Sie spüren, daß Ihre Kehle offen ist. Mit lockerem Mund und schlaffer Zunge keuchen Sie tief und langsam in Ihrem Hals. Mit lockerem Mund und schlaffer Zunge atmen Sie hörbar ein und aus, aber ganz sanft, ein und aus, ein und aus. Fühlen Sie, wie die kühle Luft über Ihre Zunge streicht, die Luftröhre hinab und dann wieder nach oben. Fühlen Sie, wie die Luft Ihre Stimmbänder streichelt und darüber hinbläst. Diese Übung trocknet die Kehle aus, deshalb sollten Sie sieben- oder achtmal so atmen und dann schlucken.

Wiederholen Sie den ganzen Prozeß zehnmal. Ruhen Sie aus und wiederholen Sie es eine Stunde später, wenn nötig. Atmen Sie hörbar, ein und aus, bis Sie klingen wie eine altmodische Dampflokomotive, die langsam und puffend in den Bahnhof einläuft.

Wenn mit Ihrem Hals wirklich etwas nicht in Ordnung ist, dann brauchen Sie keine Sprechübungen, sondern einen Arzt. Wenn Sie eine akute Kehlkopfentzündung haben, wird er Ihnen das Sprechen verbieten, ja, nicht einmal flüstern dürfen Sie dann. Auch Rauchen ist untersagt.

Um einer Kehlkopfentzündung vorzubeugen, sollten Sie so wenig wie möglich sprechen, wenn eine ernsthafte Erkältung sich von der Nase auf den Hals und die Brust ausdehnt. Wenn Sie Ihre Stimme in dieser Zeit überanstrengen, kann das zu Polypen oder Knoten führen.

Nasalität und Schnarren

Schließen Sie Ihre Nasenlöcher, indem Sie Ihre Nase zwischen Daumen und Zeigefinger nehmen. Dann sagen Sie: ›Abraham saß nah am Abhang.« Ihre Finger spüren den Atem in Ihrer Nase bei ›m‹, ›n‹ und ›ng‹. Dies sind die einzig genehmigten Nasallaute in unserer Sprache.

Jetzt halten Sie die Nasenlöcher wieder zu und sprechen: »Wow, oh wow, oh wow.« Wenn Ihre Nase auch nur ein ganz klein wenig vibriert, sind Sie ein nasaler Sprecher. Ein Schauspieler, der einen jammernden, unangenehmen Charakter darstellen will, nimmt häufig ein nasales Sprachmuster an.

Sie können nicht attraktiv sein, wenn Sie durch die Nase sprechen. Sie jammern, wirken nörgelnd, negativ. Ihre Stimme kommt durch Ihre Nase, wenn Ihr Mund sich nicht weit genug öffnet, während Sie reden. Schauen Sie in den Spiegel und sagen Sie: »Hallo, du wundervolles, liebreizendes Geschöpf.« Bei einem Großteil des Satzes sollte ein dunkler Streifen von mindestens einem Zentimeter Breite zwischen Ihren Zähnen zu sehen sein. Wenn Ihre Zähne dagegen aussehen wie zwei Reihen Maiskörner oder wenn, noch schlimmer, Ihre Lippen geschlossen sind wie bei einem Bauchredner, dann sprechen Sie mit ziemlicher Sicherheit durch die Nase.

Ein schnarrender und schriller Ton sind fast noch unangenehmer als Nasalität. Schauen Sie beim Sprechen in den Spiegel. Sieht Ihr Nacken verspannt aus? Stehen die Adern und Sehnen hervor wie Bänder? Sind die Muskeln um Ihr Kinn herum hart, wenn man sie anfaßt? Wenn ja, dann klingen Sie höchstwahrscheinlich kreischend. Binden Sie ein Band fest um Ihren Hals und sprechen Sie. Wenn Sie Ihre Stimme anstrengen, fühlen Sie, wie das Band Sie würgt.

Um sowohl das Nasale als auch das Schnarrende zu korrigieren und statt dessen die samtene Glätte der Brustresonanz zu erzielen, müssen Sie lernen, Ihren Kiefer und Ihre Zunge zu entspannen und den Mund zu öffnen, so daß der Ton auf diesem Weg nach außen gelangt.

Ich kann die Ursachen Ihrer Anspannung nicht beseitigen, aber ich kann Ihnen zumindest dabei helfen, einige der Auswirkungen zu beseitigen. Diese Anti-Nasal-Übungen werden Ihnen außerdem helfen, sich ganz allgemein zu entspannen. Weitere Streß-Brecher finden Sie im siebten Kapitel.

1. Der Bauchredner. Um herauszufinden, wie weit sich Ihr Kiefer entspannen kann, legen Sie zuerst Ihre Fingerspitzen vor Ihre Ohren, an die Stelle, wo Ihr Unter- und Ihr Oberkiefer zusammentreffen. Bei geschlossenem Mund ist an dieser Stelle eine kleine Beule. Wenn Sie den Kiefer nach unten klappen, verschwindet die Beule und an ihre Stelle tritt eine Vertiefung. Betrachten Sie sich selbst im Spiegel. Wenn Sie entspannt genug sind, fällt Ihr Unterkiefer hinter den Oberkiefer. Machen Sie sich keine Gedanken wegen des Doppelkinns, es wird verschwinden, wenn diese Manöver vorüber sind. (Schnarrende, schrille und nasale Töne werden ebenfalls bald verschwinden.) Drücken Sie Ihren Zeigefinger an Ihr Kinn und spielen Sie mit Ihrem Unterkiefer, bis er sich nicht mehr dagegen wehrt und locker schwingt. Er sollte so locker sein wie der Bauch eines Bauchredners. Mit verhärtetem Kiefer und verzogenen Lippen sind Sie dem Bauchredner ähnlicher.

2. Der Stöhner. Stecken Sie die Zunge zwischen Ihre Unterlippe und Ihre Zähne, dick und entspannt. Nun stöhnen Sie ›aaaah‹, ziehen den Ton ganz lang und richten ihn auf die Stelle, wo sich Ihre Zunge und Ihre Lippe treffen. Sie werden das Gefühl haben, daß das ›aaaaah‹ sich tatsächlich außerhalb Ihres Mundes befindet – und genau da sollte es auch sein.

3. Zungensprache. Wenn ich Sie auffordere, den Kopf auf dem Hals hängen zu lassen, werden Sie keine Probleme damit haben.

Aber können Sie Ihre Zunge entspannen? Prüfen Sie das in einem Spiegel: können Sie sie schlaff werden lassen, ganz ohne Spannung, so daß sie müde auf dem Grunde Ihres Mundes liegt? Die meisten Menschen können das nicht. Wahrscheinlich wölbt sich Ihre Zunge nach oben, kräuselt sich, zieht sich zurück, streckt sich seitlich. Reden Sie mit ihr wie mit einem jungen, unerzogenen Hund. Sagen Sie: »Runter mit dir, Zunge, runter. Entspann dich! Ganz ruhig!« Jetzt, nachdem Kiefer und Zunge vollkommen entspannt sind, sagen Sie ›la, la, la, la, la‹, als wären Sie ein sabberndes Baby. Ihre Spannung wird sehr bald nachlassen.

4. Das Gähnen. Gähnen ist ein erstklassiges Entspannungsmittel für den Hals. Mit sanft geschlossenen Augen bringen Sie die Lippen leicht zusammen. Lassen Sie das Kinn locker herabfallen, mit noch immer geschlossenen Lippen. Lassen Sie nun ein tiefes, faules Gähnen an seine Stelle treten, öffnen Sie den Mund und den Hals ganz w-e-i-t; fühlen Sie, wie sich die Muskeln nach oben und zur Seite dehnen, wie sich die Kehle öffnet.

Wenn Sie unterm Gähnen das Innere Ihres Halses in einem Spiegel betrachten, werden Sie sehen, wie sich das Zäpfchen nach oben zieht und verkürzt wie ein sich hebender Vorhang. Genauso öffnet es sich, um einem Ton Platz zu machen. Bei jedem Ton, außer wenn Sie ›m‹, ›n‹ oder ›ng‹ sagen, sollte Ihre Kehle geöffnet sein. Um den Unterschied zwischen einer offenen und einer geschlossenen Kehle zu fühlen, sagen Sie ›ng-ah, ng-ah, ng-ah‹, und zwar mehrere Male hintereinander. Beim ›ah‹ ist die Kehle völlig offen. Beim ›ng‹ völlig geschlossen. Sie streben das Gefühl der offenen Kehle an.

5. Sprechen Sie die drei folgenden Sätze. Zuerst pressen Sie die Handfläche Ihrer rechten Hand flach auf die Brust, unterhalb des Schlüsselbeins; dabei spüren Sie Resonanz und die Vibrationen der Knochen. Sie sollten überhaupt nicht nasal sprechen, denn es befindet sich nicht ein einziger nasaler Konsonant in einem dieser Worte.

- Der Bauer bestellt das Feld.
- Diese Bäckerei liefert herrliches Brot.
- Die Orchidee ist teuer. Die Tulpe ist billig. Der Krokus blüht früh.

Murmeln, schnellsprechen und abgehackt sprechen

1. Für faule Lippen hier ein paar Sätze mit ›w‹-Worten. Das Aussprechen des ›w‹ macht aus den Lippen ein Megaphon und zwingt sie zur Arbeit.
   - Auf allen Wegen winken den Wanderern Mädchen mit wehenden Haaren.
   - Wogende Weizenfelder wiesen Werner den Weg.
   - Wilma und Walter tanzten immer wieder Wiener Walzer.

2. Sprechen Sie die folgenden, mehrsilbrigen Worte langsam und glatt aus, dehnen Sie sie dabei. Unterstützen Sie das kräftig mit Ihrem Vitalen Dreieck und lassen Sie die akzentuierte Silbe in einer zusätzlichen Stütze schwelgen.

   dispensíeren
   Perpendíkel
   theorétisch
   prädestiníert
   individualistísch
   überwáeltigend
   unvorhérsehbar

3. Diese Übung ist hilfreich sowohl für Schnellsprecher als auch für solche, die abgehackt oder undeutlich sprechen. Schwingen Sie sich durch die Phrasen, sanft und glatt, dehnen Sie sie, damit sie länger halten.

planen zu	(ich) will Erfolg haben
planen zu denken	(ich) will gut denken
planen zu kaufen	(ich) will viel kaufen
planen zu besuchen	(ich) will genug sehen
planen zu tun	

(ich) werde gewinnen	(ich) will modern sein
(ich) werde mich verbessern	(ich) werde mehr sagen
(ich) werde abnehmen	(ich) werde sie beeindrucken
(ich) werde gut reden	(ich) werde es schaffen

Nun gleiten Sie durch die ganzen Sätze, von Anfang bis Ende:

- Ich plane, sie anzurufen, weil ich mit ihr reden muß.
- Er wird um meinen Beitrag bitten, und ich bin vielleicht nicht bereit ihn zu leisten.
- Sie wird es tun, wenn wir von ihr verlangen, die ganze Sache zu entwerfen.
- Wir planen, ins Büro zu gehen um zu sehen, ob wir ein Meeting haben wollen.
- Wenn wir es tun wollen, wird uns niemand daran hindern, es durchzuführen.
- Wir beabsichtigen zu gehen, wenn sie darauf bestehen.
- Werden Sie einlenken, obwohl Sie gegen die Idee sind?
- Wenn ich eine Rede halte, will ich daran Spaß haben.
- Warum kleiden Sie sich nicht angemessen, wenn Sie im Beruf weiterkommen wollen?

Für flüssigere Sprache und besseres Tempo

Diese Übungen werden Ihnen helfen, die richtige Geschwindigkeit anzuschlagen. Wenn Sie ein Schnellsprecher sind, dehnen Sie die Satzteile; wenn Sie langsam sprechen, ziehen Sie sie zusammen.

1. Zuerst sprechen Sie jede in Großbuchstaben geschriebene Wortgruppe auf einen einzigen, fließenden Atemzug. Dann sagen Sie zwei Phrasen, mit den verbindenden Worten, auf einen fließenden Atemzug. Und schließlich sprechen Sie den ganzen Satz in sanftem Fluß.

- (er) rannte sehr schnell, (als er) um die Kurve bog.
- (er) rannte sehr schnell, als er um die Kurve bog.
- Er rannte sehr schnell, als er um die Kurve bog.

Sprechen Sie die folgenden Sätze auf dieselbe Art:

- (er wird) das Flugzeug nehmen (und) früh dort ankommen.
- (ich werde) ins Geschäft gehen (und) meine Einkäufe erledigen.
- (Wir lieben es), einen guten Urlaub zu planen (und) genießen jede Minute davon.
- (Sie müssen versuchen) in die Zukunft zu schauen (und) Ihre Bedürfnisse zu planen.
- (er sollte) die Firma studieren, (ehe er) teure Vorschläge unterbreitet.
- (sie sagte) »Falls ich an dem Marathon teilnehme, werde ich (erwarten zu) gewinnen.«

2. Lesen Sie die folgenden Sätze, konzentrieren Sie sich darauf, jede Phrase weich auslaufen zu lassen, wobei Sie jedem Satz ›den Klang der Wahrheit‹ verleihen.

- Das Herz weint um das, was es verloren hat, aber der Geist freut sich über das, was er gewonnen hat.
- Ich nehme nicht an, daß irgend jemand hier sich Illusionen über die internationalen Aussichten für die kommenden Jahre macht. Das Barometer fällt.
- Diese Situation erfordert Weisheit, Urteilsvermögen, Voraussicht, Beharrlichkeit und Zurückhaltung.
- Vergleichen Sie, was wir alle durch Erfolg gewinnen können, mit dem, was wir durch Versagen verlieren.

3. Lesen Sie die folgenden Sätze zum Üben von Vortrag, Klarheit und Tempo – beim ersten Mal, als würden Sie eine kleine Gruppe bei einem Meeting ansprechen; beim zweiten Mal, als würden Sie eine Ansprache vor einer großen Menschenmenge in einem Saal halten und hätten kein Mikrofon. Kein Gemurmel. Kein Nuscheln. Sorgen Sie mit Hilfe Ihres Vitalzentrums für Energie. Um zu vermeiden, unsicher zu klingen oder in Singsang abzugleiten, gehen Sie mit der Betonung am Ende eines jeden Satzes nach unten, auch am Ende von Fragen.

- »Wer hat die Energie? Wir haben Sie. Nutzen wir sie, um die Wirtschaft zu revitalisieren. Nutzen wir sie, um uns Gehör zu verschaffen. Nutzen wir sie, um das Vertrauen wieder herzustellen, um aufzubauen und zu verbessern. Wir haben das Bedürfnis und den Willen, uns zu verbünden, um für Energiequellen zu kämpfen und für die Arbeitsplätze, die sie schaffen und erhalten. Ich weiß nicht, ob uns eine andere Wahl bleibt. Es ist wie mit dem Alter. Es läßt vielleicht manches zu wünschen übrig, aber immer noch besser als die Alternative.«

  – Peter J. Brennan

- Es ist leicht zu verstehen, warum niemand zuhört, wenn wir reden, warum die Menschen nichts mehr glauben. Wie sollen wir wissen, ob wir das richtige Urteil treffen?
- Eine Situation wie diese erfordert einen starken Geist, ein mutiges Herz, einen treuen Glauben und allzeit bereite Hände.
- Die Sprache ist das Instrument, mit dessen Hilfe wir uns einander mitteilen. Die Sprache ist es, die uns von den Tieren unterscheidet.
- Wir brauchen Träumer, Denker, Handelnde – wir brauchen Sie!

Lispeln und Zischeln

Das ›S‹ wird häufiger verunstaltet als jeder andere Konsonant. Im einen Extrem klingt es wie das englische ›th‹, im anderen wird es zu einem durchdringenden Pfeifen. Oft ist ein Lispeln so leicht, daß der Sprechende es selbst nicht merkt. Es ist jedoch leicht zu überprüfen. Sagen Sie einfach langsam und deutlich: »Susi sieht süße Sachen.« Wenn Ihre Zunge bei den ›s‹ an Ihre Zähne oder Ihren Gaumen gestoßen ist, dann haben Sie gelispelt, ob Sie es nun gehört haben oder nicht.

Die folgenden Übungen werden Ihnen helfen, das Lispeln abzulegen.

Sitzen Sie aufrecht auf einem Stuhl; lassen Sie den Kopf lokker nach hinten fallen, so daß Sie die Decke anschauen. Lassen Sie nun Ihre Zunge in Ihre Kehle fallen. In dieser Haltung, mit leicht aufeinanderliegenden Zähnen, zischen Sie laut. Zielen Sie mit einem dünnen Atemstrom durch die Öffnung Ihrer beiden oberen Schneidezähne, dicht am Gaumenrand. Ihre Zungenspitze sollte auf Ihren oberen Gaumenrand zeigen, ihn aber nicht berühren. Verankern Sie die Seiten Ihrer Zunge leicht an den oberen Backenzähnen, wobei Sie die Zunge längs wölben.

Halten Sie Ihren Kopf jetzt wieder in der üblichen Position, die Zunge bleibt zurückgezogen. Nun lesen Sie die folgende Wortliste laut. Zuerst die auf ›T‹ beginnenden Worte. Dann sagen Sie laut »Nimm die Zunge zurück.« Pause, halten Sie die Zunge hinten. Schließlich das mit ›S‹ beginnende Wort (mit ›ss‹ kennzeichne ich dabei das scharfe ›S‹)

tehm »Nimm die Zunge zurück« ssehm
tab »Nimm die Zunge zurück« ssab
tell »Nimm die Zunge zurück« ssell
tip »Nimm die Zunge zurück« ssip
teit »Nimm die Zunge zurück« sseit
to »Nimm die Zunge zurück« sso
tott »Nimm die Zunge zurück« ssott
tatt »Nimm die Zunge zurück« ssatt
tu »Nimm die Zunge zurück« ssu
told »Nimm die Zunge zurück« ssold

Das zischelnde ›S‹ wird oft durch eine Spalte zwischen zwei Schneidezähnen hervorgerufen, den oberen oder den unteren. Es klingt wie das Pfeifen eines Teekessels. Es kann ein irritierendes Geräusch sein.

Wenn Ihr ›S‹ pfeift, müssen Sie ein Hindernis in den Weg des Atemstroms legen. Statt die Zunge zurückzunehmen, wie Sie es machen müßten, um ein Lispeln zu verhindern, lassen Sie jetzt die Zunge die unteren Zähne berühren und hauchen das ›S‹ darüber und über die Unterlippe. Versuchen Sie, fast zu lispeln. Sprechen Sie die folgenden Worte. Zuerst das mit dem englischen ›th‹ beginnende Wort. Dann sagen Sie: »Denk dir Atem auf die Zunge.« Und schließlich sprechen Sie das mit ›S‹ beginnende Wort.

thin	»Denk dir Atem auf die Zunge«	ssin
think	»Denk dir Atem auf die Zunge«	ssink
thank	»Denk dir Atem auf die Zunge«	ssank
thaw	»Denk dir Atem auf die Zunge«	ssaw
thong	»Denk dir Atem auf die Zunge«	ssong
thick	»Denk dir Atem auf die Zunge«	ssick
bath	»Denk dir Atem auf die Zunge«	bass
worth	»Denk dir Atem auf die Zunge«	worss
truth	»Denk dir Atem auf die Zunge«	truss
forth	»Denk dir Atem auf die Zunge«	forss

Empfohlene Lektüre

Für Reden in der Öffentlichkeit:

Breitenstein, Rolf: Die wirksame Rede, München 1983

Büchmann, Georg: Geflügelte Worte, Frankfurt/Berlin 1986

Duden, Band 1: Die Rechtschreibung, Mannheim 1986

Duden, Band 2: Das Stilwörterbuch, Mannheim 1988

Duden, Band 4: Die Grammatik, Mannheim 1984

Duden, Band 10: Das Bedeutungswörterbuch, Mannheim 1985

Fieguth, Gerhard (Hrsg.): Deutsche Aphorismen, Stuttgart 1978

Normann, Reinhard von (Hrsg.): Das treffende Zitat, Thun 1985

Reusch, Fritz: Der kleine Hey, Die Kunst des Sprechens, Mainz 1971

Schneider, Wolf: Deutsch für Profis, München 1985

Ullmann, Frank: 101 Tips für erfolgreiche Redner, München 1985

Zur Erweiterung Ihres Wortschatzes:

Duden, Band 5: Das Fremdwörterbuch, Mannheim 1982

Henne, Helmut/Mentrup, Wolfgang: Wortschatz- und Verständigungsprobleme, Düsseldorf 1983

Für eine gute Aussprache:

Duden, Band 6: Das Aussprachewörterbuch, Mannheim 1974

Hirsch, Eike Christian: Deutsch für Besserwisser, Hamburg 1979

Meyers Großes Standardlexikon, Mannheim/Wien/Zürich 1982

Neckermann, Bruno: Die gute Aussprache, Düsseldorf 1986

Seel, Otto: Quintilian oder Die Kunst des Redens und des Schweigens, München/Stuttgart 1987

Wahrig Deutsches Wörterbuch, München 1987